凝聚隧道及地下工程领域的

先进理论方法、突破性科研成果、前沿关键技术，

记录中国隧道及地下工程修建技术的创新、进步和发展。

穿越
Chuan Yue
——中国隧道及地下工程修建关键技术研究书系

隧道爆破作用下
邻 近 结 构 损 伤
机理分析与安全评价

管晓明 著

ANALYSIS OF DAMAGE MECHANISM AND SAFETY EVALUATION
OF ADJACENT STRUCTURES
UNDER TUNNEL BLASTING EFFECT

人民交通出版社
北 京

内 容 提 要

本书依托重大隧道工程实践与科研创新成果，针对钻爆法施工中大跨浅埋、建(构)筑物密布、近接施工等安全控制难题，开展建筑物、地下管线和支护结构振动响应、损伤机理与安全评价方法研究，揭示建筑物高阶模态与应力耦合失效机制和失效位置，提出爆破新生裂缝智能识别方法；阐明管线应力破坏机制及失效位置，建立管线应力-振速-路径距离耦合的安全评价方法；阐明支护结构动应力破坏模式和累积变形渐进破坏机制，提出损伤量化分级评价方法，建立隧道爆破作用下邻近结构安全和损伤定量化精准评价体系。

本书可供从事隧道与地下工程、爆破工程等工作的工程技术人员参考，也可供高等院校相关专业师生学习使用。

图书在版编目(CIP)数据

隧道爆破作用下邻近结构损伤机理分析与安全评价/管晓明著. —北京：人民交通出版社股份有限公司，2024.11

ISBN 978-7-114-19318-7

Ⅰ.①隧… Ⅱ.①管… Ⅲ.①城市隧道—爆破施工—振动影响—建筑物—损伤—安全评价 Ⅳ.①U459.9 ②TU311.3

中国国家版本馆 CIP 数据核字(2024)第 025318 号

中国隧道及地下工程修建关键技术研究书系

Suidao Baopo Zuoyong xia Linjin Jiegou Sunshang Jili Fenxi yu Anquan Pingjia

书　　名：隧道爆破作用下邻近结构损伤机理分析与安全评价
著 作 者：管晓明
责任编辑：李　梦
责任校对：赵媛媛　魏佳宁
责任印制：刘高彤
出版发行：人民交通出版社
地　　址：(100011)北京市朝阳区安定门外外馆斜街 3 号
网　　址：http://www.ccpcl.com.cn
销售电话：(010)85285857
总 经 销：人民交通出版社发行部
经　　销：各地新华书店
印　　刷：北京博海升彩色印刷有限公司
开　　本：787 × 1092　1/16
印　　张：11
字　　数：239 千
版　　次：2024 年 11 月　第 1 版
印　　次：2024 年 11 月　第 1 次印刷
书　　号：ISBN 978-7-114-19318-7
定　　价：88.00 元

前言

改革开放以来,我国地铁、高速铁路及高速公路等基础设施建设进入快速发展阶段。截至2023年底,我国31个省(区、市)共有55个城市开通运营城市轨道交通线路306条,运营里程10165.7km;已投入运营的高速铁路总长超过4.5万km,共建成高速铁路隧道4561座,总长7735km;已建成、正在建设和规划设计的特长公路隧道74座。钻爆法凭借安全性高、适用性强、经济性好等优点成为隧道主流施工方法之一。然而,对于复杂地质和工程条件的隧道工程,爆破施工难度大,安全风险高。当前对隧道爆破振动作用下建筑物、地下管线、支护结构的损伤机理、损伤分布特征等的研究还不系统,隧道爆破作用下邻近结构振动监测和安全评价方法还不完善,复杂环境条件下隧道爆破难以实现精准控制,易引发各种次生灾害甚至灾难事故,严重威胁人民生命和财产安全。因此,针对复杂环境隧道爆破作用下邻近结构安全控制开展研究具有重要的现实意义和工程应用价值。

2013年以来,作者团队依托国家自然科学基金项目、山东省重点研发计划项目和山东省自然科学基金项目及多项横向课题,针对复杂环境隧道爆破施工安全控制难题,依托大量重难点隧道与地下工程爆破实例,采用理论分析、数值模拟、现场试验测试等手段,聚焦邻近结构爆破振动响应、损伤机理、振动监测及安全评价方法等关键难题,形成较为系统的隧道爆破作用下邻近结构损伤机理分析和安全评价方法,将为保障我国重大隧道与地下工程建设安全提供指导和借鉴。

本书在系统阐述复杂环境隧道爆破作用下邻近结构振动响应、损伤机理和损伤分布特征等的基础上,提出了邻近结构的损伤分析、振动监测及安全评价方法。全书共分为6章，第1章简要介绍了建(构)筑物、地下管线和支护结构的爆破振动安全允许标准、损伤机理及安全评价方法研究现状；第2章以典型砌体楼房为例，提出了建筑物精细化模型的建立和修正方法，探究了建筑物高阶局部模态振动特性；第3章研究了砌体和多层砖混结构的振速、位移和应力响应特征，提出了建筑物的损伤机理和基于应力的安全评价方法；第4章阐明了不同形式建筑物的爆破振动响应和损伤分布特征异同点，提出了建筑物爆破新生裂缝智能识别方法；第5章针对圆形、方形和直墙拱形管线，研究了地下管线的振速和应力响应特征，提出了地下管线损伤机理和损伤分布特征，建立了应力-振速-路径距离耦合的安全评价方法；第6章研究了隧道爆破作用下近接支护结构的应力和变形特征，提出了支护结构动应力破坏模式和累积变形渐进破坏机制，建立了损伤量化分级评价方法。

本书多项研究成果得益于恩师王梦恕院士和傅洪贤教授的悉心指导，2012年底王梦恕院士为作者确定了城市复杂环境隧道爆破控制的研究方向，作者时常跟随王梦恕院士、傅洪贤教授深入全国重难点隧道爆破施工一线，解决工程技术难题，开展了大量创新性研究和实践工作，逐渐形成较为系统的复杂环境隧道爆破施工邻近结构损伤机理分析、安全评价及精准控制爆破技术。忆往昔，师恩难忘，谨以此书表达对王梦恕院士深深的崇敬和怀念之情。同时，感谢青岛理工大学学术著作出版基金对本书出版的资助，感谢为本书研究提供工程实例和试验条件的多个合作单位及工程技术人员。感谢张良、杨宁、邓兆鹏、余志伟、金昕、王岗、刘泽亮、许华威、王若辉、辛柏成等课题组成员的辛勤工作。

由于作者水平有限，书中难免存在疏漏和不足之处，敬请各位专家和读者不吝赐教，多提批评指导意见，以利修正。

管晓明

2024年4月于青岛

目录

第1章

绪　论

1.1 复杂环境隧道钻爆法施工面临的难题

近年来，随着现代化综合交通运输体系的发展，全国各地迎来大规模隧道及地下工程建设的高峰。在地铁、高速公路及高速铁路等岩石隧道施工中，钻爆法依然是主流工法之一。复杂环境隧道爆破施工往往具有地质条件和周边环境复杂、埋深小、爆破控制难度大、安全风险等级高等特点，尤其是隧道邻近既有建筑物、地下管线、支护结构等敏感结构时，极易造成爆破损伤破坏，引发安全事故。复杂环境隧道爆破施工安全控制已然成为重大工程建设中的重点和难点问题。

首先，复杂环境隧道爆破施工中不可避免会遇到下穿大量密集建筑物群的情况，而爆破振动下建筑物安全与居民生活密切相关。通过调研大量隧道穿越建筑物的爆破损伤开裂情况，发现主要是非承重构件、装饰构件和薄弱及突出构件等局部构件在隧道爆破振动下发生开裂，裂缝主要出现在内外墙角与门窗角、砖墙与楼板接触部位、梁下砖墙、填充墙、中隔墙、屋顶预制板接缝、阳台及石膏装饰结构等，而梁、板、柱和剪力墙等承重构件均未发现损伤开裂。建筑结构非承重构件在隧道爆破振动下发生开裂，一方面会造成建筑物的安全性下降，直接影响建筑结构的正常使用；另一方面可能会间接影响建筑结构承重构件的耐久性和安全性，如非承重构件裂缝可能会逐渐扩展至承重构件进而引起承重构件的开裂，或者雨水等在非承重构件裂缝中发生渗漏，逐渐侵蚀到承重构件，造成混凝土开裂及钢筋锈蚀，加剧建筑结构损伤。因此，亟须开展隧道爆破下建筑物局部构件的损伤机理研究，提出相应的安全评价方法，以解决建筑物爆破安全控制的难题。

其次，地下管线作为城市的“生命线”工程，担负着供水、电、气、热，保障通信等重要使命，地下管线的安全不仅是市民正常生活的保障，更关系着全社会的稳定。目前，隧道爆破施工时的振动允许标准制定多数是参照《爆破安全规程》（GB 6722—2014），但是该标准并未专门针对地下管线提出相应的安全评价标准。除了参照规范外，还有很多参照大量工程实例提出的不具有普适性的安全标准，难以形成统一标准。其根本原因在于隧道爆破振动下管线振动响应特征及安全评价的特殊性和复杂性，造成对管线的爆破振动损伤破坏机理并不十分清楚。地下管线不同于地表建筑物，其埋设于地下，不仅难以直接监测其振动响应，而且受到诸多复杂因素的影响，如管线的材质、尺寸、壁厚、形状及运行状态，爆破的炸药量、爆心距、起爆方式，管线周边地层的相互作用等，故爆破作用下管线的振动响应和破坏机理研究仍然存在较大难度，也就间接造成无法提出具有统一性和普适性的管线爆破振动安全允许标准。当采用的安全标准过低时，爆破作用下管线的风险较高，威胁管线的安全运行；当采用的安全标准过于保守时，施工效率会降低，导致工期延长，给企业造成不必要的经济损失。因此，在弄清管线的爆破振动破坏机理的基础上，提出科学且合理的安全评价方法及控制标准十分迫切和必要。

最后，复杂环境隧道开挖过程中，由于埋深小、跨度大、地质条件差及周边环境复杂，经常需要采用中隔壁法（CD法）、交叉中隔壁法（CRD法）及双侧壁导坑法等分部开挖法。钻爆法施工时产生的爆炸冲击和振动荷载作用极易对近接的中隔壁支护结构产生不利影响，引起支护结构开裂、破坏和失效，导致隧道产生过大变形甚至坍塌。目前，对于隧道爆破下永久的初期支护（喷射混凝土、锚杆）、二次衬砌的安全评价及控制标准研究较多，但是对于隧道分部开挖法中的近接支护结构在爆破作用下的破坏机理、损伤特征、监测和评价方法却鲜有研究。虽然其属于临时支护结构，但是在隧道开挖过程中其对隧道的整体稳定和变形控制起到十分重要的作用。由于隧道爆破施工极易引起支护结构混凝土产生较大空洞、钢筋网破坏、钢拱架扭曲变形，亟须针对支护结构的爆破动力破坏机理及安全评价方法展开系统研究。

本书在国家自然科学基金项目、山东省重点研发计划项目、山东省自然科学基金项目等课题资助下，针对复杂环境隧道爆破作用下邻近结构损伤机理、损伤特性、爆破监测和安全评价方法等难题，充分运用岩石爆破理论、结构动力学理论、结构模态试验与分析方法、信号处理分析技术、有限元数值模拟、现场爆破试验等多种方法展开多学科交叉研究，聚焦城市隧道爆破振动效应预测、损伤识别和安全评价等关键性难题。通过探究隧道爆破振动下建筑物的高阶局部模态振动响应特征、损伤机理及开裂部位，提出建筑物的爆破损伤分析、评价和裂缝识别方法；通过研究不同截面形式地下管线的纵横向振动响应、损伤机理及易损部位，提出地下管线的安全评价方法和控制标准；通过研究隧道爆破作用下近接中隔壁支护结构的振动响应及损伤特性，提出支护结构的强度和变形破坏准则及监测评价方法，确保在轻微爆破扰动下隧道安全、快速通过环境敏感建（构）筑物群，减少对周围环境的振动影响，避免“扰民”事件的发生，对于提高社会效益、经济效益和环境效益，均具有十分重要的科学意义和工程应用价值。

1.2 爆破振动安全允许标准

1.2.1 建（构）筑物爆破振动安全允许标准

评估爆破对不同类型建（构）筑物、设施设备和其他保护对象的振动影响，应采用不同的安全判据和允许标准。我国的《爆破安全规程》（GB 6722—2014）从结构的安全角度，给出了各种结构物的振速控制标准，如表1-1所示。

爆破振动安全允许标准　　表1-1

序号	保护对象类别	安全允许质点振动速度 v（cm/s）		
		$f \leq 10Hz$	$10Hz < f \leq 50Hz$	$f > 50Hz$
1	土窑洞、土坯房、毛石房屋	0.15～0.45	0.45～0.9	0.9～1.5
2	一般民用建筑物	1.5～2.0	2.0～2.5	2.5～3.0
3	工业和商业建筑物	2.5～3.5	3.5～4.5	4.2～5.0

续上表

序号	保护对象类别		安全允许质点振动速度 v（cm/s）		
			$f \leq 10$Hz	10Hz $< f \leq 50$Hz	$f > 50$Hz
4	一般古建筑与古迹		0.1～0.2	0.2～0.3	0.3～0.5
5	运行中的水电站及发电厂中心控制室设备		0.5～0.6	0.6～0.7	0.7～0.9
6	水工隧洞		7～8	8～10	10～15
7	交通隧道		10～12	12～15	15～20
8	矿山巷道		15～18	18～25	20～30
9	永久性岩石高边坡		5～9	8～12	10～15
10	新浇大体积混凝土（C20）	龄期：初凝～3d	1.5～2.0	2.0～2.5	2.5～3.0
		龄期：3～7d	3.0～4.0	4.0～5.0	5.0～7.0
		龄期：7～28d	7.0～8.0	8.0～10.0	10.0～12

注：1. 爆破振动监测应同时测定质点振动相互垂直的三个分量。

2. 表中质点振动速度为三个分量中的最大值，振动频率 f 为主振频率。

3. 频率范围根据现场实测波形确定或按如下数据选取：硐室爆破 $f < 20$Hz；露天深孔爆破 f 在 10～60Hz 之间；露天浅孔爆破 f 在 40～100Hz 之间；地下深孔爆破 f 在 30～100Hz 之间；地下浅孔爆破 f 在 60～300Hz 之间。

在按表 1-1 选定安全允许质点振速时，应认真分析以下影响因素：

（1）选取建筑物安全允许质点振速时，应综合考虑建筑物的重要性、建筑质量、新旧程度、自振频率、地基条件等。

（2）省级以上（含省级）重点保护古建筑与古迹的安全允许质点振速，应经专家论证后选取。

（3）选取隧道、巷道安全允许质点振速时，应综合考虑构筑物的重要性、围岩分类、支护状况、开挖跨度、埋深大小、爆源方向、周边环境等。

《铁路工程爆破振动安全技术规程》（TB 10313—2019）中，规定铁路隧道爆破振动安全控制标准应根据地质条件、结构形式、断面、埋深和技术状态等因素综合确定。铁路隧道爆破振动安全允许值应选择迎爆侧洞壁至爆源最近处的质点振动速度最大峰值为基准。铁路隧道结构爆破振动安全允许值如表 1-2 所示。

铁路隧道结构爆破振动安全允许值　　表 1-2

类别	安全允许质点振动速度 v（cm/s）		
	$f \leq 10$Hz	10Hz $< f \leq 50$Hz	$f > 50$Hz
单线隧道	6～7	7～8	8～9
双线隧道	5～6	6～7	7～8

注：f 为振动频率。

无衬砌、有缺陷和有病害的铁路隧道，以及隧道内有特殊要求的设备设施，其爆破质点振动速度安全允许值应进行专家论证。高速铁路、城际铁路隧道，其爆破振动速度允许值应减小 10%。

1.2.2 地下管线爆破振动安全允许标准

对于爆破下地下管线的振动安全允许标准，目前国内外尚无统一的安全标准和规范。现有的地下管线爆破安全控制规范和标准如表1-3所示。

地下管线爆破安全控制规范和标准　　表1-3

序号	标准和规范	材质	安全振速标准 v（cm/s）
1	*Vibration in buildings—Part 3: effects on structures*（DIN 4150-3—1999）	钢材	10
		黏土（混凝土、铸铁）	8
		砖混（塑胶）	5
2	《油气输送管道并行敷设技术规范》（SY/T 7365—2017）	—	14

《铁路工程爆破振动安全技术规程》（TB 10313—2019）中，规定了铁路涵洞爆破振动安全允许值，如表1-4所示。

铁路涵洞爆破振动安全允许值　　表1-4

类别	安全允许质点振动速度 v（cm/s）		
	$f\leqslant 10$Hz	10Hz $<f\leqslant 50$Hz	$f>50$Hz
圆管涵、整体式箱涵	4～5	5～6	6～7
混凝土盖板涵	3～4	4～5	5～6
石砌涵	2～3	3～4	4～5

注：f 为振动频率。

铁路涵洞爆破振动安全控制标准应根据结构类型、建筑材料、覆土厚度和技术状态等因素综合确定。铁路涵洞爆破振动安全允许值应根据结构类型选择迎爆侧涵洞侧壁、顶板或底板的质点振动速度最大峰值为基准。

1.2.3 支护结构爆破振动安全允许标准

对于爆破作用下支护结构的振动安全允许标准，目前国内外尚无统一的安全标准和规范，主要存在以下几种：

（1）《水利水电工程锚喷支护技术规范》（SL 377—2007）中给出喷射混凝土与围岩的黏结强度的取值为0.8～1.2MPa，根据 $\sigma=\rho C_P V_P$，可以计算得到喷射混凝土的爆破安全标准：

$$V_{rs}=\frac{\sigma}{\rho_r C_{rp}} \tag{1-1}$$

式中，σ 为喷射混凝土与围岩的黏结强度，取值为0.8～1.2MPa；ρ_r 为喷射混凝土的密度，C20喷射混凝土的密度为2200～2300kg/m^3；C_{rp} 为纵波在喷射混凝土中的传播速度，混凝土声速范围一般在3500～4500m/s之间。

黏结强度取0.8～1.2MPa，密度取2200kg/m^3，纵波速度取4500m/s，根据式（1-1）可以计算得出喷射混凝土的安全振速为8.08～12.12cm/s。考虑到喷射混凝土的动态强度大于静态强度，一般为静态强度的2倍，则喷射混凝土临界振速应为16.16～24.24cm/s。

(2) 根据《水电水利工程爆破施工技术规范》(DL/T 5135—2013),新浇混凝土、灌浆区、预应力锚索(杆)、喷射混凝土的安全允许爆破振动速度见表1-5。

新浇混凝土、灌浆区、预应力锚索(杆)、喷射混凝土的安全允许爆破振动速度 表1-5

序号	项目	安全允许爆破振动速度(cm/s)			备注
		龄期3d	龄期3~7d	龄期7~28d	
1	新浇混凝土	2.0~3.0	3.0~7.0	7.0~12.0	
2	灌浆区	0.0	0.5~2.0	2.0~5.0	含坝体、接缝灌浆等
3	预应力锚索(杆)	1.0~2.0	2.0~5.0	5.0~10.0	锚墩、锚杆孔口附近
4	喷射混凝土	1.0~2.0	2.0~5.0	5.0~10.0	距爆区最近的喷射混凝土

(3) 针对隧道爆破对喷射混凝土安全影响进行试验研究。试验隧道的断面为76m^{2}的公路隧道,采用台阶施工,一次爆破药量为80~132kg,掏槽药量为5.4~6.4kg,喷射混凝土与掌子面距离0.75m,龄期为1.5d。爆破后在喷射混凝土中产生最大振速为56.3cm/s,没发现有害开裂。同为某公路三车道隧道的Ⅳ级围岩地段开挖跨度15m,初期支护为钢架、钢筋网及喷射混凝土。最大一段药量为30kg,实测初期支护振速为40cm/s。喷射混凝土没有发现裂隙,初期支护振动安全。故根据上述试验,喷射混凝土的安全允许振速可达到40~56.3cm/s。

1.3 隧道爆破作用下邻近结构损伤机理与安全评价方法研究现状

1.3.1 建(构)筑物损伤机理与安全评价方法研究现状

目前主要采用反应谱法、时程分析法和试验测试法研究不同特性爆破地震波引起建筑结构的动力反应、损伤机理及安全评价方法。

爆破反应谱综合反映了爆破振动特征和建筑结构对外部激励的响应,运用加速度、速度和位移反应谱法可以计算动力放大系数,求出结构整体相应动力响应最大值,动力响应最大值是评估建筑结构受爆破振动危害的重要参数。但是,仅通过反应谱峰值评估建筑结构的安全是不全面的,因为反应谱曲线未呈现结构具体振动特征。

采用时程分析法不仅可以进行结构动力反应的弹塑性分析,还可以分析得出结构具体的振动特征,因此其应用更为广泛。由于隧道爆破振动以瞬时高频振动荷载为主,相比适合计算低频占主导的动力问题的隐式Newmark法等,显式中心差分法更加适合计算高频爆破振动下结构的动力反应问题。但是,目前大部分研究主要是建立梁、板、柱、纵横墙结构模型,研究了不同条件隧道爆破振动下建筑结构梁、板、柱、纵横墙承重构件的位移、振速和应力响应,但是对于填充墙、阳台、女儿墙、装饰结构、边墙、门窗角等非承重构件缺乏研究,而现场调研发现上述局部构件在隧道爆破振动下均易开裂。因此,对于隧道爆破振动下建筑结构的动力反应分析,应重点研究建筑结构非承重构件的损伤机理和特性。

通过采用试验方法测试爆破振动下建筑结构的动力反应,可以更加真实地反映爆破振动下建筑结构的振动特征,分析建筑结构的实际损伤情况,有助于认识建筑结构的损伤机理。很多试验研究表明，隧道爆破地震波在建筑结构上的传播过程中，高频波逐渐衰减，低频波变为主要成分，不同部位的结构振动特征存在很大差异，不同方向的振动速度也表现出不同的变化趋势，目前尚未形成普遍性的结论。总体来说，爆破振动下建筑结构的动力反应与建筑结构的结构形式、基础形式、高度、固有频率等影响因素密切相关。

随着模态方法引入隧道爆破领域，结构系统的局部模态振动特性开始受到人们的关注，并且在结构的损伤诊断方面得到了成功应用。对于大型建筑结构，结构低阶整体模态对结构局部的损伤并不敏感，利用整体模态的频率和振型信息进行结构损伤诊断具有很大局限性。研究发现存在对损伤十分敏感的“高灵敏度高阶模态”，其特征就是高阶振型在该构件上的振型幅值远大于其他相连构件，高阶模态具有较强的反映局部损伤的能力。但是，目前对爆破振动下建筑结构高阶模态振动特性研究还较为缺乏。因此，通过探究建筑结构的高阶局部模态，能够辨识出建筑结构中振动较大的局部构件，为隧道爆破振动下既有结构局部构件的振动效应和损伤特性研究指明了方向。

目前，主要采用最大位移或结构各层的相对位移来研究建筑结构损伤机理及评价建筑结构的安全，但是在振速超过最大允许振速时，建筑结构可能已经损伤，而顶点及层间最大位移值都远小于国家标准值。因此，对于瞬态隧道爆破地震波，位移指标不能准确反映建筑结构的损伤情况，故不能作为评价的标准。而工程实践中又多以控制地面峰值振速来确保建筑结构安全，实际上是通过控制结构上的瞬态应力大小来避免建筑结构发生损伤，而且结构上产生的瞬态应力对结构损伤影响更大。因此，需要综合地面峰值振速和结构应力特征来探究既有建筑结构在隧道爆破振动下的损伤机理，并提出合理、科学的安全评价方法。

1.3.2 地下管线损伤机理与安全评价方法研究现状

隧道爆破作用下地下管线的振动响应特征及损伤机理研究方法主要有理论解析法、数值模拟法、试验方法，以及综合使用上述多种方法。

理论解析法主要是通过利用爆炸应力波传播理论、弹性地基梁模型、铁木辛柯梁理论模型等，使管线的动力响应计算接近真实情况，但是计算过程烦琐复杂，不便于工程应用。

数值模拟法由于效率高、成本低已被广泛地应用于工程爆破领域中，常用软件有ANSYS/LS-DYNA、AUTODYN、ABAQUS等，主要算法有拉格朗日（Lagrange）算法、欧拉（Euler）算法、任意拉格朗日-欧拉（Arbitrary Lagrangian-Eulerian，ALE）算法、光滑粒子流体动力学（Smoothed Particle Hydrodynamics，SPH）算法、SPH-Lagrange算法，其中ALE算法应用较多。研究发现管道迎爆侧的位移和振速均大于背爆侧，管道断面底部、中部和顶部振速差异较大。针对铸铁管、高密度聚乙烯波纹管、钢筋混凝土管和钢管，考虑法兰、承插式等不同接口，研究了不同工况爆破下地下管线的振速、应力响应，提出地下管线的爆破动力失效机制为有效应力、拉应力、剪应力超过抗力限制，或者接口的偏转角、旋转角过大。

试验方法以现场爆破试验为主，主要采用动态应变和爆破振速测试系统测试轴向和环向应变、压力和振速等参数，以研究管线振速响应特征，适用于浅埋管线，对于深埋管线则不便实施。通过分析监测数据，可以得出管线容许应力与起爆药量和管线壁厚之间的关系，或建立合成峰值振速与地下管道轴向、环向应变之间的指数函数关系，或建立管线和地面处振速的函数关系，提出爆破振速安全控制标准。

隧道爆破作用下管线振动响应受到诸多因素影响，使得爆破振动下管线响应特征和安全评价十分复杂。主要影响因素有爆破施工参数（炸药量、起爆方式、爆心距）、管线本身（直径、壁厚、形状、材质）、管线填充及运营状态（空管、满管、无压、有压）、地层性质（岩土、管土作用）。爆破施工参数方面，炸药量越大、爆心距越小、齐发爆破炮孔越多，则管线振速和应力越大。管线本身方面，管线的直径越大、壁厚越小，管道的柔性越强，管道的动态变形越大，导致管道动应力、振速和管周土体的振动速度越大。管线填充及运营状态方面，满水状态相比空管状态管道质点振动速度有所降低，水的存在对管道的抗爆起积极作用；管道运行内压是影响管道应力状态最为敏感和重要的因素，随着管道内压的增加，管道最大主应力峰值呈明显的线性增长趋势。地层性质方面，随着周围土体的密度、剪切和压缩模量增大，管线上的压力增大；水下爆破临近管线的动力响应研究应考虑孔隙水压力的影响。考虑管线和岩土体的相互作用时，管线上的振速和应力一般要高于周围土体的振速和应力，且分布形式也不尽相同。

目前，对地下管线的爆破振动响应和损伤机理方面的研究主要集中在小直径（小于2m）、浅埋（小于5m）、圆形截面管线的振动响应，在较大直径（2～5m）、深埋（埋深不小于5m）、其他截面形状（直墙拱形、方形等）、不同管周地层性质条件下管线振动响应和损伤机理方面研究还较少。由于两者振动响应存在较大差异，亟须开展深入研究。

隧道爆破振动下管线安全评价和控制主要是通过严格控制振速不超过安全振速标准。一是依据国家相关规范和标准，并参考工程实例经验综合确定安全振速标准；二是根据管线材料的屈服破坏准则及接口破坏准则，通过建立应变、应力、偏转角等与振速的线性关系，计算得出管线的安全振速控制阈值。但是目前很多研究主要建立基于管线应力-振速两参数线性拟合的安全评价方法，忽略了爆破地震波的传播路径及绕射效应影响，导致预测误差较大，尤其是在大直径管线应力-振速-路径距离的安全精准评价方法和振速阈值方面研究不够深入。

1.3.3 支护结构损伤机理与安全评价方法研究现状

目前，对隧道爆破作用下支护结构振动响应、损伤机理和安全评价方面的研究，主要集中在初期支护的喷射混凝土和锚杆。当爆炸应力波经过喷射混凝土与围岩的交界面时，应力波将在交界面发生反射和透射，反射波将在喷射混凝土与围岩的交界面上引起拉应力。过量的爆破会使这个拉应力大于混凝土与围岩的黏结强度从而导致混凝土与围岩脱开，对喷射混凝土造成破坏。混凝土是一种脆性材料，其抗拉强度远低于抗压强度。因此，在爆破应力荷载作用下，喷射混凝土的破坏主要由抗拉强度控制。

爆破振动对加锚围岩的主要影响是爆炸应力波通过岩体对锚杆的相互作用，造成硐室围岩和锚杆的应力、应变等物理量在硐室爆破的瞬间发生很大的改变，可能导致顶锚的松动甚至脱落。通过建立拱顶锚杆轴力值与峰值振速的线性关系，根据锚杆安全轴力可以计算得到不同围岩级别、不同养护龄期隧道爆破开挖砂浆锚杆的安全控制振速。

大跨隧道采用分部开挖法施工时，中隔壁支护结构与初期支护结构封闭成环，共同起到支撑围岩和控制围岩变形的作用。隧道爆破时，由于中隔壁支护结构直接与待爆破岩石密贴，爆破产生的冲击波直接作用在支护结构上，极易造成支护结构破坏。但是，针对隧道中隔壁支护结构的动力响应、损伤特征、爆破监测及安全评价方法研究还比较缺乏，有必要展开深入研究。

1.4 本书主要内容

本书依托典型岩石地层重大隧道工程，针对复杂环境隧道爆破作用下建筑物、地下管线和支护结构等损伤机理和分布特征展开研究，提出邻近结构安全评价方法和控制标准，有效保障重大隧道与地下工程建设安全。本书主要内容如下：

1）建筑结构精细化模型建立和高阶模态振动特性

（1）选取典型砌体建筑物，分别进行自然环境地脉动激励和隧道高频爆破振动激励的运行模态试验，采用增强频域分解法和随机子空间法识别砌体楼房的模态参数，包括固有频率、振型和阻尼。

（2）采用有限元法建立砌体楼房结构模型，根据模态参数和结构固有频率的参数灵敏度分析方法修正砌体楼房结构模型。

（3）研究砌体楼房低阶整体模态和高阶局部模态动力特性，分析隧道高频爆破振动与砌体结构局部构件振动之间的关系，提出隧道爆破振动下建筑物高阶模态局部振动响应特性。

2）建筑结构爆破振动响应和损伤机理及安全评价方法

（1）采用振型位移叠加法理论分析隧道爆破振动下结构的位移和应力，得出高频爆破振动下应力控制结构损伤机理。

（2）建立典型砌体结构数值模型，研究隧道爆破地震波不同振速峰值下砌体结构局部构件的振速和位移特征，阐明位移标准不适用于爆破振动下结构安全评价。

（3）通过分析混凝土结构和砌体结构的应力分布，基于应力比，重点研究薄弱局部构件、应力集中部位及刚度突变部位的主拉应力变化规律，提出高频隧道爆破下建筑物局部损伤的主拉应力控制机理；对比分析不同频率下水平和竖向爆破振动下结构局部产生主拉应力的大小，得出频率和振动方向对结构应力的影响，并对砌体砖墙安全性进行评价。

（4）针对多层砖混建筑物，开展隧道爆破振动下结构振动响应测试试验，分析爆破振动下建筑物不同楼层的振动响应特征和衰减规律；计算多层建筑结构的模态参数，探究多层建筑物局部构件的爆破应力响应特征，得出易损构件，并进行安全评价。

3）建筑结构爆破振动损伤分布特征和智能识别方法

（1）阐明隧道爆破振动下不同形式建筑物损伤分布特征的共同点和差异点，提出隧道爆破下建筑物损伤特性分析方法，明晰建筑物爆破裂缝分布特征及一般开裂顺序，提出爆破振动下房屋开裂损伤评价方法和建议。

（2）运用无人机拍摄和三维模型重建技术进行建筑物数据信息采集和高精度建模，提出基于图像处理的建筑物爆破新生裂缝智能识别方法。

4）地下管线爆破振动响应和损伤机理及安全评价方法

（1）建立圆形、直墙拱形和方形管线的隧道-地层-管线流固耦合数值模型，通过现场爆破振动实测数据对数值模型进行验证。

（2）探究隧道爆破后不同时刻爆破地震波在围岩与管线上的传播和衰减规律；选取不同截面形状管线横断面上的典型位置，研究管线横向和纵向的峰值振速和峰值拉应力变化规律，对比分析不同截面形状管线振动响应特征差异和管线与周围土层的振动响应特征差异。

（3）考虑隧道与管线之间净距、掏槽孔起爆药量、地层性质等因素，研究管线的峰值振速和峰值拉应力变化规律，得出不同截面形状管线的爆破安全距离和安全药量。

（4）阐明隧道爆破振动下管线的失效准则和不同截面形状管线的失效位置，从变形和应力角度提出管线的爆破失效机理，根据峰值拉应力与峰值振速的统计关系，提出应力-振速耦合的安全评价方法；考虑波的传播路径和绕射效应，提出管线的爆破应力-振速-路径距离耦合安全评价方法，并提出管线爆破振动安全控制标准建议值。

5）支护结构爆破动力响应和破坏机理及安全评价方法

（1）通过开展隧道爆破冲击下中隔壁支护结构的爆破试验测试，分析支护结构的爆破振动特性，探究隧道爆破冲击下支护结构的破坏形态及破坏发展阶段，阐明支护结构破坏原因和主要影响因素。

（2）建立隧道爆破中隔壁支护结构数值模型，探究不同装药量、爆心距条件下支护结构的应力和变形响应特征，提出支护结构的强度和变形破坏机理及破坏形态，并与现场试验结果对比验证。

（3）提出隧道爆破下中隔壁支护结构的3种动应力破坏模式，基于不同药量爆破下支护结构破坏发展程度及相对位移增大规律，建立基于相对位移比的支护结构损伤破坏量化分级方法及5级评价标准。

（4）基于量纲分析方法，提出支护结构爆破动应力预测公式，提出支护结构爆破振速监测和安全评价方法。

第 2 章

建筑结构精细化模型建立和高阶模态振动特性

建筑结构类型多种多样，按照层数有低层、多层、中高层及高层建筑，按照材料类型又分为砌体结构、砖混结构、钢筋混凝土结构、钢结构、木结构等。大量隧道工程爆破实践发现，由于钢筋混凝土结构具备较强的抗震能力，鲜有隧道爆破振动下发生开裂的案例，但是低层（1 ~3 层）砌体和多层（4 ~6 层）砖混建筑结构振动开裂的案例较多，且主要出现在非承重及局部构件上，例如内外墙角与门窗角的开裂、砖墙与楼板接触部位的开裂、填充墙与中隔墙的开裂、屋顶预制板接缝的开裂、装饰层结构开裂等，而梁、板、柱、纵横墙等承重构件均未出现开裂。但是，目前大多数隧道爆破振动下建筑结构损伤特征研究建立的是不易损伤的梁、板、柱、纵横墙等承重构件三维模型，忽略了薄弱、易损的非承重局部构件，故难以准确反映爆破作用下建筑结构的实际损伤情况。因此，研究隧道爆破振动对建筑结构的影响时，首先需要建立同时考虑结构非承重和承重构件的三维精细化模型，才能分析出隧道爆破作用下准确的建筑结构损伤分布特征。

目前，建筑结构模型大多采用有限元模型，但是建模的各种简化以及几何、材料、边界等参数取值的不确定性，使得建立的结构模型与实际建筑结构往往存在一定的差距，故一般需要对模型进行修正。根据模态试验所得模态参数（固有频率、振型和阻尼）对初始有限元模型进行修正，建立较为真实的模型，此方法已经被广泛应用于机械、航天、桥梁等领域。修正后的模型准确可靠，工程实用性好。模态试验一般分为两种，即实验模态分析（Experimental Modal Analysis，EMA）试验和运行模态分析（Operational Modal Analysis，OMA）试验。EMA 需要在已知激励力下测试结构的输出响应；而 OMA 可以在未知环境激励力下测试结构的输出响应，并且不会对建筑结构的正常使用产生影响。模态试验方法简单、方便，模态参数识别结果准确。因此，可以采用 OMA 模态试验方法对建筑结构模型进行修正。在此基础上，通过研究建筑结构的高阶模态局部振动特性，来探究隧道爆破作用下建筑结构的振动响应特征。下面将以常见且易损伤的砌体结构为例，探究隧道爆破振动下建筑结构损伤机理和振动特性。

2.1 砌体结构有限元模型建立

2.1.1 等效体积单元法

砌体由砖和砂浆有规则地砌筑而成，需要将砌体均质化为连续性介质，从而实现只采用一种单元建立砌体结构有限元模型。砌体结构的均质化技术通常分为两类：第一类是将砌体均质化为各向同性连续体，只采用弹性模量和泊松比两个独立参数描述砌体力学特性，但是对砌体结构更为详细的应力-应变关系及破坏机理分析并不适用；第二类是采用等效体积单元（Representative Volume Element，RVE）法将砌体均质化为各向异性连续体，常用的是横观各向同性和正交各向异性材料模型，这一单元包含砌体所有的集合与组成信息结构，适用于更为详细的应力-应变关系及破坏机理分析。砌体结构等效体积单元建模需满足以下条件：

（1）结构包括组成砌体的所有材料，如砖块和砂浆。

（2）能够按照周期性和连续性分布的规律组成完整的结构。

（3）满足以上两个条件的最小单元。

根据以上三个条件，砌体采用等效体积单元的均质化建模过程如图 2-1 所示。等效体积单元的应力、应变大小采用单元中各个组成部分的应力、应变的平均值。

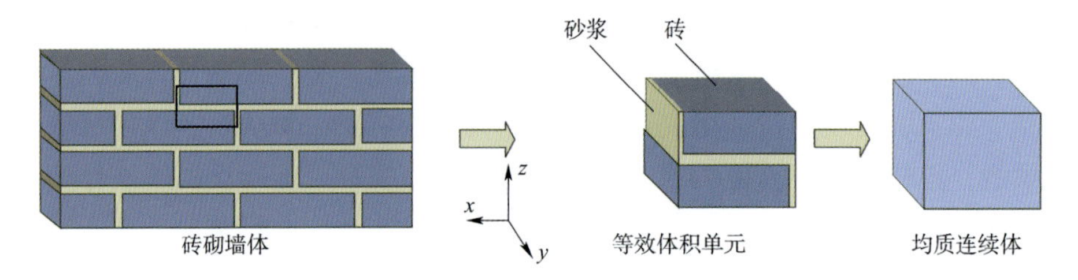

图 2-1　砌体等效体积单元均质化建模过程

$$\overline{\sigma}_{ij}=\frac{1}{V}\int_V\sigma_{ij}\mathrm{d}V \tag{2-1}$$

$$\overline{\varepsilon}_{ij}=\frac{1}{V}\int_V\varepsilon_{ij}\mathrm{d}V \tag{2-2}$$

式中，$\overline{\sigma}_{ij}$表示等效体积单元中应力的平均值；$\overline{\varepsilon}_{ij}$表示等效体积单元中应变的平均值；$V$表示等效体积单元的体积；$\sigma_{ij}$表示某个单元的应力；$\varepsilon_{ij}$表示某个单元对应的应变。

等效体积单元采用正交各向异性材料模型时的材料参数获得方法为：等效体积单元中的砖块和砂浆在弹性阶段采用各向同性模型，在塑性阶段采用 Drucker-Prager 模型，分别对等效体积单元进行三个方向（x、y、z）的单轴抗压试验和纯剪切试验，从三个方向的单轴抗压试验的应力-应变曲线中获得相应方向的弹性模量、泊松比，从三个方向的纯剪切试验的应力-应变关系中获得相应方向的剪切模量。试验大多采用有限元数值分析或室内试验。根据试验结果，砌体结构等效体积单元正交各向异性模型参数计算公式如下：

$$\overline{E}_x=\frac{\overline{\sigma}_x}{\overline{\varepsilon}_x},\ \overline{\mu}_{xy}=\frac{\overline{\varepsilon}_y}{\overline{\varepsilon}_x},\ \overline{\mu}_{xz}=\frac{\overline{\varepsilon}_z}{\overline{\varepsilon}_x} \tag{2-3}$$

$$\overline{E}_y=\frac{\overline{\sigma}_y}{\overline{\varepsilon}_y},\ \overline{\mu}_{yx}=\frac{\overline{\varepsilon}_x}{\overline{\varepsilon}_y},\ \overline{\mu}_{yz}=\frac{\overline{\varepsilon}_z}{\overline{\varepsilon}_y} \tag{2-4}$$

$$\overline{E}_z=\frac{\overline{\sigma}_z}{\overline{\varepsilon}_z},\ \overline{\mu}_{zx}=\frac{\overline{\varepsilon}_x}{\overline{\varepsilon}_z},\ \overline{\mu}_{zy}=\frac{\overline{\varepsilon}_y}{\overline{\varepsilon}_z} \tag{2-5}$$

$$\overline{G}_{xy}=\frac{\overline{\tau}_{xy}}{\overline{\gamma}_{xy}},\ \overline{G}_{yz}=\frac{\overline{\tau}_{yz}}{\overline{\gamma}_{yz}},\ \overline{G}_{zx}=\frac{\overline{\tau}_{zx}}{\overline{\gamma}_{zx}} \tag{2-6}$$

式中，$\overline{\varepsilon}_x$、$\overline{\varepsilon}_y$、$\overline{\varepsilon}_z$ 为平均正应变；$\overline{\gamma}_{xy}$、$\overline{\gamma}_{yz}$、$\overline{\gamma}_{zx}$为平均剪应变；$\overline{\sigma}_x$、$\overline{\sigma}_y$、$\overline{\sigma}_z$ 为平均正应力；$\overline{\tau}_{xy}$、$\overline{\tau}_{yz}$、$\overline{\tau}_{zx}$为平均剪应力；$\overline{E}_x$、$\overline{E}_y$、$\overline{E}_z$ 为平均弹性模量；$\overline{\mu}_{xy}$、$\overline{\mu}_{xz}$、$\overline{\mu}_{yx}$、$\overline{\mu}_{yz}$、

$\overline{\mu}_{zx}$、$\overline{\mu}_{zy}$为平均泊松比；$\overline{G}_{xy}$、$\overline{G}_{yz}$、$\overline{G}_{zx}$为平均剪切模量；x、y 为水平坐标，z 为垂直坐标。

2.1.2 砌体和混凝土材料参数取值

通过查阅文献获得砌体的密度为 1800 ~ 2200kg/m^3，弹性模量为 1.062 ~ 3.646GPa，泊松比为 0.15 ~ 0.16。根据《砌体结构设计规范》（GB 50003—2011），烧结普通砖选取 MU20 ~ MU10，砂浆选取 M2.5 ~ M5，可以计算得出砌体的弹性模量为 1.807 ~ 3.392GPa，砌体的剪变模量可按砌体的弹性模量值的 40% 选用。烧结普通砖密度在 1500 ~ 1800kg/m^{3}之间，考虑表面混凝土抹灰密度略有增大取为 1600 ~ 2000kg/m^3。综合以上分析，确定砌体的密度为 1600 ~ 2000kg/m^3，弹性模量为 1.800 ~ 3.600GPa，泊松比为 0.15 ~ 0.16。

混凝土强度等级选取 C15 ~ C20，根据《混凝土结构设计规范》（GB 50010—2010），混凝土弹性模量取 22.0 ~ 25.5GPa，混凝土的剪变模量可按相应弹性模量值的 40% 选用。混凝土泊松比选用 0.18 ~ 0.22，密度为 2200 ~ 2400kg/m^3。

综合以上分析，确定砌体和混凝土材料参数的取值范围和初始取值（取平均值）如表 2-1 所示。

砌体和混凝土材料参数取值表　　表 2-1

项目	密度（kg/m^3）	弹性模量（GPa）	剪变模量（GPa）	泊松比
砌体	1600 ~ 2000	1.80 ~ 3.60	0.72 ~ 1.44	0.15 ~ 0.16
砌体均值	1800	2.70	1.08	0.155
混凝土	2200 ~ 2400	22.00 ~ 25.50	8.80 ~ 10.20	0.18 ~ 0.22
混凝土均值	2300	23.75	9.50	0.20

2.1.3 砌体结构有限元初始模型建立

本隧道下穿砌体结构依托成渝高铁新红岩隧道工程。成渝高铁新红岩隧道位于重庆市沙坪坝—菜园坝区间，隧道全长 6699m，埋深在 7 ~ 167m 之间，其中隧道浅埋段主要位于新红岩隧道进出口处，其里程为 GDK297 + 725 ~ GDK298 + 350，长度为 625m，埋深为 15 ~ 50m。隧道上覆第四系全新人工填筑碎石土、坡洪积层粉质黏土、坡残积层粉质黏土等；下伏基岩为侏罗系中统沙溪庙组砂岩、泥岩夹砂岩。隧道穿越地层主要由砂岩、泥岩、泥岩夹砂岩组成，其中Ⅴ级围岩占 29%，Ⅳ级围岩占 71%。砂岩，中 ~ 细粒结构，钙质胶结，中厚 ~ 厚层状，主要矿物成分为长石、石英，强风化带岩体节理裂隙发育，弱风化带岩体较完整，岩质较硬，强度约为 30MPa。泥岩为紫红、灰紫色，泥质胶结，中厚 ~ 厚层状，岩质较软，易风化剥落。地下水不发育，无侵蚀性。

隧道浅埋段下穿沙坪坝区建设新村和新民坡村山区，地形起伏变化很大，隧道周围 1 ~ 3 层民房十分密集，房屋老旧，大多为 20 世纪七八十年代修建的土坯房、毛石房屋和砌体房屋，并且以 2、3 层砌体楼房为最多，征收拆迁量大且极其困难，房屋安全性要求较高。隧道上部2、3层砌体楼房大部分为悬挑结构，主要采用预制楼板和毛石、砖砌刚性基础。房屋门窗开洞很不规则，导致受力性能较差，且大多数房屋没有设置圈梁和构造柱等抗震构件，导致房屋的整体抗震能力较差。土坯房本身的抗拉和抗剪强度很低，再加上房屋年久失修，部分墙体存在可见裂缝，更加削弱了土坯房的抗震能力。因此，隧道爆破振动对当地房屋的安全构成了严重威胁，一旦地表振动强度过大，或者爆破振动主频接近房屋的固有频率，房屋就很可能受损。新红岩隧道工程周边房屋情况如图2-2所示。

a) 土坯房

b) 二层砌体楼房

c) 带裙楼的二层砌体楼房

图2-2　新红岩隧道工程周边房屋情况

选取典型二层砌体楼房，通过现场调研和实测可知，砌体楼房的有限元模型的建模几何参数如下：楼层总高7.00m，净层高3.00m，女儿墙高0.70m，楼板厚0.15m，外部纵墙和承重横墙厚度为0.24m，部分隔墙厚度为0.12m。房屋一层10.14m×7.19m，二层10.14m×8.31m，挑梁总长3.22m，二层挑出长度为1.12m。砌体结构二层地面和顶层采用混凝土预制板，没有设置圈梁和构造柱，一、二层室内平面布置互不相同，门窗开洞也极不规则，该砌体结构有限元建模十分复杂。二层砌体楼房正面和侧面如图2-3所示。

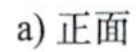

a) 正面

b) 侧面

图2-3　二层砌体楼房正面和侧面

采用通用有限元程序ANSYS14.0建立砌体结构有限元模型，建模过程中需要对结构进行适当简化，不考虑楼梯、窗户和门。砌体和混凝土构件均采用实体SOLID185六面体单元。建立砌体结构有限元模型时，遵循点、线、面、体循序渐进的方式，采用拉伸、分割、粘接等布尔运算划分实体。建成的砌体结构有限元模型共1496个关键点，524个实体。建立的砌体结构实体模型和划分网格后的有限元模型如图2-4所示。

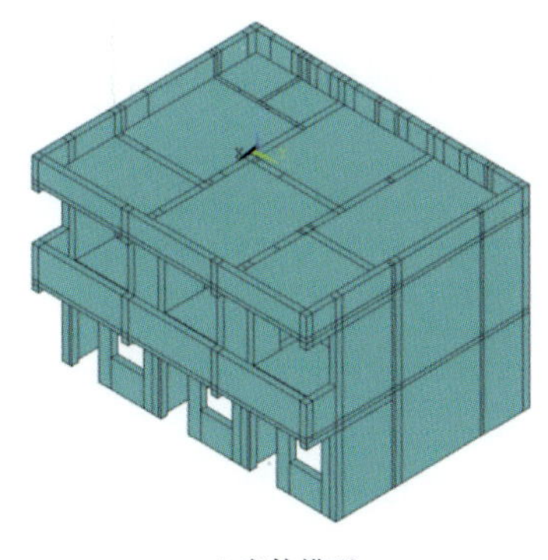
a) 实体模型

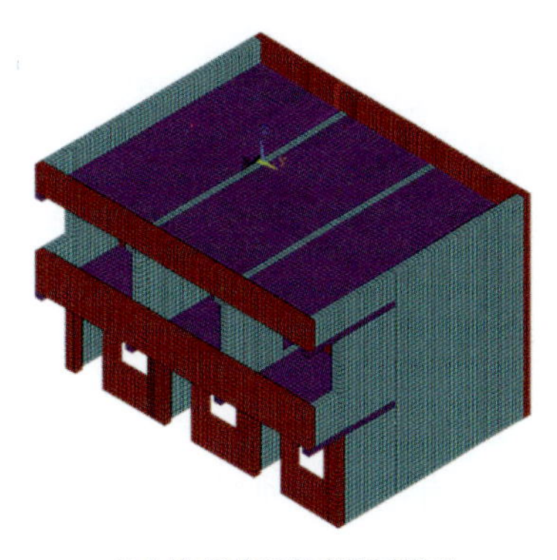
b) 划分网格后的有限元模型

图 2-4 砌体结构实体模型和划分网格后的有限元模型

2.2 砌体结构有限元模态参数

2.2.1 有限元模态分析基本原理

模态分析是用来确定结构振动特性的一种技术，包括结构的固有频率、振型、振型参与系数（即在特定方向上某个振型在多大程度上参与了振动），是所有动力学分析类型中最基础和最重要的内容。

模态分析有以下优势：①使结构设计避免共振或以特定频率振动；②使工程师可以认识到结构对于不同类型的动力荷载是如何响应的；③有助于在其他动力分析中估算求解控制参数（如时间步长）。

由于结构的振动特性决定结构对于各种动力荷载的响应情况，所以在准备进行其他动力分析之前首先要进行模态分析。

结构整体的动力平衡方程为：

$$\boldsymbol{M}\ddot{\boldsymbol{u}}+\boldsymbol{C}\dot{\boldsymbol{u}}+\boldsymbol{K}\boldsymbol{u}=\boldsymbol{F}^{\mathrm{a}} \tag{2-7}$$

式中，$\boldsymbol{M}$ 为质量矩阵；$\boldsymbol{C}$ 为阻尼矩阵；$\boldsymbol{K}$ 为刚度矩阵；$\ddot{\boldsymbol{u}}$ 为节点加速度矢量；$\dot{\boldsymbol{u}}$ 为节点速度矢量；$\boldsymbol{u}$ 为节点位移矢量；$\boldsymbol{F}^{\mathrm{a}}$ 为结构外荷载矢量。

假定为自由振动并忽略阻尼，则式（2-7）可以化简为：

$$\boldsymbol{M}\ddot{\boldsymbol{u}}+\boldsymbol{K}\boldsymbol{u}=\boldsymbol{0} \tag{2-8}$$

对于线性系统，式（2-8）的解的形式为

$$\boldsymbol{u}=\boldsymbol{\phi}_i\cos\omega_i t \tag{2-9}$$

式中，$\boldsymbol{\phi}_i$ 为第 i 阶模态对应的振型特征向量；ω_i 为第 i 阶模态的固有频率（rad/s）；t 为时间（s）。

把式（2-9）代入式（2-8），得：

$$(\boldsymbol{K}-\omega_i^2\boldsymbol{M})\ \boldsymbol{\phi}_i=\boldsymbol{0} \tag{2-10}$$

当结构自由振动时，各节点振幅 $\boldsymbol{\phi}_i$ 不可能都为 $\boldsymbol{0}$，因此式（2-10）中的系数行列式等于0，即：

$$\det\left|(\boldsymbol{K}-\omega_i^2\boldsymbol{M})\right|=0 \tag{2-11}$$

这个方程的根是 ω_i^2，即特征值，i 的范围为从 1 到自由度的数目，相应的向量是 $\boldsymbol{\phi}_i$，即特征向量，表示振型。

ANSYS 采用下式输出计算的固有频率 f_i：

$$f_i=\frac{\omega_i}{2\pi} \tag{2-12}$$

式中，f_i 的单位为 Hz。

在 ANSYS 中有以下几种提取模态的方法：Block Lanczos 法、子空间法、Power Dynamics 法、缩减法、不对称法、阻尼法。使用何种模态提取方法主要取决于模型大小（相对于计算机的计算能力而言）和具体的应用场合。本文采用 Block Lanczos 法。Block Lanczos 法可以在大多数场合中使用，是一种功能强大的方法，当提取中型到大型模型（50000～100000 个自由度）的大量振型（振型大于 40 个）时，这种方法很有效，经常应用在具有实体单元或壳单元的模型中。

2.2.2 砌体材料本构模型

对于复杂条件下的应力状态，砌体采用正交各向异性模型时其本构模型为

$$\begin{Bmatrix}\varepsilon_x\\ \varepsilon_y\\ \varepsilon_z\\ \gamma_{xy}\\ \gamma_{yz}\\ \gamma_{zx}\end{Bmatrix}=\begin{bmatrix}\frac{1}{E_x} & -\frac{\mu_{xy}}{E_y} & -\frac{\mu_{xz}}{E_z} & 0 & 0 & 0\\ -\frac{\mu_{yx}}{E_x} & \frac{1}{E_y} & -\frac{\mu_{yz}}{E_z} & 0 & 0 & 0\\ -\frac{\mu_{zx}}{E_x} & -\frac{\mu_{zy}}{E_y} & \frac{1}{E_z} & 0 & 0 & 0\\ 0 & 0 & 0 & \frac{1}{G_{xy}} & 0 & 0\\ 0 & 0 & 0 & 0 & \frac{1}{G_{yz}} & 0\\ 0 & 0 & 0 & 0 & 0 & \frac{1}{G_{zx}}\end{bmatrix}\begin{Bmatrix}\sigma_x\\ \sigma_y\\ \sigma_z\\ \tau_{xy}\\ \tau_{yz}\\ \tau_{zx}\end{Bmatrix} \tag{2-13}$$

$$\mu_{yx}E_x=\mu_{xy}E_y \tag{2-14}$$

$$\mu_{zx}E_x=\mu_{xz}E_z \tag{2-15}$$

$$\mu_{zy}E_y=\mu_{yz}E_z \tag{2-16}$$

式中，ε_x、ε_y、ε_z 为正应变；γ_{xy}、γ_{yz}、γ_{zx} 为剪应变；σ_x、σ_y、σ_z 为正应力；τ_{xy}、τ_{yz}、τ_{zx} 为剪应力；E_x、E_y、E_z 为弹性模量；μ_{xy}、μ_{xz}、μ_{yx}、μ_{yz}、μ_{zx}、μ_{zy} 为泊松比；G_{xy}、G_{yz}、G_{zx} 为剪切模量；x、y 为水平坐标，z 为垂直坐标。

正交各向异性模型中，砌体结构材料包含 E_x、E_y、E_z、μ_{xy}、μ_{xz}、μ_{yz}、G_{xy}、G_{yz}、G_{zx} 总共 9 个独立参数；当 x、y 方向相同时，则简化为横观各向同性模型，砌体结构材料包含 E_x（E_y）、E_z、μ_{xy}、μ_{xz}（μ_{yz}）、G_{xz}（G_{yz}）总共 5 个独立参数，且 $G_{xy}=E_x/[2(1+\mu_{xy})]$；将采用各向同性模型的本构关系进一步简化，则砌体结构材料包含弹性模

量 E 和泊松比 μ 总共 2 个独立参数。

2.2.3 砌体结构模型网格尺寸精度

网格尺寸精度会直接影响模态分析结果的精度，网格尺寸过大，结果精确性低，网格尺寸过小，又会消耗过多的时间，因此需要找到一个精度和消耗时间均衡的网格尺寸。通过定义网格尺寸为 0.15m、0.10m、0.06m，分别计算结构的 1～4 阶固有频率，分析网格尺寸变化引起的固有频率的变化，从而确定合理、经济的网格尺寸。砌体采用正交各向异性材料模型，混凝土采用各向同性材料模型，模态计算方法采用 Block Lanczos 法。不同网格尺寸计算得到的结构 1～4 阶固有频率见表 2-2。

不同网格尺寸下的结构固有频率　表 2-2

单元尺寸（m）		0.15	0.10	0.06	0.15m 与 0.06m 网格尺寸下的固有频率的相对差值（%）
单元数		40940	142638	509231	—
固有频率（Hz）	1 阶	9.03	8.99	8.94	1.01
	2 阶	13.06	13.04	13.01	0.38
	3 阶	16.14	16.09	16.04	0.62
	4 阶	23.70	23.69	23.55	0.64

从表 2-2 中可以看出，随着网格尺寸变小，前 4 阶的频率逐渐减小，但相差的幅度并不大，网格尺寸为 0.15m 与 0.06m 计算得到的前 4 阶固有频率的相对差值最大仅为 1.01%。因此，计算模态时采用的网格尺寸为 0.15m。

2.2.4 砌体材料不同本构模型下的模态参数

为了对比分析砌体材料采用不同本构模型时砌体结构模态参数的差别，分别采用各向同性、横观各向同性和正交各向异性模型进行建模，混凝土则采用各向同性模型，计算砌体楼房的 1～4 阶固有频率和振型。然后通过与 OMA 模态实验得到的 1～4 阶固有频率和振型进行对比，对材料初始参数进行修正。

砌体和混凝土两种材料的物理力学参数取平均值，如表 2-1 所示。

砌体材料采用正交各向异性模型，包含 E_x、E_y、E_z、μ_{xy}、μ_{xz}、μ_{yz}、G_{xy}、G_{yz}、G_{zx} 总共 9 个独立参数，令 $E_x = E_y = E_z = 2.7\text{GPa}$，$\mu_{xy} = \mu_{yz} = \mu_{zx} = 0.15$，$G_{xy} = G_{yz} = G_{zx} = 1.08\text{GPa}$；砌体材料采用横观各向同性模型，考虑 x、y 方向相同，包含 E_x（E_y）、E_z、μ_{xy}、μ_{xz}（μ_{yz}）、G_{xz}（G_{yz}）总共 5 个独立参数，令 E_x（E_y）$= 2.7\text{GPa}$，$E_z = 2.7\text{GPa}$，$\mu_{xy} = 0.15$，μ_{yz}（μ_{xz}）$= 0.15$，G_{yz}（G_{xz}）$= 1.08\text{GPa}$；砌体材料采用各向同性模型，$E = 2.7\text{GPa}$，$\mu = 0.15$，$G = 1.08\text{GPa}$。混凝土材料采用各向同性模型，$E = 23.75\text{GPa}$，$\mu = 0.20$，$G = 9.50\text{GPa}$。

模态分析时，固定一楼底部节点的 6 个自由度，采用 Block Lanczos 法计算砌体结构 1～4 阶固有频率和振型，固有频率计算结果见表 2-3，结构振型如图 2-5 所示。

砌体材料不同本构模型下的结构固有频率表　　表 2-3

阶次	各向同性模型固有频率（Hz）	横观各向同性模型固有频率（Hz）	正交各向异性模型固有频率（Hz）	振型
1 阶	9.243	9.029	9.026	横向一弯
2 阶	13.363	13.063	13.060	纵向一弯
3 阶	16.622	16.147	16.143	扭转
4 阶	24.189	23.713	23.698	纵向二弯

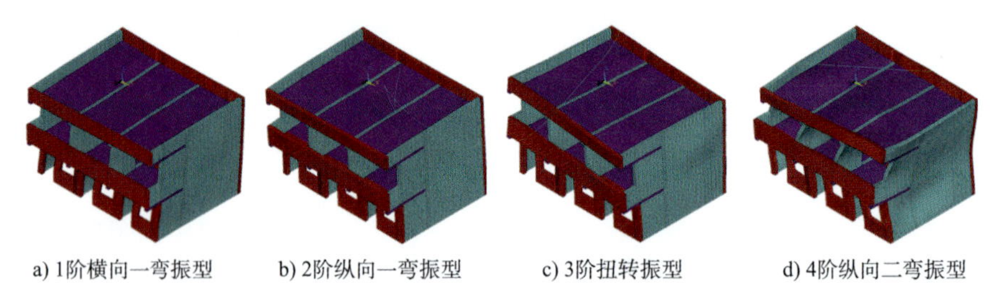

a) 1阶横向一弯振型　b) 2阶纵向一弯振型　c) 3阶扭转振型　d) 4阶纵向二弯振型

图 2-5　砌体结构有限元计算振型

2.3 砌体结构运行模态分析（OMA）试验及模态参数

2.3.1 OMA 试验测试系统及方案

本节采用 OMA 模态试验方法，分别测试砌体结构在自然环境地脉动激励和隧道爆破振动激励下的输出响应数据，通过分析结构响应数据获取结构的模态参数。自然环境地脉动激励主要包括车辆荷载、风荷载及海浪荷载，其中基于车辆荷载激励的 OMA 试验广泛应用于桥梁和建筑物模态参数识别中。但是由于自然环境地脉动激励多为低频荷载，所以其往往仅能识别出建筑物的低阶模态，对于高阶模态识别难度较大。而由于隧道爆破地震波振动主频多为 10～150Hz，属于中高频地震波，有可能引起建筑物的高阶动力反应，从而有助于研究爆破振动下结构的动力反应。结合新红岩隧道爆破工程，在现场选取一栋典型的二层砌体楼房，通过分别采用基于自然环境地脉动激励和隧道爆破振动激励的 OMA 试验获取楼房的固有频率、阻尼和振型，可为建立准确的建筑结构模型提供科学依据。

砌体结构 OMA 试验选用 INV3060S 型智能数据采集处理分析仪，该系统最高采样频率为 51.2kHz；使用具有数据采集、处理、模态分析等一体化功能的 DASP 模态分析软件；传感器采用 12 个 TST126 型超低频水平速度传感器，有效频率范围为 0.17～100Hz；通过伺服放大器将采集到的信号传送至数据处理系统进行转换、存储；另外还需笔记本 1 台、导线若干。测试仪器连接简图如图 2-6 所示。

OMA 模态试验采用同步测试法，即在各层均布置传感器后同步采集结构输出响应信号，以提高测试精度。测点沿结构高度布置在振型曲线上位移较大的部位，一共布置测点 12 个，其中一楼和二楼传感器布置方式一致，一楼和二楼纵向测点分别为 Z_1、Z_2、Z_3、Z_4和 Z_7、Z_8、Z_9、Z_{10}，横向测点分别为 H_5、H_6和 H_{11}、H_{12}。一楼和二楼测点布置分别如图 2-7 和图 2-8 所示。传感器安装时需与测量方向保持一致，底部采用石膏固结，同时需防止振动或人为干扰。电缆采用双屏蔽技术，以防止外部电磁干扰和通道间干扰。

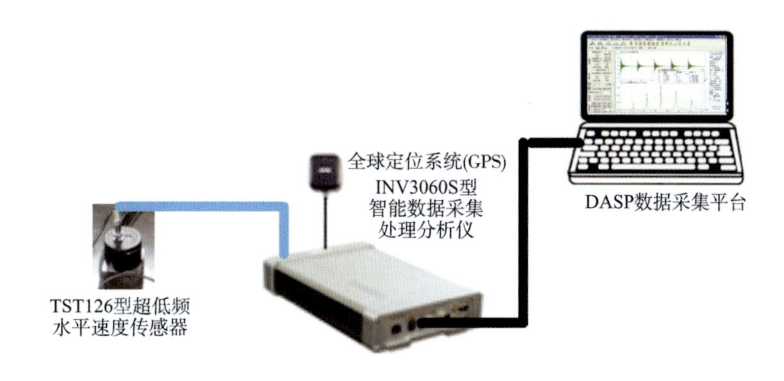

图 2-6　测试仪器连接简图

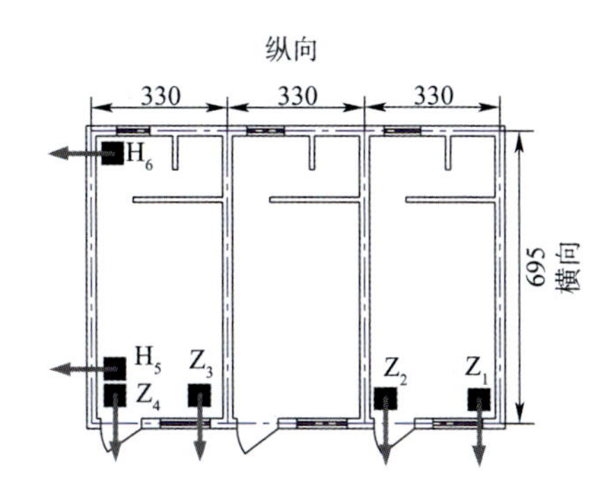

图 2-7　一楼地面测点布置图（尺寸单位：cm）

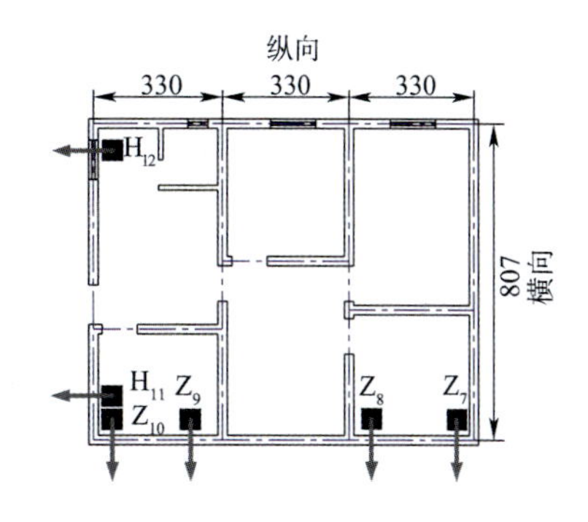

图 2-8　二楼地面测点布置图（尺寸单位：cm）

现场实测之前需要先对砌体结构的动力特性进行估算，根据估算的固有频率选择合适的测试参数。通过查阅相关资料可知 2、3 层的普通砌体楼房前 4 阶固有频率为 0～30Hz。采样频率 SF 至少为所关心振动波信号最高频率 f_s 的 2 倍，工程中一般选择 2.56 倍以上，即 SF > 2.56f_s。自然环境地脉动激励条件下采样频率取为 204.8Hz，隧道爆破振动激励下采样频率为 2048Hz。自然环境地脉动激励模态测试采样持续 30min，由于爆破时间较短，持续 1～2s，爆破模态测试采样时间为 5min。模态试验低频水平速度传感器布置及现场测试系统如图 2-9、图 2-10 所示。

a) 横向和纵向传感器布置

b) 纵向传感器布置

图 2-9　模态试验低频水平速度传感器布置

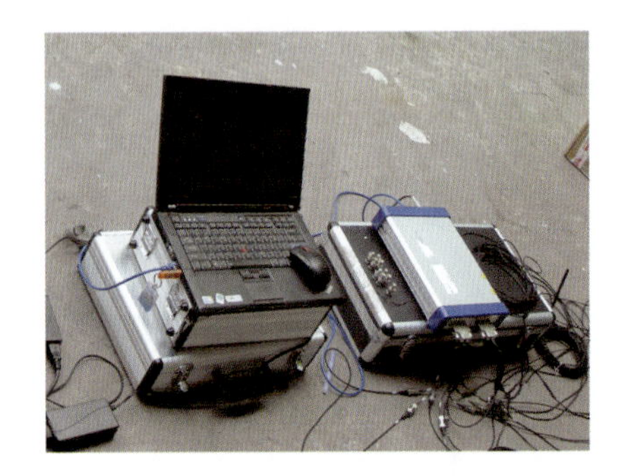

图 2-10　模态试验现场测试系统

2.3.2　自然环境地脉动激励和隧道爆破振动激励 OMA 试验数据

采用模态测试系统分别进行了 2 种不同激励条件下的砌体楼房模态测试，分别为自然环境地脉动激励和隧道爆破振动激励，对比分析低频和高频激励下结构的不同动力反应。

1）自然环境地脉动激励下的振动波形和振动频谱

自然环境地脉动激励下一楼、二楼不同测点的振动波形如图 2-11 所示，振动频谱分析如图 2-12 所示。

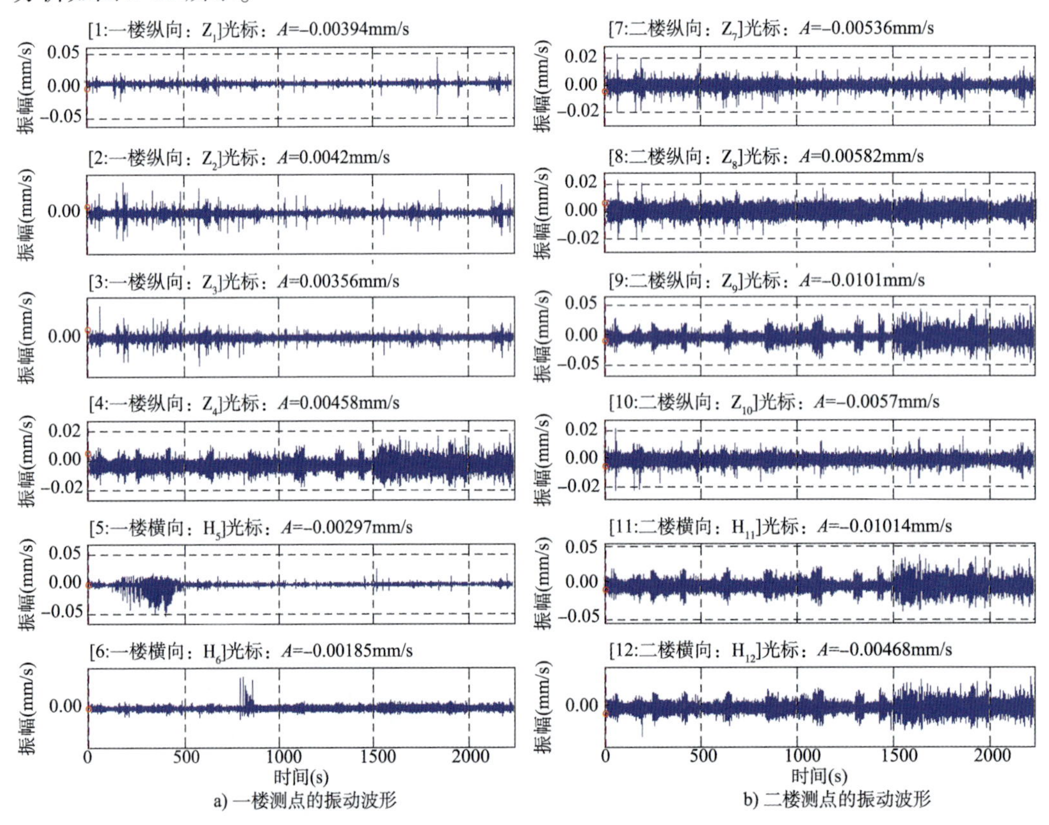

图 2-11　自然环境地脉动激励下一楼、二楼不同测点的振动波形

A-峰值振幅

2）隧道爆破振动激励下的振动波形和振动频谱

隧道爆破振动激励下一楼、二楼不同测点的振动波形如图 2-13 所示，振动频谱分

析如图 2-14 所示。

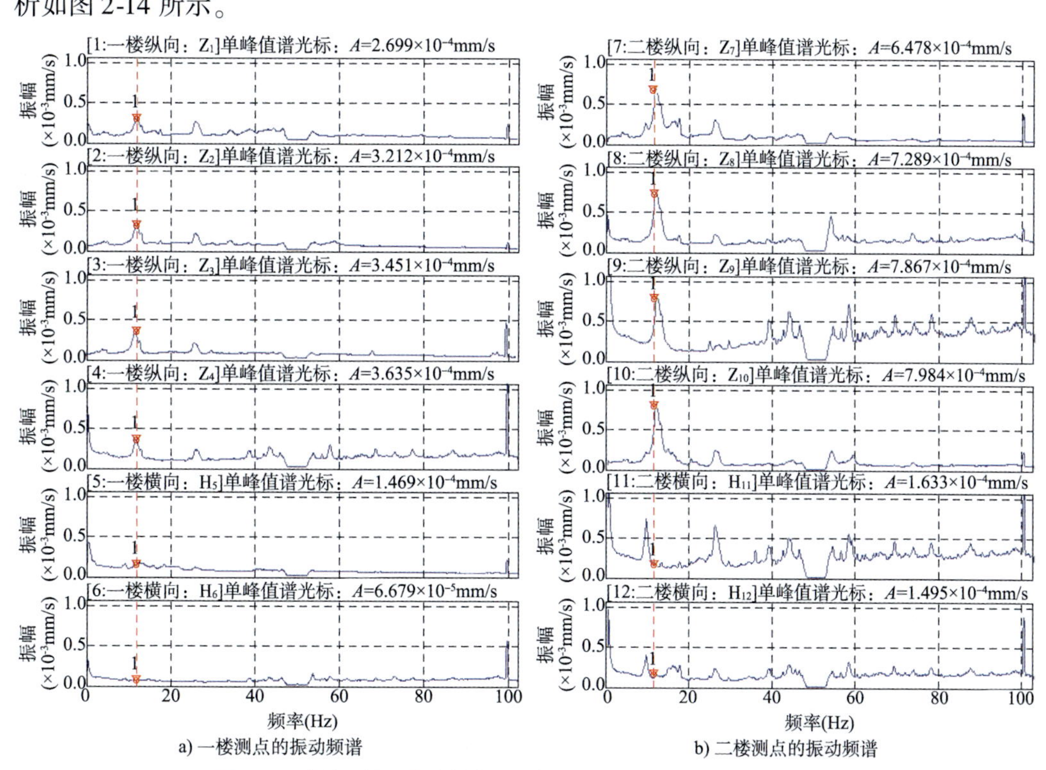

a) 一楼测点的振动频谱　　b) 二楼测点的振动频谱

图 2-12　自然环境地脉动激励下一楼、二楼不同测点的振动频谱分析

A-峰值振幅

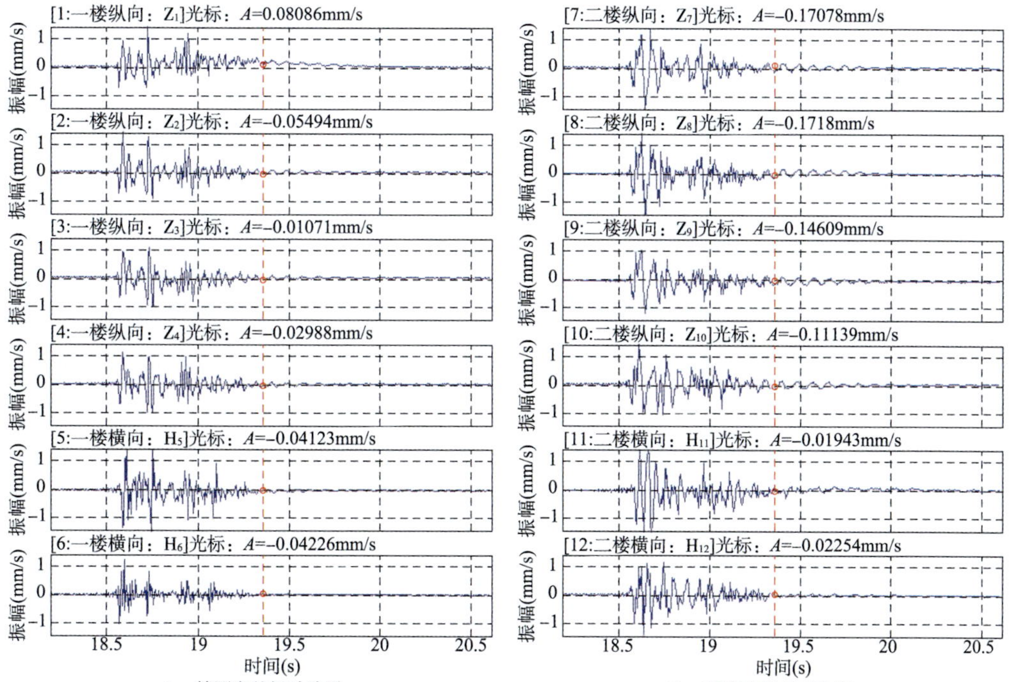

a) 一楼测点的振动波形　　b) 二楼测点的振动波形

图 2-13　隧道爆破振动激励下一楼、二楼不同测点的振动波形

A-峰值振幅

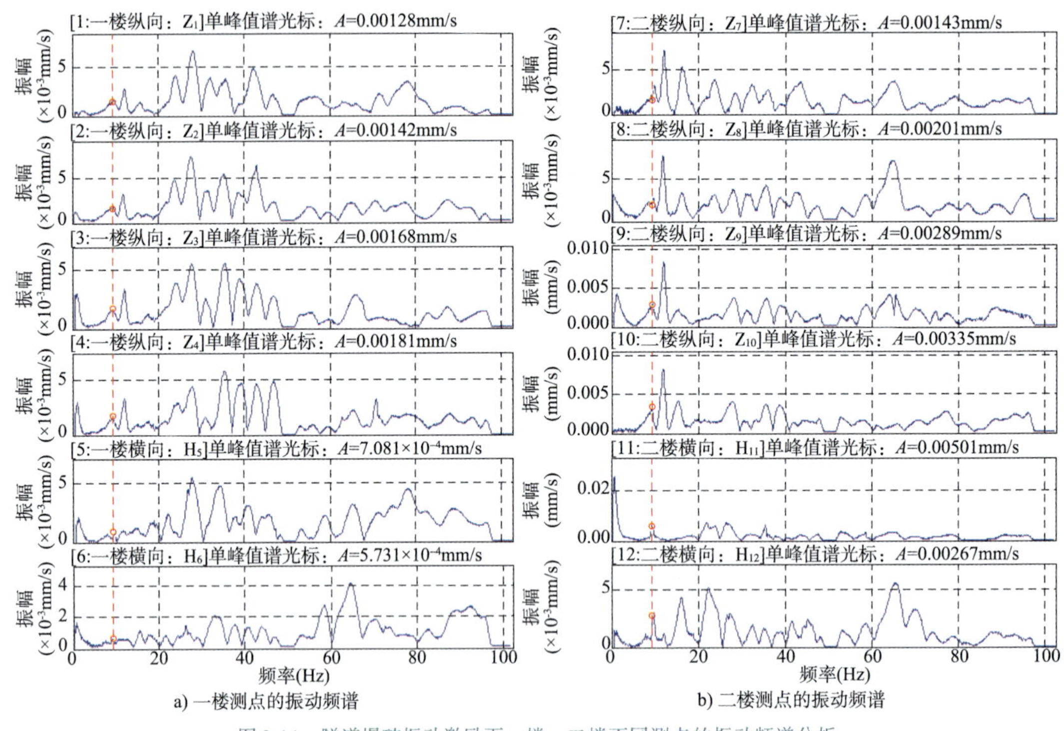

图 2-14　隧道爆破振动激励下一楼、二楼不同测点的振动频谱分析

A-峰值振幅

3）隧道爆破振动激励与自然环境地脉动激励的特点对比

隧道爆破振动激励虽然相比自然环境地脉动激励持续时间短，一般约为 1s（图 2-13），但是爆破激励能量大，频带宽，其高频成分丰富（图 2-14），在测点布置足够多的条件下，除了能够激励出结构的低阶模态外，还能够激励出结构的较高阶模态，而这一点对于研究结构在隧道爆破作用下的动力反应是十分重要的，因为爆破地震波的主频较高，更多的是引起结构高阶模态下局部构件的动力反应。因此，当需要获取建筑物的高阶模态时，采用隧道爆破振动激励的效果要好于自然环境地脉动激励。

2.3.3　OMA 试验模态参数识别方法

随着计算机和信号处理技术的不断发展，模态参数识别的方法越来越多。环境激励模态参数识别的主要方法有：峰值法（Peak-Picking，PP）、频域分解法（Frequency Domain Decomposition，FDD）、增强频域分解法（Enhanced Frequency Domain Decomposition，EFDD）、随机减量法（Random Decrement Technique，RDT）、最小二乘复指数法（Least Squares Complex Exponential，LSCE）、多参考点复指数法（Poly-reference Complex Exponential，PRCE）、随机子空间法（Stochastic Subspace Identification，SSI）、经验模式分解法（Empirical Mode Decomposition，EMD）等。其中，增强频域分解法和随机子空间法适用于土木工程结构等实际工程系统的模态参数识别问题，其识别结果准确、可靠。因此，本节主要采用增强频域分解法和随机子空间法进行砌体结构模态参数识别。

1）增强频域分解法（EFDD）

增强频域分解法在频域分解法的基础上发展而来，频域分解法假定输入为白噪声，通过对响应谱密度函数矩阵进行奇异值分解（Singular Value Decomposition，SVD），将响应分解为单自由度系统的集合，分解后的每一个元素对应一个独立的模态。禹丹江总结增强频域分解法识别结构模态参数的步骤和方法如下。

假设系统的未知输入 $u(t)$ 和输出 $y(t)$ 之间的关系可以表示为：

$$\boldsymbol{S}_{yy}(jw)=\boldsymbol{H}(jw)^{*}\boldsymbol{S}_{uu}(jw)\boldsymbol{H}(jw)^{\mathrm{T}} \tag{2-17}$$

式中，$\boldsymbol{S}_{uu}(jw)$ 为输入 $u(t)$ 的功率谱密度（Power Spectral Density，PSD）矩阵；$\boldsymbol{S}_{yy}(jw)$ 为响应 $y(t)$ 的功率谱密度矩阵；$\boldsymbol{H}(jw)$ 为频率响应函数（Frequency Response Function，FRF）矩阵；右上角的 * 和 T 分别表示复共轭和转置。

假定 $u(t)$ 是稳态白噪声激励，其功率谱密度为定值 $S_{uu}=R_{uu}$，对于小阻尼情况，响应功率谱密度矩阵可写为：

$$\boldsymbol{S}_{yy}(jw)=\left[\sum_{i=1}^{n_2}\left(\frac{1}{a_i}\frac{\boldsymbol{\psi}_i\boldsymbol{\psi}_i^{\mathrm{T}}}{jw-\lambda_i}+\frac{1}{a_i^{*}}\frac{\boldsymbol{\psi}_i^{*}\boldsymbol{\psi}_i^{*\mathrm{T}}}{jw-\lambda_i^{*}}\right)\right]\cdot R_{uu}\cdot\left[\sum_{i=1}^{n_2}\left(\frac{1}{a_i}\frac{\boldsymbol{\psi}_i\boldsymbol{\psi}_i^{\mathrm{T}}}{jw-\lambda_i}+\frac{1}{a_i^{*}}\frac{\boldsymbol{\psi}_i^{*}\boldsymbol{\psi}_i^{*\mathrm{T}}}{jw-\lambda_i^{*}}\right)\right]^{\mathrm{H}} \tag{2-18}$$

式中，a_i 是常数；λ_i 为结构第 i 阶极点；上标 H 表示复共轭转置。

对功率谱密度矩阵 $\boldsymbol{S}_{yy}(jw)$ 进行奇异值分解可得：

$$\boldsymbol{S}_{yy}(jw)=\boldsymbol{\Phi}\sum\boldsymbol{\Phi}^{\mathrm{H}} \tag{2-19}$$

式中，$\boldsymbol{\Phi}$ 是一个酉矩阵，它包含 r 个奇异向量；$\sum$ 是一个对角矩阵，它包含 r 个由大到小排列的正实数奇异值。

如果此处仅有一个模态起主导作用，则特征频率处功率谱可表示为：

$$\boldsymbol{S}_{yy}(jw_i)=\alpha_i\boldsymbol{\psi}_i\boldsymbol{\psi}_i^{\mathrm{H}} \tag{2-20}$$

式中，α_i 为复实数，$\alpha_i=\dfrac{1}{\xi_i\omega_i}\cdot\dfrac{1}{a_ia_i^{*}}\cdot\psi_i^{\mathrm{T}}R_{uu}\psi_i^{*}$。

与式（2-19）比较可得，第一个奇异向量 $\boldsymbol{\psi}_i$ 就是模态振型的估计，奇异值就是单自由度的功率谱密度函数。如果此特征频率对应多个模态，则不为零的奇异值对应的奇异向量就是相应的模态振型估计。

增强频域分解法通过计算自相关函数和互相关函数，可以得到每一阶模态对应的阻尼特性。对功率谱密度矩阵做奇异值分解，分解结果相当于一个单自由度系统的功率谱密度函数，因此可用单自由度系统的参数识别方法来计算系统参数。分解得到单自由度功率谱密度函数，将其在特征频率处的值应用傅立叶逆变换转到时域，可利用通过零值点的次数验证频率，用相应的正则化自相关函数对数衰减确定阻尼比。

2）随机子空间法（SSI）

砌体结构 OMA 试验后，同时采用随机子空间法进行砌体结构模态参数识别。SSI 法特别适用于 OMA 试验下识别结构固有频率、阻尼和振型模态参数，识别精确度高。SSI 法的基本模型——离散时间随机状态空间模型见式（2-21）：

$$\begin{cases}\boldsymbol{x}_{k+1}=\boldsymbol{A}\boldsymbol{x}_k+\boldsymbol{w}_k\\ \boldsymbol{y}_k=\boldsymbol{C}\boldsymbol{x}_k+\boldsymbol{v}_k\end{cases} \tag{2-21}$$

式中，$\boldsymbol{A}$ 是系统离散状态矩阵；$\boldsymbol{C}$ 是输出矩阵；$\boldsymbol{x}_k$ 是离散时间状态向量；$\boldsymbol{y}_k$ 是输出状态向量；k 为离散时间点；$\boldsymbol{w}_k$ 和 $\boldsymbol{v}_k$ 分别为环境激励和测试过程的误差，通常假设

均值为零且为互不相关的白噪声，其协方差矩阵表示为：

$$E\left[\begin{pmatrix} \boldsymbol{w}_p \\ \boldsymbol{v}_p \end{pmatrix} (\boldsymbol{w}_q^{\mathrm{T}} \boldsymbol{v}_q^{\mathrm{T}})\right] = \begin{pmatrix} \boldsymbol{Q} & \boldsymbol{S} \\ \boldsymbol{S}^{\mathrm{T}} & \boldsymbol{R} \end{pmatrix} \delta_{pq} \tag{2-22}$$

式中，E 表示数学期望；δ_{pq} 为克罗内克函数（Kronecker delta function）（当 $p=q$ 时，$\delta_{pq}=1$；当 $p \neq q$ 时，$\delta_{pq}=0$），p、q 和 k 表示离散时间点；$\boldsymbol{Q}$、$\boldsymbol{S}$ 和 $\boldsymbol{R}$ 分别为 $\boldsymbol{w}_k$ 和 $\boldsymbol{v}_k$ 的协方差矩阵的分块矩阵。随机子空间方法中，目前有协方差驱动的随机子空间（Cov-SSI）和数据驱动的随机子空间（Data-SSI）两种算法。应用较多的数据驱动的随机子空间的算法识别步骤如下：

（1）利用系统输出响应构建 Hankel 矩阵。

$$\boldsymbol{Y}_{0|2i-1} = \frac{1}{\sqrt{j}} \left(\begin{array}{ccccc} y_0 & y_1 & y_2 & \cdots & y_{j-1} \\ y_1 & y_2 & y_3 & \cdots & y_j \\ \vdots & \vdots & \vdots & & \vdots \\ y_{i-1} & y_i & y_{i+1} & \cdots & y_{i+j-2} \\ \hline y_i & y_{i+1} & y_{i+2} & \cdots & y_{i+j-1} \\ y_{i+1} & y_{i+2} & y_{i+3} & \cdots & y_{i+j} \\ \vdots & \vdots & \vdots & & \vdots \\ y_{2i-1} & y_{2i} & y_{2i+1} & \cdots & y_{2i+j-2} \end{array} \right) = \begin{pmatrix} \boldsymbol{Y}_{0|i-1} \\ \boldsymbol{Y}_{i|2i-1} \end{pmatrix} = \begin{pmatrix} \boldsymbol{Y}_p \\ \boldsymbol{Y}_f \end{pmatrix} \tag{2-23}$$

$\boldsymbol{Y}_{0|2i-1}$ 为 Hankel 矩阵，$\boldsymbol{Y}_{0|2i-1} \in \mathbf{R}^{2i \times j}$，其中，每一行代表块行，即由 l 个输出响应组成；下标 p 和 f 表示“过去”和“将来”，是 Hankel 矩阵划分块行的一种方式。

（2）计算“将来”输入行空间在“过去”输入行空间上的投影，并通过 QR 分解，在保持系统原有信息的情况下缩减数据。

$$\boldsymbol{P}_i = \boldsymbol{Y}_f / \boldsymbol{Y}_p = \boldsymbol{Y}_f \boldsymbol{Y}_p^{\mathrm{T}} (\boldsymbol{Y}_p \boldsymbol{Y}_p^{\mathrm{T}})^{+} \boldsymbol{Y}_p \tag{2-24}$$

式中，$(\bullet)^{+}$ 表示 $\bullet$ 的广义逆。通过对 $\boldsymbol{Y}_{0|2i-1}$ 的 Hankel 矩阵进行 QR 分解，$\boldsymbol{P}_i$ 可以表示为（n 为 $\boldsymbol{P}_i$ 的秩）：

$$\boldsymbol{P}_i = \boldsymbol{R}\boldsymbol{Q}^{\mathrm{T}} \in \mathbf{R}^{ni \times j} \tag{2-25}$$

投影的计算是随机子空间算法的核心，它表示可以利用“过去”行空间的信息预测“将来”。

（3）对投影进行奇异值分解，并结合卡尔曼滤波理论计算系统状态矩阵 $\boldsymbol{A}$ 和输出矩阵 $\boldsymbol{C}$。

（4）对 $\boldsymbol{A}$ 进行特征值分解，得到特征值和特征向量，求解系统的模态参数。

2.3.4 自然环境地脉动激励的砌体模态参数识别

采用 DASP 模态分析软件中 EFDD 方法对求得的功率谱矩阵作奇异值分解，得到的奇异值曲线如图 2-15 所示，每一层布置了 6 个传感器，因此有 6 条奇异值曲线。特征频率由功率谱密度曲线上的峰值确定，每个特征频率处只有一个奇异峰值，其他奇异值数值很小，表示在每个特征频率处只有一阶模态起主导作用。此外，需要根据模态振型综合确定砌体结构的模态频率。从图 2-15 中识别砌体楼房的模态参数，如表 2-4 所示。

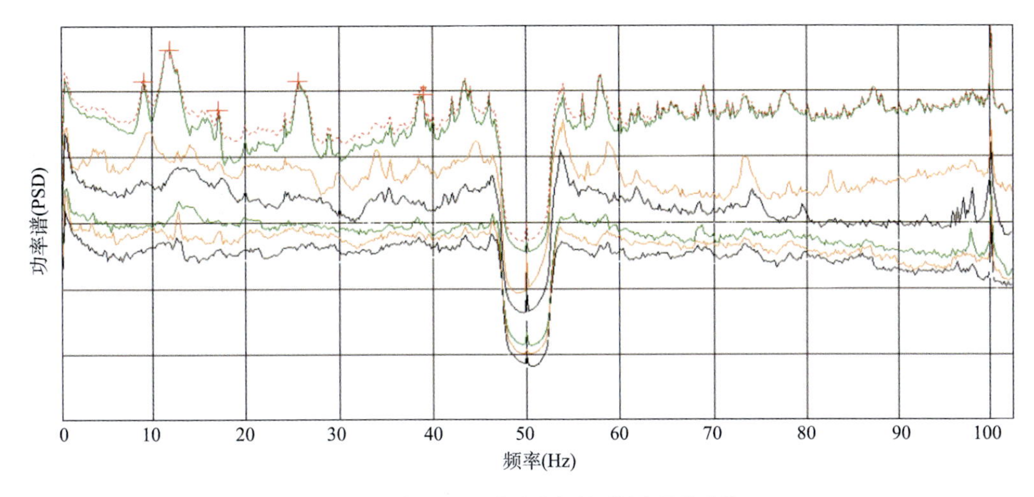

图 2-15　采用 EFDD 方法分解得到的奇异值曲线

采用 DASP 模态分析软件中 SSI 方法计算得到的稳定图如图 2-16 所示，横坐标为频率，纵坐标为模型阶次。稳定图把不同阶次模型的模态参数画在同一幅图上，在相应于某阶模态的轴上，高一阶模型识别的模态参数同低一阶模型识别的模态参数相比较，如果有一点特征频率、阻尼比和模态振型的差异小于预设的限定值，则这个点就称为稳定点，组成的轴称为稳定轴，相应的模态即为系统的模态。限定值可以根据实际工程情况和经验确定，一般假定特征频率限定值 1%，阻尼比限定值 5%，模态振型限定值 2%。

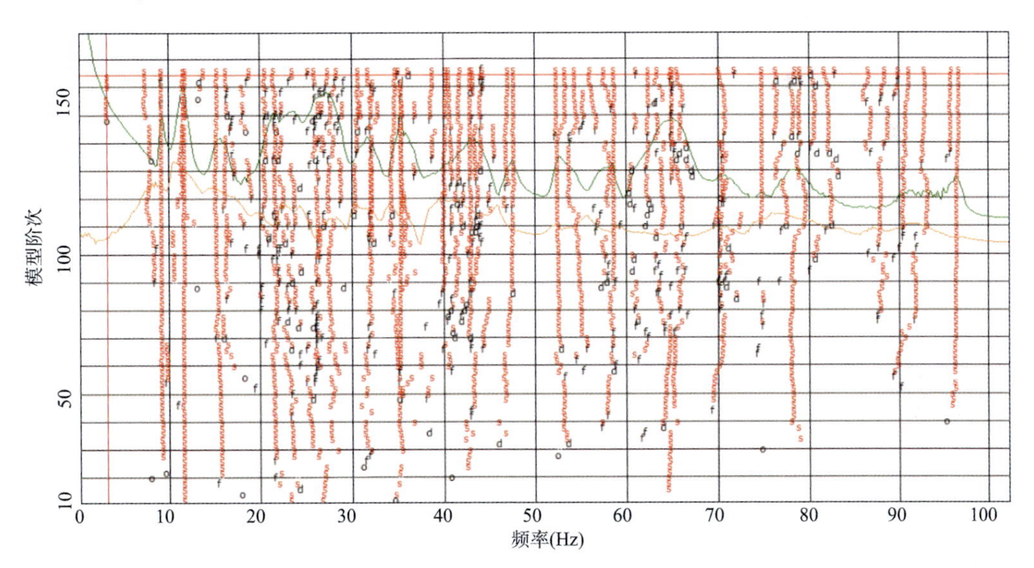

图 2-16　SSI 方法计算得到的稳定图

从图 2-16 中可以看出，稳定图由两部分组成，一部分是互谱，在谱峰对应的竖向位置，会出现一排特征频率；另一部分用字母“s”“d”“f”“o”分别对应不同阶次计算模型得到的特征频率的特性。“s”表示频率、阻尼比和振型都稳定，“d”表示频率和阻尼比稳定，“v”表示频率和振型稳定，“f”表示频率稳定，“o”表示新的频率。如果在稳定图中谱峰对应的竖向位置出现了从低到高的“s”，即对应结构一阶模态。

另外，模态参数识别过程中在看不到较为明显谱峰的地方出现了稳定图，可能是由计算误差及干扰信号产生的虚假模态引起，需要剔除该模态。最终从图2-16中识别砌体楼房的模态参数见表2-4。

自然环境地脉动激励下砌体楼房模态参数分析结果 表2-4

阶次	增强频域分解法		随机子空间法		模态振型
	频率（Hz）	阻尼比（%）	频率（Hz）	阻尼比（%）	
1	9.17	3.66	9.20	3.14	纵向一弯
2	11.92	4.85	11.68	3.96	横向一弯
3	—	—	—	—	—
4	25.13	3.82	25.25	3.19	振型不明显

注：表中“—”表示没有识别出第3阶模态参数。

2.3.5 隧道爆破振动激励的砌体模态参数识别

采用EFDD方法计算得到的奇异值曲线如图2-17所示，采用SSI方法计算得到的稳定图如图2-18所示。隧道爆破振动激励下砌体楼房模态参数分析结果见表2-5。

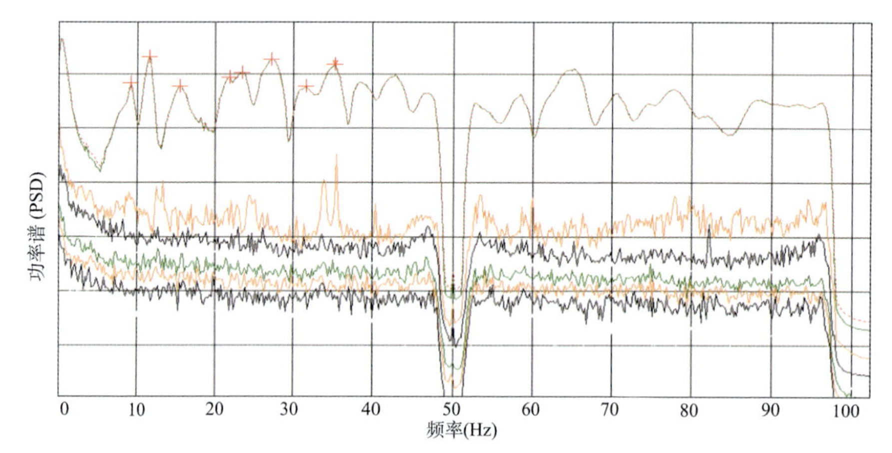

图2-17 EFDD分解得到奇异值曲线图

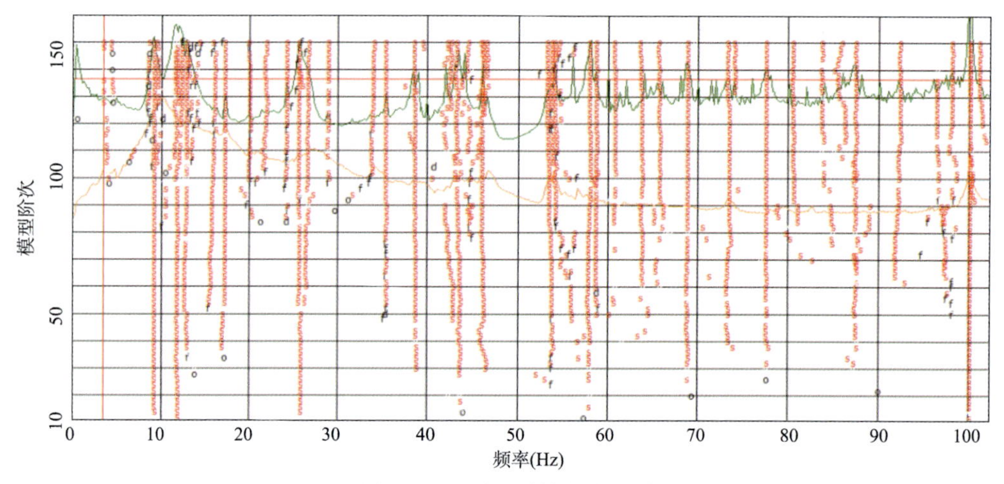

图2-18 SSI方法计算得到的稳定图

隧道爆破振动激励下砌体楼房模态参数分析结果　　表 2-5

阶次	增强频域分解法		随机子空间法		模态振型
	频率（Hz）	阻尼比（%）	频率（Hz）	阻尼比（%）	
1	9.22	3.11	9.15	2.64	纵向一弯
2	11.60	3.52	11.63	3.02	横向一弯
3	15.64	5.79	15.67	3.65	扭转
4	25.35	4.23	24.74	5.00	纵向二弯

通过对比分析自然环境地脉动激励和隧道爆破振动激励识别的砌体楼房模态参数可以看出，自然环境地脉动激励由于其激励能量小，砌体楼房扭转方向刚度较大，自然环境地脉动激励下扭转振动微弱，识别较为困难。隧道爆破振动激励能量较大，能量分布频率范围较宽，不仅能够激励出结构 2 个方向的弯曲模态，扭转模态的信号也很清晰，效果要好于自然环境地脉动激励。但是隧道爆破振动激励时，由于能量非常丰富，容易掺杂岩石振动的能量或周围房屋振动的能量，所以在收取模态时必须谨慎，确保收取的固有频率不是由周围的干扰振动引起的。OMA 试验获取的砌体楼房模态参数平均值见表 2-6。

OMA 试验获取的砌体楼房模态参数平均值　　表 2-6

阶次	频率（Hz）	阻尼比（%）	模态振型
1	9.185	3.14	纵向一弯
2	11.708	3.84	横向一弯
3	15.655	4.72	扭转
4	25.118	4.06	纵向二弯

2.3.6 有限元模态参数与 OMA 试验模态参数对比

在 2.2.4 节和 2.3.5 节分别采用有限元和 OMA 试验获取了二层砌体楼房的模态参数，分别如表 2-3 和表 2-6 所示。通过对比有限元和 OMA 试验得到的固有频率的相对误差，分析这两种方法识别模态参数的差异性。为了分析有限元模型计算振型和 OMA 试验测试振型的相关性，采用模态置信准则（MAC）进行验证，MAC 值计算公式见式（2-26）。砌体楼房采用有限元和 OMA 试验得到的模态参数对比分析结果见表 2-7。

$$\mathrm{MAC}=\frac{(\boldsymbol{\phi}_{ai}^{\mathrm{T}}\boldsymbol{\phi}_{ei})^2}{(\boldsymbol{\phi}_{ai}^{\mathrm{T}}\boldsymbol{\phi}_{ai})(\boldsymbol{\phi}_{ei}^{\mathrm{T}}\boldsymbol{\phi}_{ei})} \tag{2-26}$$

式中，$\boldsymbol{\phi}_{ai}$、$\boldsymbol{\phi}_{ei}$分别表示第 i 阶振型的计算和实测振型向量。

砌体楼房有限元和 OMA 试验得到的模态参数对比表　　表 2-7

阶次	试验频率（Hz）	各向同性模型			横观各向同性模型			正交各向异性模型		
		频率（Hz）	相对误差（%）	MAC 值（%）	频率（Hz）	相对误差（%）	MAC 值（%）	频率（Hz）	相对误差（%）	MAC 值（%）
1	9.185	9.24	0.60	77.78	9.03	−1.69	77.81	9.03	−1.69	77.81

续上表

阶次	试验频率（Hz）	各向同性模型			横观各向同性模型			正交各向异性模型		
		频率（Hz）	相对误差（%）	MAC 值（%）	频率（Hz）	相对误差（%）	MAC 值（%）	频率（Hz）	相对误差（%）	MAC 值（%）
2	11.708	13.36	14.11	96.96	13.06	11.55	97.14	13.06	11.55	97.13
3	15.655	16.62	6.16	77.40	16.15	3.16	77.52	16.14	3.10	77.52
4	25.118	24.19	-3.69	62.65	23.71	-5.61	61.13	23.70	-5.65	61.05

从表 2-7 可以看出：

（1）无论采用何种材料模型，前 4 阶固有频率的相对误差并不一致，第 1 阶频率相对误差均较小，第 2 阶频率的相对误差均较大，且各向同性模型相对误差最大，第 3、4 阶相对误差为中间值。

（2）横观各向同性和正交各向异性模型计算的前 4 阶固有频率值和相对误差均相差不大，而与各向同性模型计算得到的固有频率和相对误差相差较大。

（3）不同材料模型下的 MAC 值差别不大，第 2 阶振型相关性最高，第 1、3 阶相关程度均大于 75%，说明前 3 阶振型相关性良好，而第 4 阶振型 MAC 值较小，说明振型相关性一般。

综上所述，砌体材料采用横观各向同性和正交各向异性本构模型的模态分析结果与实测值更为接近，说明各向异性本构模型能更好地反映砌体材料的动力特性，但是有限元模型的固有频率与实测值还存在较大差距（最大相对误差为 14.11%），需要采用基于结构固有频率的参数灵敏度分析方法修正结构有限元模型。

2.4 砌体结构精细化模型修正方法

2.4.1 结构模型修正方法概述

砌体楼房结构模型初步建立后，需要根据 OMA 模态试验结果对结构模型进行修正，确保建立的结构模型符合实际情况。砌体楼房模型的修正主要包括几何尺寸和材料物理、力学参数的修正，由于楼房的几何尺寸为现场实际测量，数据准确，而材料物理、力学参数难以准确获取，需要进行修正。故本节采用基于结构固有频率的参数灵敏度分析的修正方法建立砌体楼房结构模型，确保结构模型中混凝土和砌体材料物理、力学参数的准确性。

结构模型修正的主要方法大致分为两类：一是直接修正矩阵法，对于复杂的结构模型，直接修改矩阵往往难以实现；二是基于结构固有频率的参数灵敏度分析的修正方法，修正后参数意义明确，该方法已经广泛应用于桥梁、机械、航天等领域。砌体结构模型修正是基于 OMA 模态试验得到的模态参数对结构有限元模型材料的物理和力学参数的修正。通过对结构有限元模型进行结构固有频率的参数灵敏度分析，选择灵敏度大的材料参数作为修正参数，采用 ANSYS 软件中的优化方法进行不断的修正，直到有限元计算值与试验值之间的误差最小为止。采用ANSYS软件修正结构模型时，采取由粗到精的两步优化策略：第一步，先采用随机搜索法初步确定最优设计序列；第二步，以第一步优化设计序列为初始值，采用零阶或一阶算法进行迭代修正，当满足收敛条件时，优化迭代结束，得到的全局最优设计序列即为材料修正参数的最佳合理值。

2.4.2 参数灵敏度分析及修正参数选择

参数的灵敏度分析把结构模态参数表示为模型物理和力学参数的函数，设 $F(p_m)$ 表示关于 $p_m=(1,2,\cdots,n)$ 的多元函数，有 l 阶微分灵敏度和差分灵敏度，见式(2-27)、式(2-28)，统称为 F 对 p_m 的 l 阶灵敏度。

$$S_l(F|p_m)=\frac{\partial^l F}{\partial p_m^l} \tag{2-27}$$

$$S_l(F|p_m)=\frac{\Delta^l F}{\Delta p_m^l} \tag{2-28}$$

式中，F 表示试验实测模态参数；p_m 表示材料的物理和力学参数，也可以表示结构的几何尺寸等；l 为阶次。

本节砌体采用3种不同的材料模型分别进行结构固有频率的参数灵敏度分析及模型修正，以求得到最优的砌体材料模型及参数修正值。砌体采用各向同性模型，材料参数包括砌体的密度（MD）、弹性模量（ME）和泊松比（MP）共3个独立参数；砌体采用横观各向同性模型，材料参数包括砌体的密度（MD）、弹性模量（MEX、MEZ）、剪变模量（MGXZ）、泊松比（MPXY、MPXZ）共6个独立参数；砌体采用正交各向异性模型，材料参数包括砌体的密度（MD）、弹性模量（MEX、MEY、MEZ）、剪变模量（MGXY、MGYZ、MGXZ）、泊松比（MPXY、MPYZ、MPXZ）共10个独立参数。混凝土采用各向同性模型，材料参数包括混凝土的密度（CD）、弹性模量（CE）和泊松比（CP）共3个独立参数。

本节参考差分灵敏度计算公式，每次计算只改变一个材料参数值，使其增大20%，而其他参数保持不变，计算材料参数对结构前4阶固有频率（FREQ1 ~ FREQ4）的灵敏度，相对差值以百分比表示。砌体结构固有频率的参数灵敏度分析结果如图2-19 ~ 图2-21所示。

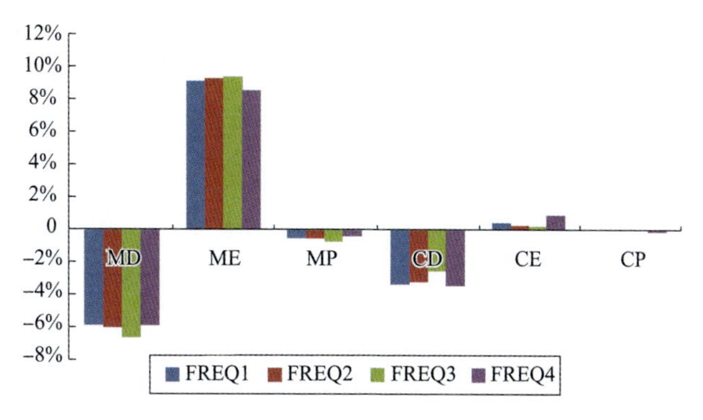

图2-19 砌体和混凝土均采用各向同性模型的参数灵敏度分析

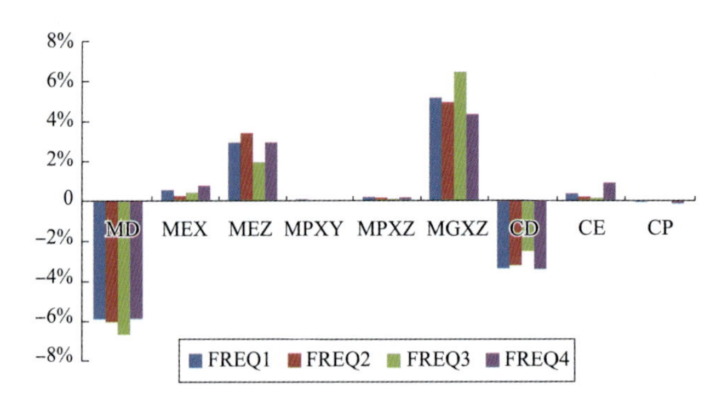

图 2-20 砌体采用横观各向同性模型和混凝土采用各向同性模型的参数灵敏度分析

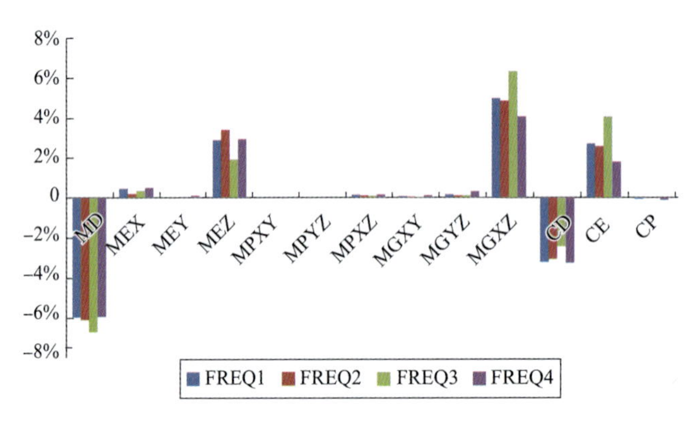

图 2-21 砌体采用正交各向异性模型和混凝土采用各向同性模型的参数灵敏度分析

从图 2-19 ~ 图 2-21 中可以得出：

（1）砌体的密度、混凝土的密度及泊松比的增大使得结构频率降低，而其他参数的增大使得结构频率升高。

（2）砌体结构中砌体和混凝土均采用各向同性模型时，影响结构频率的参数灵敏度从大到小依次为 ME、MD、CD，其他参数影响很小；砌体采用横观各向同性模型和混凝土采用各向同性模型时，影响结构频率的参数灵敏度从大到小依次为 MD、MGXZ、MEZ、CD、CE、MEX，其他参数影响很小；当砌体采用正交各向异性模型和混凝土采用各向同性模型时，影响结构频率的参数灵敏度从大到小依次为 MD、MGXZ、MEZ、CD、CE、MEX、MGYZ，其他参数影响很小。有限元模型的修正参数优先选择以上灵敏度较大的材料参数。

2.4.3 设计变量、状态变量及目标函数

采用 ANSYS 软件优化设计时，需要确定设计变量、状态变量和目标函数。设计变量根据参数灵敏度分析结果确定如下：砌体和混凝土均采用各向同性模型时，设计变量为 ME、MD、CD；砌体采用横观各向同性模型和混凝土采用各向同性模型时，设计变量为 MD、MGXZ、MEX、MEZ、CD、CE；砌体采用正交各向异性模型和混凝土采用各向同性模型时，设计变量为 MD、MGXZ、MGYZ、MEZ、MEX、CD、CE，设计变量约束条件参照表 2-1 中材料参数的取值范围。状态变量为 1 ~ 4 阶计算频率（FREQ1 ~ FREQ4），分别增大和减小 1 ~ 4 阶实测频率值的 10% 作为状态变量的约束条件，MAC

值作为验证计算和实测振型的相关性的参考值，满足 $MAC_{i=1\sim3}\geqslant75\%$，$MAC_{i=4}\geqslant60\%$。目标函数用于评价模型修正的效果，采用前 4 阶有限元计算频率与实测频率相对误差的平方和作为目标函数，因为其修正效率更高、修正效果更为明显，见式（2-29）：

$$MBHS=\min\sum_{i=1}^{4}\left(\frac{f_{ei}-f_{ai}}{f_{ei}}\right)^2 \tag{2-29}$$

式中，MBHS 代表目标函数；f_{ei}为试验得到的频率；f_{ai}为有限元分析得到的频率。

2.4.4 基于参数灵敏度的模型修正结果

模型采用 ANSYS 的优化算法进行模型修正时，优化迭代收敛的条件一是当前设计序列与前一设计序列的目标函数值小于或等于目标函数容差 ε，即

$$\left|MBHS^{(j)}-MBHS^{(j-1)}\right|\leqslant\varepsilon \tag{2-30}$$

二是最佳合理设计序列与当前设计序列的目标函数值小于或等于目标函数容差 ε，即

$$\left|MBHS^{(j)}-MBHS^{(b)}\right|\leqslant\varepsilon \tag{2-31}$$

式中，j 为迭代次数；ε 为一个比较小的数；b 为最佳设计序列时的迭代次数。

砌体结构模型修正结束后，3 种不同模型设计变量和目标函数的修正结果及与初始值的差值见表 2-8，3 种模型修正后的计算频率与实测频率的相对误差和 MAC 值见表 2-9。

有限元模型设计变量及目标函数修正结果　　表 2-8

变量参数	各向同性模型（砌体）			横观各向同性模型（砌体）			正交各向异性模型（砌体）		
	初始值	修正值	改变量（%）	初始值	修正值	改变量（%）	初始值	修正值	改变量（%）
MD（kg/m³）	1800	1897.2	+5.40	1800	1628.9	−9.51	1800	1610.3	−10.54
MEX（GPa）	2.7	2.5535	−5.43	2.7	3.5944	+33.13	2.7	3.3469	+23.96
MEZ（GPa）				2.7	1.8132	−32.84	2.7	1.8201	−32.59
MGXZ（GPa）	—	—	—	1.08	1.0938	+1.28	1.08	1.04	−3.70
MGYZ（GPa）	—	—	—	—	—	—	1.08	1.3464	+24.67
CD（kg/m³）	2300	2311.1	+0.48	2300	2210.4	−3.90	2300	2205.0	−4.13
CE（GPa）	23.75	25.393	+6.92	23.75	25.50	+7.37	23.75	24.665	+3.85
MBHS	0.02513	0.01538	−38.80	0.01776	0.01263	−28.89	0.01776	0.01258	−29.17

注："—"表示该模型中没有该修正参数。

模型修正后有限元计算与试验模态参数比较表　　表 2-9

阶次	试验频率（Hz）	各向同性模型			横观各向同性模型			正交各向异性模型		
		频率（Hz）	相对误差（%）	MAC 值（%）	频率（Hz）	相对误差（%）	MAC 值（%）	频率（Hz）	相对误差（%）	MAC 值（%）
1	9.185	8.853	−3.61	77.81	8.887	−3.24	77.86	8.804	−4.15	77.87
2	11.708	12.778	+9.14	97.05	12.547	+7.17	97.27	12.457	+6.40	97.39

续上表

阶次	试验频率（Hz）	各向同性模型			横观各向同性模型			正交各向异性模型		
		频率（Hz）	相对误差（%）	MAC 值（%）	频率（Hz）	相对误差（%）	MAC 值（%）	频率（Hz）	相对误差（%）	MAC 值（%）
3	15.655	15.861	+1.32	77.48	16.178	+3.34	76.79	15.989	+2.13	77.54
4	25.118	23.248	-7.44	62.86	23.283	-7.31	66.51	23.123	-7.94	63.29
MBHS		0.01538			0.01263			0.01258		

从表2-8、表2-9可以看出：

（1）结构有限元模型修正是采用ANSYS优化设计模块多次迭代分析完成的，模型修正是以目标函数收敛于最小值作为修正目标，所以，模型修正的结果是使有限元模型计算得到的模态参数总体上与实测值趋于一致，不易实现计算与实测的每阶模态参数均保持一致或者计算值与实测值完全一致。对3种不同材料模型的有限元模型进行修正后，目标函数值均有所减小，计算得到的结构频率与实测频率的相对误差也均有所减小，并且以砌体采用正交各向异性模型的目标函数值为最小。

（2）有限元模型中需要修正的参数往往是难以准确确定的参数，如砌体的密度、弹性模量和剪切模量。从3种有限元模型修正后材料参数的改变量来看，砌体的密度、弹性模量和剪切模量的改变量较大。而且，在砌体采用的各向异性模型中，正交各向异性模型中砌体弹性模量和剪变模量的改变量总体上要小于横观各向同性模型，原因是正交各向异性模型更好地考虑了砌体3个主轴向不同的力学参数值，相比横观各向同性模型和各向同性模型而言其修正效果更好。

（3）有限元模型修正后的MAC值略有提高，但是提高量并不明显，所以模型修正时MAC值可以对验证计算振型和实测振型的相关性起到一定参考作用。

（4）有限元模型修正后，虽然计算频率与实测频率的相对误差均有所减小，但是部分阶次相对误差仍然较大，如第2阶的频率，究其原因可能是房屋内摆设了家具、物品而有限元模型没有考虑，测试过程中存在噪声、其他信号等的干扰，有限元模型和实际结构边界条件存在一定的误差等。

2.5 隧道爆破作用下砌体结构高阶模态振动特性

2.5.1 结构模态概述

结构模态分为两种，即整体模态和局部模态。结构的整体模态是指结构各部件变形较为均匀，主结构上有较大变形的模态；局部模态是指框架及桁架等主结构变形较小或不变形，而局部的板、壳等辅助结构尺寸较大，约束又很弱，使得局部的变形要明显大于结构整体变形，以局部变形为主的模态。结合结构的固有频率来说，一般固有频率较低的低阶模态具有整体特性，固有频率相对较高的高阶模态具有局部特性，局部物理参数的变化对高阶模态影响更大。因此，为了全面获得结构的模态特性，既要了解结构低阶模态的整体振动特性，同时又需要获得结构高阶模态的局部振动特性。通过研究框架结构的高阶模态参数，发现框架结构的高阶模态集中于若干区域，每一区域集中了若干阶振型，若干区域振型合称为一个“模态密集区”，得出“高灵敏度高阶模态”对局部损伤十分敏感的结论。通过对比框架桥局部构件在不同损伤程度下整体振动与局部振动特性，验证高阶模态比低阶模态对于局部损伤更为灵敏。

对于隧道爆破振动下结构的动力反应及损伤研究来说，由于爆破地震波的主频较高，爆破振动下更多的是引起结构的局部损伤，表明高阶模态下的局部振动特性对局部损伤更为敏感，而低阶整体模态对于研究局部损伤具有很大的局限性。因此，需要重点研究结构高阶模态下的局部振动特性。

2.5.2 砌体结构低阶整体模态和高阶局部模态

以建立的二层砌体楼房模型为基础，采用有限元模态分析方法获得的 1 ~ 20 阶模态参数见表 2-10，1 ~ 20 阶固有频率绘成曲线如图 2-22 所示。

砌体结构 1 ~ 20 阶模态参数　　表 2-10

阶次	固有频率（Hz）	振型	阶次	固有频率（Hz）	振型
1	8.80	纵向一次弯曲	11	30.16	局部微振动
2	12.48	横向一次弯曲	12	30.38	以前端女儿墙和二层中隔墙局部振动为主
3	15.99	扭转	13	31.30	以右墙窗边墙、二层中隔墙局部振动为主
4	23.18	纵向二次弯曲	14	31.54	以前端女儿墙、右墙窗边墙和二层中隔墙局部振动为主
5	24.99	横向二次弯曲	15	32.55	以前端女儿墙、右墙窗边墙和二层中隔墙局部振动为主
6	26.10	以二层左侧墙和前端女儿墙局部振动为主	16	32.97	以前端女儿墙、一层横隔墙和二层中隔墙局部振动为主
7	26.55	以二层左侧墙局部振动为主	17	33.60	以二层中隔墙、阳台和前端女儿墙局部振动为主
8	28.71	以二层右侧墙局部振动为主	18	33.98	以阳台和前端女儿墙局部振动为主
9	29.91	局部微振动	19	35.47	以二层中隔墙、阳台和右墙窗边墙局部振动为主
10	30.09	局部微振动	20	36.34	以二层中隔墙、阳台和右墙窗边墙局部振动为主

从表 2-10 及图 2-22 可以看出，砌体结构 1 ~ 20 阶固有频率为 8.80 ~ 36.34Hz。随着阶次逐渐增加，1 ~ 4 阶固有频率增长变化幅度较大，4 ~ 20 阶固有频率增长十分缓

慢，呈现密集模态形式，即砌体结构的高阶模态具有密集模态的特点。

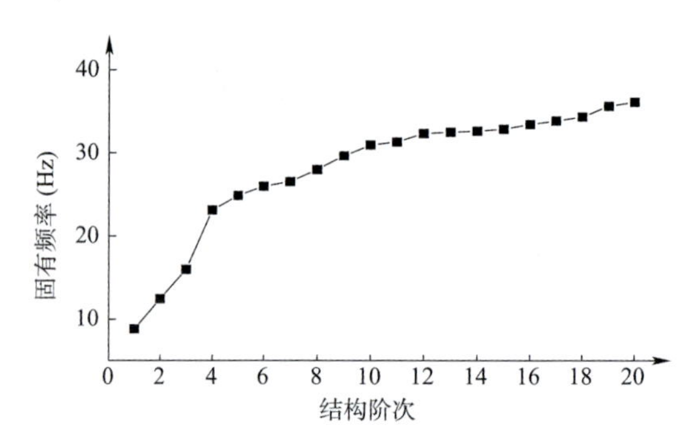

图 2-22 砌体结构固有频率随结构阶次变化图

砌体结构振型根据频率高低和形式可以分为低阶整体振型、高阶局部振型：

（1）1～5 阶为低阶模态，固有频率为 8.80～24.99Hz，对应结构整体振型，分别表现为纵向一次弯曲、横向一次弯曲、扭转、纵向二次弯曲和横向二次弯曲，结构表现为整体均匀的位移变形。

（2）6～20 阶为高阶密集模态，固有频率为 26.10～36.34Hz。随着固有频率逐渐增大，结构的振型也由整体振型变为局部振型，即结构的振动特征并未表现出整体各部件均匀的位移变形，而是局部侧墙、隔墙、女儿墙、阳台等约束较弱的构件变形较大，具有显著的局部模态特征。6～8、13、14、19 阶部分高阶振型如图 2-23 所示。从图 2-23a）～f）可以看出，二层左侧墙、女儿墙的前端、右侧墙的上部和下部、二层的中隔墙及右墙窗边墙、二层阳台均表现出比其他构件更为显著的变形，局部变形大于整体变形，表现为局部模态。

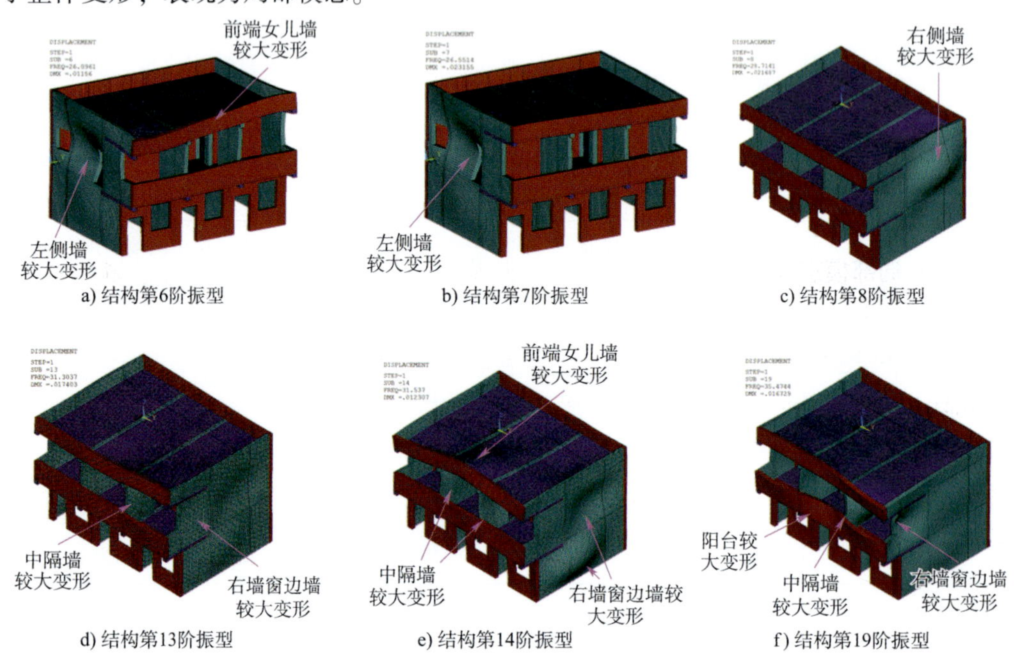

图 2-23 砌体结构高阶模态局部振动特性

2.5.3 隧道爆破振动与砌体结构高阶模态振动相关性

砌体结构由不同的构件组成，包括承重墙、挑梁、楼板、隔墙、侧墙、女儿墙、阳台等。对于砌体结构来说，其振动特性与外界振动频率相对应。当外界振动频率较低，与结构低阶整体固有频率一致时，结构中的构件以整体振型的方式伴随整体一起振动，各个构件表现出共同的振动状态，即结构呈现整体模态。例如天然地震，由于地震的振动频率基本为0～10Hz，故主要引起建筑物低阶模态的整体振动响应，造成整体结构的破坏和倒塌。当外界振动频率逐渐增大，与结构高阶模态固有频率一致时，结构逐渐从低阶模态振动转变为高阶模态振动，各个构件逐渐从结构的整体振动状态脱离，局部构件表现出各自的振动状态。此时，砌体结构纵墙等刚度较大的构件振动较小，而侧墙、隔墙、阳台、屋顶的女儿墙等刚度较弱或者周围限制约束作用较弱的构件，往往相比其他构件振动更为显著，结构呈现高阶局部模态振动，在强烈高频振动荷载作用下，局部构件更易发生爆破振动损伤。外界振动频率与结构振动的关系如图2-24所示。

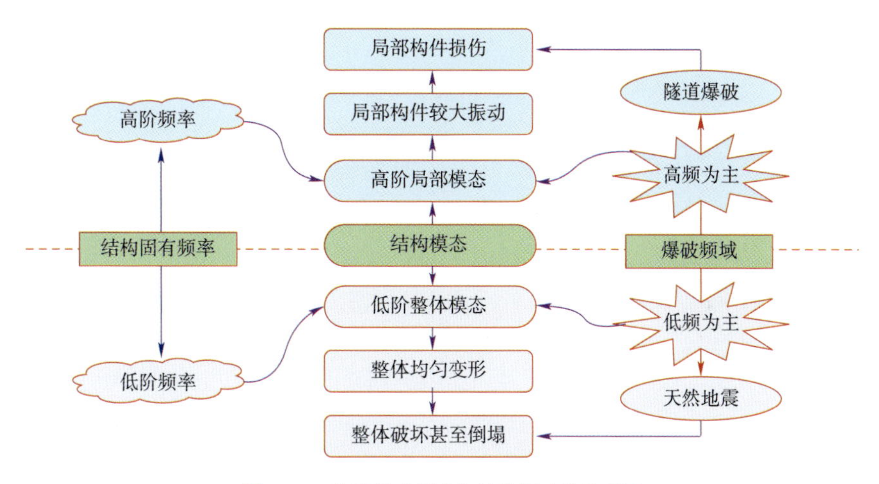

图2-24 外界振动频率与结构振动的关系图

通过对砌体结构进行低阶整体模态和高阶局部模态分析可知，砌体结构1～5阶整体模态固有频率为8.80～24.99Hz，而6～20阶为高阶密集模态，其固有频率为26.10～36.34Hz，局部模态固有频率显著高于整体模态固有频率。由于爆破振动主频率较高，一般在20Hz以上，所以爆破主频率和砌体结构低阶模态的固有频率交集较少，而与高阶模态的固有频率交集较多。爆破主频率与高阶模态固有频率一致，必然引起高阶模态局部构件的较大振动。换句话说，较高频率的隧道爆破振动引起的不是建筑物低阶模态整体的反应，而是高阶模态局部构件较强的振动。因此，研究隧道爆破振动下砌体结构的动力反应时，应该重点研究高阶模态局部构件上的动力反应，而不是研究整体动力反应。

第 3 章

建筑结构爆破振动响应和损伤机理及安全评价方法

隧道爆破振动下建筑结构的振动响应及损伤特性主要取决于爆破地震波特性和建筑物模态特性两者之间的相互作用。隧道爆破振动主频较高，与建筑物高阶模态下薄弱局部构件的固有频率较为一致，极易导致建筑物局部构件发生较大的振动变形而引起局部损伤，例如横侧墙、中隔墙、阳台、女儿墙等局部构件，还有门角、窗角等应力集中部位，砖墙与混凝土接触等刚度突变的部位，诸多实际隧道爆破工程也证明上述局部构件易发生损伤。因此，建立建筑物的精细化结构模型之后，应进一步系统研究隧道爆破振动下建筑物局部振动响应特征及损伤特性，得出隧道爆破下建筑物局部的损伤机理及易损的局部构件。

目前，爆破振动下结构的振动响应分析方法主要有三种，分别是反应谱分析方法、时程分析法、现场实验测试方法。由于反应谱分析法只能进行线弹性分析得到反应过程中结构位移的最大值，不适用于结构弹塑性非线性结构分析。而时程分析法能够求得振动过程中任意时刻的结构变形和内力，能够“再现”结构在隧道爆破振动时的变形情况，其研究结果是较为可信的。而且，学术界已经逐渐认识到爆破振动下结构的损伤主要由局部构件上的应力控制，而不是弹性层间位移。反应谱分析法很难获得结构局部构件上的应力状态，时程分析法却能够提取建筑物任意时间、任意局部构件上的位移、应力值，为研究爆破振动下结构的振动响应和损伤机理提供了极大的便利。现场实验测试方法需要布置大量测点，测试相对耗时耗力，但是测试结果相对较为准确，可以得出不同类型建筑物楼层的振动响应变化特征及传播规律，还可以为时程分析法的研究结果提供验证，以相互比对完善研究结果。

3.1 隧道爆破振动下结构位移与应力响应及损伤机理

3.1.1 隧道爆破振动下结构位移响应理论

采用振型位移叠加法进行动力响应分析，N 个耦合的线性有阻尼运动方程为：

$$m\ddot{u}(t)+c\dot{u}(t)+ku(t)=p(t) \tag{3-1}$$

式中，$u(t)$ 为时域内位移；$\dot{u}(t)$ 为时域内速度；$\ddot{u}(t)$ 为时域内加速度；m 为质量；c 为阻尼系数；k 为弹簧常数；$p(t)$ 为外荷载。

使用正规坐标变换把 N 个耦合的线性有阻尼运动方程转化为 N 个非耦合的方程：

$$\ddot{Y}_n(t)+2\xi_n\omega_n\dot{Y}_n(t)+\omega_n^2Y_n(t)=\frac{P_n(t)}{M_n},\ n=1,2\cdots N \tag{3-2}$$

其中，

$$M_n=\phi_n^{\mathrm{T}}m\phi_n \tag{3-3}$$

$$P_n(t)=\phi_n^{\mathrm{T}}p(t) \tag{3-4}$$

式中，$Y_n(t)$ 为时域内第 n 正规振型的广义位移；$\dot{Y}_n(t)$ 为时域内第 n 正规振型的广义速度；$\ddot{Y}_n(t)$ 为时域内第 n 正规振型的广义加速度；M_n 为时域内第 n 正规振型的广义质量；$P_n(t)$ 为时域内第 n 正规振型的广义荷载；ϕ_n、ϕ_n^{T} 分别为振型和振型的转置；ω_n 为无阻尼振型相应频率；ξ_n 为振型阻尼比。

首先求解特征值问题：

$$[\boldsymbol{k}-\omega^2\boldsymbol{m}]\ \hat{\boldsymbol{u}}=\boldsymbol{0} \tag{3-5}$$

式中，$\boldsymbol{k}$ 为刚度矩阵；ω 为无阻尼固有频率参数；$\boldsymbol{m}$ 为质量矩阵；$\hat{\boldsymbol{u}}$ 为相应的位移向量。

得到所需的振型 ϕ_n（$n=1, 2, \cdots$）和相应的频率 ω_n，ξ_n 为振型阻尼比，可根据试验确定。

每一个方程都是标准的单自由度运动方程，采用时域方法进行求解，可用 Duhamel 积分表示时域解答，采用标准的卷积积分形式，即：

$$Y_n(t)=\int_0^t P_n(\tau)h_n(t-\tau)\mathrm{d}\tau=\frac{1}{M_n\omega_{\mathrm{D}n}}\int_0^t P_n(\tau)\ \exp[-\xi_n\omega_n(t-\tau)]\ \sin\omega_{\mathrm{D}n}(t-\tau)\mathrm{d}\tau \tag{3-6}$$

其中：

$$h_n(t-\tau)=\frac{1}{M_n\omega_{\mathrm{D}n}}\sin\omega_{\mathrm{D}n}(t-\tau)\ \exp[-\xi_n\omega_n(t-\tau)],\ 0<\xi_n<1 \tag{3-7}$$

式中，$\omega_{\mathrm{D}n}$为有阻尼固有频率；t、τ 为时间。

对于一般的振型荷载，假设零初始条件下（$Y_n=\dot{Y}_n=0$）求解式（3-6），即可得到 $t\geqslant0$ 时的振型响应 $Y_n(t)$：

$$Y_n(t)=\left[Y_n(0)\cos\omega_{\mathrm{D}n}t+\left(\frac{\dot{Y}_n(0)+Y_n(0)\xi_n\omega_n}{\omega_{\mathrm{D}n}}\right)\sin\omega_{\mathrm{D}n}t\right]\exp(-\xi_n\omega_n t) \tag{3-8}$$

得到每一个振型的总响应 $Y_n(t)$ 之后，总位移采用振型叠加法计算，即：

$$u(t)=\phi_1Y_1(t)+\phi_2Y_2(t)+\cdots+\phi_NY_N(t)=\sum_{n=1}^{N}\phi_nY_n(t) \tag{3-9}$$

对于大多数荷载类型，通常低阶振型的位移贡献最大，而高阶振型的位移贡献则趋于减小。对于高频爆破振动下建筑结构的动力响应，其振动主频远离建筑结构的低阶整体固有频率，不会引起建筑物的低阶振型共振，可能引起建筑结构的高阶振型共振，但是由于高阶振型的位移贡献量很小，因此，相比天然地震而言，爆破振动不会导致结构发生过大的位移响应。

3.1.2 隧道爆破振动下结构应力响应理论

$u(t)$ 中位移是结构动力荷载总响应的基本测度，各种结构构件的应力或者内力等响应参数可以直接根据位移进行计算。抵抗结构变形的弹性力 f_{S} 可以由下式计算：

$$f_{\mathrm{S}}(t)=ku(t)=k\phi Y(t) \tag{3-10}$$

$$f_{\mathrm{S}}(t)=k\phi_1Y_1(t)+k\phi_2Y_2(t)+\cdots+k\phi_NY_N(t)=\sum_{n=1}^{N}k\phi_nY_n(t) \tag{3-11}$$

$$f_{\mathrm{S}}(t)=\omega_1^2m\phi_1Y_1(t)+\omega_2^2m\phi_2Y_2(t)+\cdots+\omega_N^2m\phi_NY_N(t)=\sum_{n=1}^{N}\omega_n^2m\phi_nY_n(t) \tag{3-12}$$

以矩阵形式表示为：

$$\boldsymbol{f}_{\mathrm{S}}(t)=\boldsymbol{m\phi}\{\omega_n^2\boldsymbol{Y}_n(t)\} \tag{3-13}$$

$\{\omega_n^2\boldsymbol{Y}_n(t)\}$ 表示一个振型幅值向量，其中每个元素都乘了振型频率的平方，可以得出高阶振型对于结构应力响应的影响要比对位移响应的影响大得多。因此，要想得到任何所需精度的应力，就必须考虑比位移响应更多的振型分量。所以说，爆破振动作用下引起结构的应力响应远比位移响应要大得多，重点研究结构的应力具有重要的意义。

3.1.3 隧道高频爆破振动应力控制结构损伤机理

隧道爆破地震波的基本特性表现为峰值振速高、主频高、时间短，中高频爆破振动作用下引起结构的应力响应较大，尤其是结构构件局部应力高度集中的部位以及高阶振型中局部振动响应较大的部位，可能瞬间产生很高的拉应力和剪切应力，超过材料的力学强度而导致结构开裂。同时，由于爆破地震波的高频振动频率远离建筑物的低阶整体固有频率，结构在高阶受迫频率下产生的位移非常小。因此，中高频爆破振动下，结构的动力响应主要由瞬时产生的高应力控制，而不是位移，应该重点分析结构的应力响应特征，得出结构容易发生破坏的部位，为隧道爆破振动下结构的安全控制提供依据。

隧道爆破振动下结构的安全由应力控制，根据弹性力学存在以下简化公式：

$$\sigma=\frac{Ev}{c} \tag{3-14}$$

或

$$\sigma=\rho cv \tag{3-15}$$

式中，σ 为结构中产生的应力；E 为弹性模量；v 为质点振速；c 为爆破地震波在结构中的传播速度；ρ 为材料密度。

对于低频爆破地震波，其破坏机理类似天然地震对结构的破坏机理，主要是由于地震波的频率与结构的低阶频率一致，结构整体共振发生强烈的振动，且衰减较慢，结构产生很大的相对位移，导致结构发生破坏。在这种情况下，可以通过控制爆破振动的频率使其远离低阶整体固有频率。

关于时间对爆破振动的影响，由于隧道爆破时间很短，大多为1～2s，对结构的影响相比振幅和频率要小得多，因此，可以忽略时间对结构破坏的影响。

此外，由于瞬时的爆破振动作用在结构上，结构的动力强度要比静力强度至少高一倍，这可以作为爆破振动下结构强度的安全储备，进行爆破动力分析时仍以静力极限强度作为其强度分析值。

3.2 隧道爆破振动下结构动力分析方法及工况

结构系统的通用运动学方程为

$$\boldsymbol{M}\ddot{\boldsymbol{U}}+\boldsymbol{C}\dot{\boldsymbol{U}}+\boldsymbol{K}\boldsymbol{U}=\boldsymbol{R}_t \tag{3-16}$$

式中，$\boldsymbol{M}$、$\boldsymbol{C}$、$\boldsymbol{K}$ 分别为节点的质量、阻尼、刚度矩阵；$\ddot{\boldsymbol{U}}$、$\dot{\boldsymbol{U}}$、$\boldsymbol{U}$ 分别为节点的

加速度、速度、位移矢量；$\boldsymbol{R}_t$ 为结构荷载矢量。

求解该动力学振动响应主要有三种方法：时域法、频域法和响应谱法，时域法又可分为直接积分法和模态叠加法。直接积分法又可分为显式中心差分法、隐式 Wilson-θ 法及隐式 Newmark 法等。本节重点介绍显示中心差分法和隐式 Newmark 法。

3.2.1 显式中心差分法

假定0、t^1、$t^2 \cdots t^n$ 时刻的节点位移、速度与加速度均为已知，首先求解 t^n（$t+\Delta t$）时刻的结构响应。显式中心差分法对加速度、速度的导数采用中心差分代替，即

$$\ddot{\boldsymbol{U}}_t = \frac{1}{\Delta t^2}(\boldsymbol{U}_{t-\Delta t} - 2\boldsymbol{U}_t + \boldsymbol{U}_{t+\Delta t}) \tag{3-17}$$

$$\dot{\boldsymbol{U}}_t = \frac{1}{2\Delta t}(\boldsymbol{U}_{t+\Delta t} - \boldsymbol{U}_{t-\Delta t}) \tag{3-18}$$

将式（3-18）代入式（3-16）后整理得到：

$$\hat{\boldsymbol{M}}\boldsymbol{U}_{t+\Delta t} = \hat{\boldsymbol{R}}_t \tag{3-19}$$

式（3-19）中，

$$\hat{\boldsymbol{M}} = \frac{1}{\Delta t^2}\boldsymbol{M} + \frac{1}{2\Delta t}\boldsymbol{C} \tag{3-20}$$

$$\hat{\boldsymbol{R}}_t = \boldsymbol{R}_t - \left(\boldsymbol{K} - \frac{2}{\Delta t^2}\boldsymbol{M}\right)\boldsymbol{U}_t - \left(\frac{1}{\Delta t^2}\boldsymbol{M} - \frac{1}{2\Delta t}\boldsymbol{C}\right)\boldsymbol{U}_{t-\Delta t} \tag{3-21}$$

式中，$\hat{\boldsymbol{M}}$、$\hat{\boldsymbol{R}}_t$ 分别称为有效质量矩阵、有效荷载矢量；$\boldsymbol{R}$、$\boldsymbol{M}$、$\boldsymbol{C}$、$\boldsymbol{K}$ 为结构荷载、质量、阻尼、刚度矩阵。

求解线性方程组（3-19），即可获得 $t+\Delta t$ 时刻的节点位移向量 $\boldsymbol{U}_{t+\Delta t}$，将 $\boldsymbol{U}_{t+\Delta t}$代回几何方程与物理方程，可得 $t+\Delta t$ 时刻的单元应力和应变。

显式中心差分法在求解 $t+\Delta t$ 瞬时的位移 $\boldsymbol{U}_{t+\Delta t}$时，只需 $t+\Delta t$ 时刻以前的状态变量 $\boldsymbol{U}_t$ 和 $\boldsymbol{U}_{t-\Delta t}$，然后计算出有效质量矩阵 $\hat{\boldsymbol{M}}$、有效荷载矢量 $\hat{\boldsymbol{R}}_t$，即可求出 $\boldsymbol{U}_{t+\Delta t}$，故称此解法为显式算法。

显式中心差分法中时间步长 Δt 的选择涉及两个方面的约束：数值算法的稳定性和计算时间。中心差分法的实质是用差分代替微分，并且对位移和加速度的导数采用线性外插，这限制了 Δt 的取值，该取值不可过大，否则结果可能失真过大。可以证明，中心差分法是条件稳定的，即时间步长 Δt 必须小于由该问题求解方程性质决定的一个时间步长的临界值。

3.2.2 隐式 Newmark 法

Newmark 假定在时间间隔［t，$t+\Delta t$］内，加速度线性变化，即采用的加速度、速度公式见式（3-22）、式（3-23）：

$$\dot{\boldsymbol{U}}_{t+\Delta t} = \dot{\boldsymbol{U}}_t + [(1-\delta)\ddot{\boldsymbol{U}}_t + \delta\ddot{\boldsymbol{U}}_{t+\Delta t}]\Delta t \tag{3-22}$$

$$\boldsymbol{U}_{t+\Delta t} = \boldsymbol{U}_t + \dot{\boldsymbol{U}}_t\Delta t + \left[\left(\frac{1}{2} - \alpha\right)\ddot{\boldsymbol{U}}_t + \alpha\ddot{\boldsymbol{U}}_{t+\Delta t}\right]\Delta t^2 \tag{3-23}$$

式中，α、δ 为可以按积分的精度和稳定性要求调整的参数。

根据式（3-23）可给出 $\ddot{\boldsymbol{U}}_{t+\Delta t}$ 和 $\dot{\boldsymbol{U}}_{t+\Delta t}$ 用 $\boldsymbol{U}_{t+\Delta t}$、$\dot{\boldsymbol{U}}_t$、$\ddot{\boldsymbol{U}}_t$ 表示的表达式，代入式（3-16）中整理得到：

$$\hat{\boldsymbol{K}}\boldsymbol{U}_{t+\Delta t}=\hat{\boldsymbol{R}}_{t+\Delta t} \tag{3-24}$$

$$\hat{\boldsymbol{K}}=\frac{1}{\alpha\Delta t^2}\boldsymbol{M}+\frac{\delta}{\alpha\Delta t}\boldsymbol{C}+\boldsymbol{K} \tag{3-25}$$

$$\hat{\boldsymbol{R}}_{t+\Delta t}=\boldsymbol{R}_{t+\Delta t}+\boldsymbol{M}\left[\frac{1}{\alpha\Delta t^2}\boldsymbol{U}_t+\frac{1}{\alpha\Delta t}\dot{\boldsymbol{U}}_t+\left(\frac{1}{2\alpha}-1\right)\ddot{\boldsymbol{U}}_t\right]+\boldsymbol{C}\left[\frac{\delta}{\alpha\Delta t}\boldsymbol{U}_t+\left(\frac{\delta}{\alpha}-1\right)\dot{\boldsymbol{U}}_t+\left(\frac{\delta}{2\alpha}-1\right)\Delta t\ddot{\boldsymbol{U}}_t\right] \tag{3-26}$$

式中，$\hat{\boldsymbol{K}}$、$\hat{\boldsymbol{R}}_{t+\Delta t}$分别为有效刚度矩阵、有效荷载矢量。由上式可以看出，求解当前$\boldsymbol{U}_{t+\Delta t}$需要用到当前时刻的$\boldsymbol{R}_{t+\Delta t}$，因此该算法为隐式算法。

当荷载历史全部已知时，$\boldsymbol{R}_{t+\Delta t}$为已知量，求解需要迭代实现。

可以证明，当参数 $\delta \geqslant 0.5$，$\alpha \geqslant 0.25(0.5+\delta)^2$ 时，隐式 Newmark 法是无条件稳定的，即 Δt 的大小不影响数值稳定性。此时时间步长 Δt 的选择主要根据解的精度确定。一般情况下，隐式 Newmark 法的时间步长可以比显式中心差分法大得多。

3.2.3 显式和隐式算法比较

比较两种算法，显式中心差分法非常适合研究波的传播问题，如碰撞、高速冲击、爆炸等。一方面，分析式（3-19）发现，显式中心差分法的 $\boldsymbol{M}$ 与 $\boldsymbol{C}$ 矩阵是对角阵，如给定某些有限元节点以初始扰动，在经过一个时间步长后，和它相关的节点进入运动，即 $\boldsymbol{U}$ 中这些节点对应的分量成为非零量，此特点正好和波的传播特点相一致。另一方面，研究波传播的过程需要微小的时间步长，这也正是显式中心差分法的特点。

隐式 Newmark 法更加适合计算低频占主导的动力问题，从计算精度考虑，允许采用较大的时间步长以节省计算时间，同时较大的时间步长还可以过滤高阶不精确特征值对系统响应的影响。隐式算法要转置刚度矩阵，增量迭代，通过一系列线性逼近方法［如牛顿-拉弗森法（Newton-Raphson 法）］来求解。正因为隐式算法要对刚度矩阵求逆，所以计算时要求整体刚度矩阵不能奇异，对于一些接触高度非线性问题，有时无法保证收敛。

由于爆破振动是典型的瞬时高频振动荷载，LS-DNYA 软件的显式中心差分法更适合进行结构的动力学分析，且计算速度快，稳定性好，相比采用 ANSYS 的隐式 Newmark 法更正确和有效。

3.2.4 典型爆破地震波及分析工况

选取的典型隧道爆破地震波如图 3-1 所示，对振动波进行傅立叶频谱分析如图 3-2 所示。

研究隧道爆破振动不同峰值振速下结构的动力响应时，分别对典型爆破地震波乘 1.111、3.333、6.667，使峰值振速分别为 1.0cm/s、3.0cm/s、6.0cm/s。

对于浅埋隧道的爆破近区，竖直方向主频较高且峰值振速一般较大，水平方向主频较低且峰值振速要小很多，竖直方向的爆破地震波对结构影响最大，因此，主要研

究 Z 向爆破地震波对结构的影响，同时考虑水平爆破地震波的影响，分成以下两种情况：

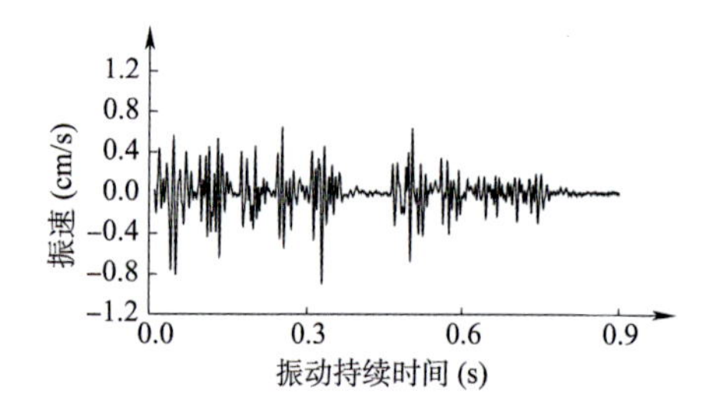

图 3-1 典型爆破地震波（峰值振速 0.90cm/s）

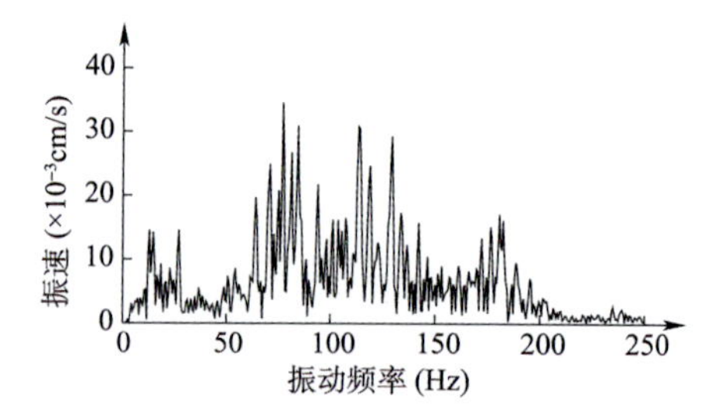

图 3-2 爆破地震波频谱图（主频 76.90Hz）

（1）分析隧道爆破振动下砌体结构局部构件的振速和位移特征时，由于不同方向爆破地震波作用下结构的局部振动特征具有一定的相似性，故可只考虑施加 Z 向爆破地震波，不考虑水平地震波影响。

（2）分析隧道爆破振动下砌体结构局部构件的应力时，由于结构损伤主要受应力控制，因此应力分析考虑两种情况，一是不考虑水平振动影响，只在竖直方向施加爆破地震波，作为研究的重点；二是考虑水平振动影响，即水平 X、Y 两个方向分别施加爆破地震波，同时还要考虑竖直方向和水平弱轴方向共同施加爆破地震波，并且与 Z 向进行对比分析。

施加的荷载中，不考虑楼面活荷载，考虑建筑物自重荷载，最终计算得到的结构响应为重力和爆破作用下结构的响应值。

建筑物结构模型采用修正后的有限元模型，结构的侧视图和一、二层剖面图如图 3-3 所示。

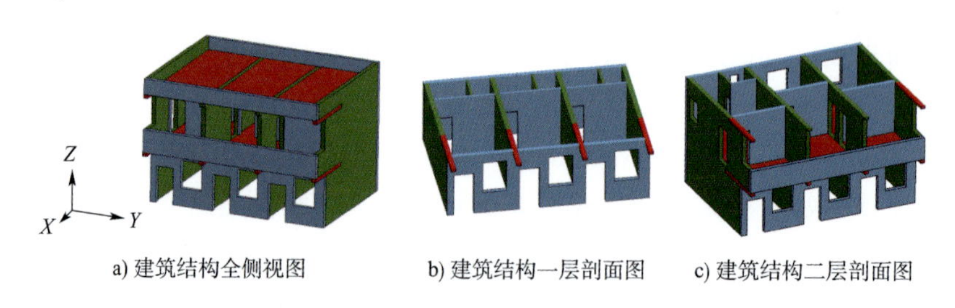

图 3-3 建筑物结构侧视图及剖面图

3.3 隧道爆破振动下砌体结构振速与位移特征及安全评价

3.3.1 砌体结构局部振速特征

隧道爆破振动主频高，引起砌体结构局部构件的振动变形较大，通过分析砌体结构不同局部构件的振速和位移特征，得出局部构件的动力响应特征。通过分析峰值振速为 1.0cm/s 下爆破地震波施加方向为 Z 向的砌体结构局部构件的振速，得出局部构件的振速分布规律。结构 Z 向振速分布如图 3-4 所示，Z 向振速分布剖面如图 3-5 所示。

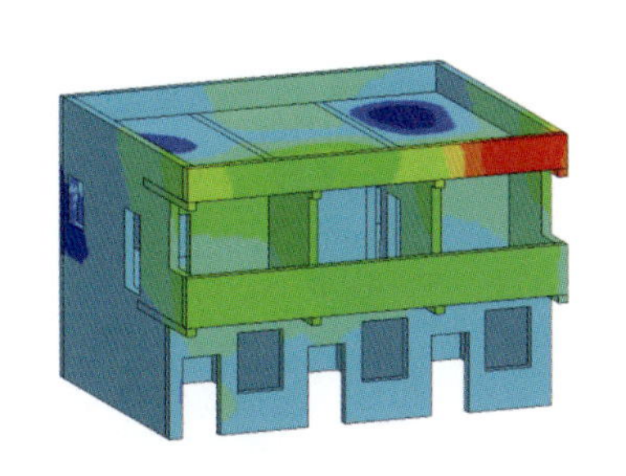

图3-4 结构 Z 向振速分布（$t=0.104$s）

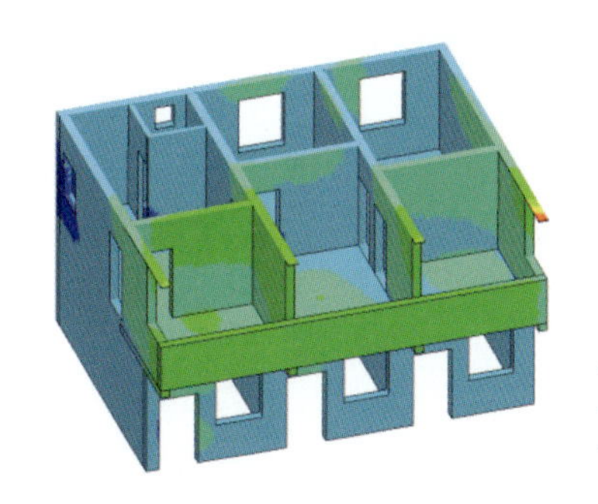

图3-5 结构 Z 向振速分布剖面图（$t=0.104$s）

从图3-4、图3-5可以看出，楼房二层楼的前部两边窗间侧墙、中隔墙、阳台、前端女儿墙的振速幅值较大，并以二层前端女儿墙的振速幅值为最大，纵墙及两侧横墙的大部分振速幅值均较小，说明局部薄弱构件的振速幅值要显著大于结构整体的振速幅值。女儿墙前端是结构的突出部位，再加上其下方开洞较大，周围约束限制作用很弱，导致其是整个结构振动最为强烈的部位。由于爆破振动主频远离建筑物的整体固有频率，不会引起砌体结构整体的较大振动，而是引起结构局部构件的较大振动。因此，薄弱局部构件是结构振速幅值较大的部位，更容易受损。

3.3.2 砌体结构局部振动位移特征与安全评价

首先分析峰值振速为1.0cm/s下结构的 Z 向位移响应，如图3-6、图3-7所示。

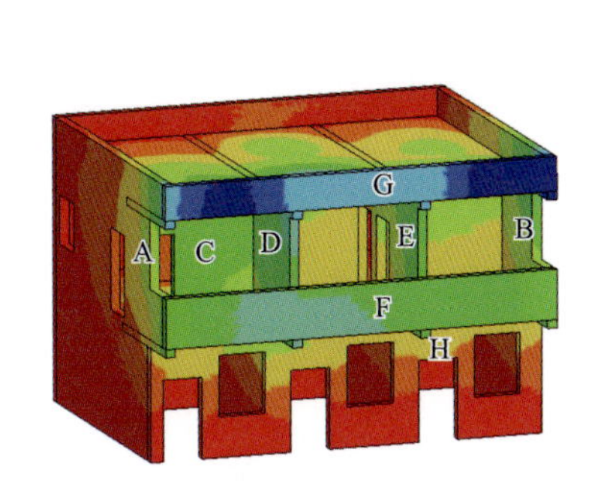

图3-6 结构 Z 向位移分布云图（$t=0.097$s）

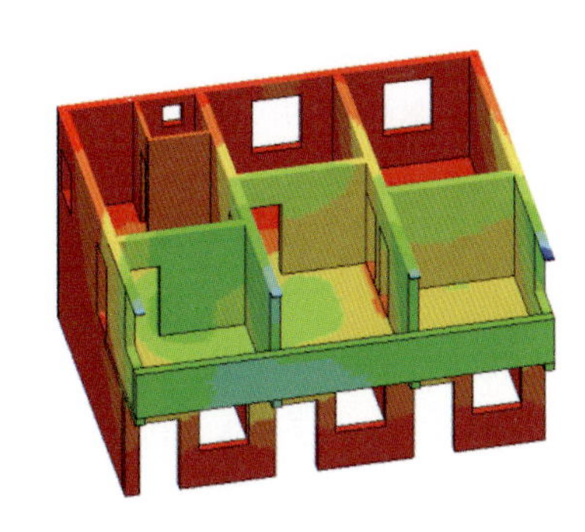

图3-7 结构 Z 向位移剖面图（$t=0.097$s）

从图3-6、图3-7可以看出，爆破振动下结构局部构件的振动位移特征与振速幅值特征十分相似，楼房二层楼的前部两边窗间侧墙A和B，隔墙C、D和E，阳台F，前端女儿墙G的位移幅值较大，并以二层前端女儿墙的位移幅值为最大，纵墙及两侧横墙的大部位移幅值均较小，说明局部薄弱构件的位移幅值要显著大于结构整体的位移幅值。由于爆破振动主频远离建筑物的整体固有频率，故爆破振动不会引起砌体结构整体发生较大的振动位移，而是引起结构局部构件发生较大的振动位移。

分别从左侧墙A（N39031）、右侧墙B（N82029）、纵向隔墙C（N78688）、中隔墙D（N79118）、中隔墙E（N36721）、阳台F（N101849）和前端女儿墙G（N118195）及纵墙H（N72114）节点提取位移结果，如图3-8所示。从结构上选取不同高度纵墙H（N72114）、中隔墙E（N36721）及前端女儿墙G（N118195）节点位移进行频谱分析，分析传播过程中频率的衰减规律，如图 3-9 所示。

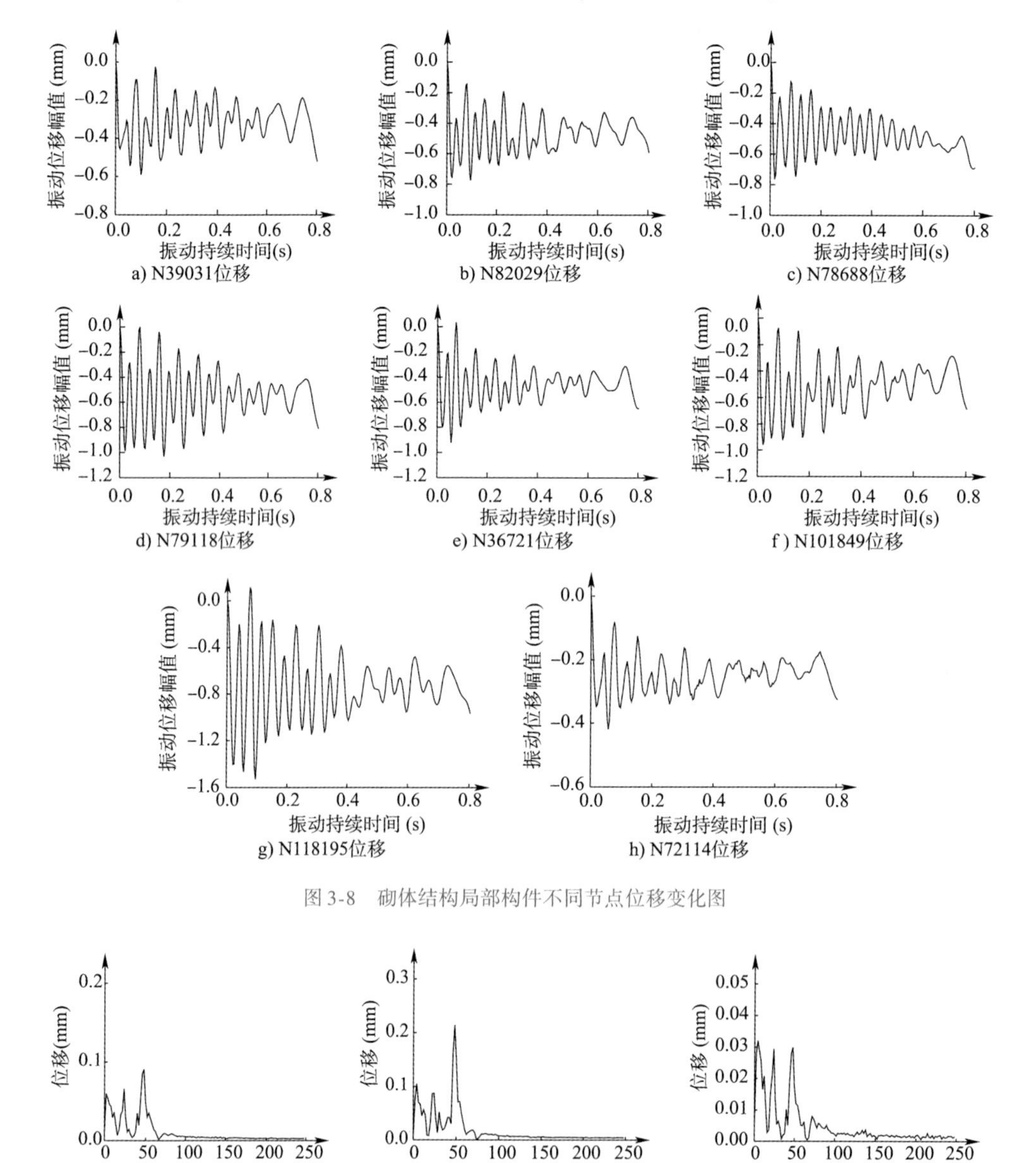

图 3-8　砌体结构局部构件不同节点位移变化图

图 3-9　砌体结构局部构件不同节点位移频谱图

从图 3-8 和图 3-9 得出以下结论：

（1）从图 3-8 可以看出，一层顶部纵墙峰值位移为 0.42mm，侧墙的峰值位移为 0.59～0.77mm，是纵墙峰值位移的 1.4～1.8 倍；隔墙的峰值位移为 0.76～1.03mm，是纵墙峰值位移的 1.8～2.5 倍；阳台峰值位移为 0.96mm，是纵墙峰值位移的 2.3 倍；前端女儿墙峰值位移为 1.53mm，是纵墙峰值位移的 3.6 倍。在以上局部构件中，前端女儿墙的峰值位移最高，纵墙的峰值位移最低，隔墙、阳台的峰值位移处于前两者中间。

(2) 从图3-9可以看出，从楼层底面输入的地震波主要频率范围为50～200Hz，沿砖墙向上传播过程中各局部构件、纵墙等振动位移衰减后的主频在50Hz左右，此频率段与高阶模态局部构件的固有频率十分接近，从而引起局部构件的较大振动。如果爆破地震波继续衰减则其频率将与低阶模态整体结构的固有频率十分接近，结构整体的振动位移幅值可能会增大。

进一步分析不同峰值振速下以上各局部构件的位移，分析位移随峰值振速增大的变化规律，计算结果见表3-1，绘成曲线如图3-10所示。

不同峰值振速下结构不同构件位移最大值　　表3-1

局部构件名称	构件节点编号	不同峰值振速下节点位移最大值（mm）		
		1.0cm/s	3.0cm/s	6.0cm/s
左侧墙 A	N39031	0.59	0.64	0.70
右侧墙 B	N82029	0.77	0.82	0.90
纵向隔墙 C	N78688	0.76	0.82	0.91
中隔墙 D	N79118	1.03	1.15	1.33
中隔墙 E	N36721	0.92	1.05	1.24
阳台 F	N101849	0.96	1.02	1.16
前端女儿墙 G	N118195	1.53	1.65	1.85
纵墙 H	N72114	0.42	0.47	0.60

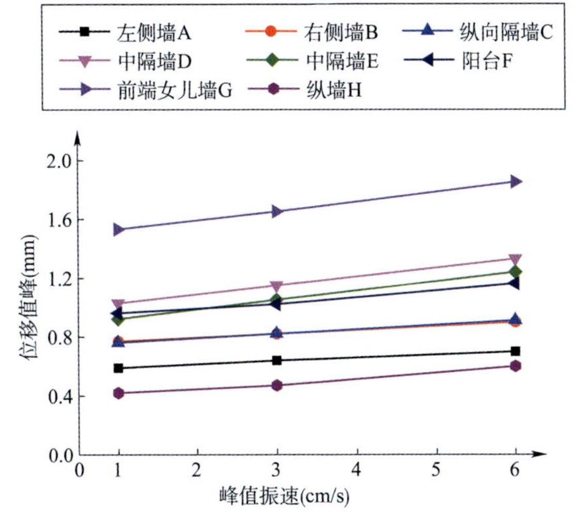

图3-10　不同峰值振速下结构不同构件节点的位移峰值变化规律

从表3-1和图3-10看出，随着峰值振速的增加，爆破振动引起的结构位移基本呈现线性增大趋势，但是增加的幅度很小，位移量绝对值也很小，量级为mm级，峰值振速6.0cm/s下前端女儿墙（N118195）最大位移仅为1.85mm，说明相较天然地震作用而言，爆破振动引起的结构位移非常小。这是因为爆破振动频率远远大于结构低阶整体固有频率，结构在中高频爆破振动下引起的结构位移很小，不会发生因位移过大而造成的结构损伤。

地面峰值振速为6.0cm/s时，层间位移角为楼层层间最大位移与层高之比 θ_e，最大层间位移角为：

$$\theta_e = \frac{1.85}{7000} = \frac{1}{3784} \tag{3-27}$$

钢筋混凝土框架层间位移角限值为1/550，可见按照地震的安全标准——层间位移角限值，地面峰值振速为6.0cm/s时，爆破振动引起的层间位移角远远小于规范值，满足安全性要求。但实际上，当地面峰值振速为6.0cm/s时，建筑物某些薄弱的局部构件已经受损，主要是因为爆破振动引起的局部构件上的应力超出了材料的强度，导致材料破坏。因此，在高频爆破振动下，结构损伤主要受到应力控制，而不是位移控制，地震设计中常用的弹性层间位移角限制对于爆破安全评价是不相适应的。因此，应该重点研究结构局部构件上的应力特征。

3.4 混凝土结构振动应力特征与安全评价

3.4.1 混凝土结构材料失效模式

在高频振动下结构损伤主要受应力控制，会瞬间在结构上产生很高的剪切应力和拉应力，对于像砖墙和素混凝土等脆性材料，在结构的局部构件上通常会发生脆性破坏。对于各向同性脆性材料，可以用第一和第三主应力分别与抗拉和抗压强度比较，如果第一和第三主应力超过材料的抗拉和抗压强度，则定义结构发生破坏。混凝土材料失效模型如图3-11所示。

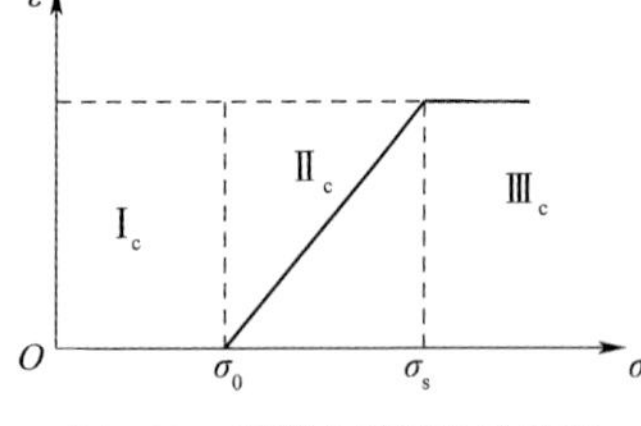

图3-11 混凝土材料失效模型

从图3-11可以看出，素混凝土本身是脆性材料，在很低的拉应力 σ_0（或拉应变）下会发生开裂，这个阶段只会在局部产生微裂纹，但是由于钢筋的存在，钢筋和混凝土黏结在一起，钢筋限制了混凝土的变形，混凝土结构并不会产生破坏，而是处于裂纹扩展阶段，混凝土逐渐退出工作，钢筋受力逐渐增大。当应力逐渐增大超过钢筋的屈服应力 σ_s，整个结构发生破坏。因此，动力分析中采用混凝土开裂的拉应力作为混凝土发生损伤的标准。由于混凝土抗压强度很高，在爆破振动分析中不考虑混凝土的压碎破坏，往往由于泊松比效应，混凝土还没有压碎，侧向局部混凝土就已经受拉开裂，退出工作。

3.4.2 混凝土结构主拉应力特征

首先分析峰值振速为1.0cm/s条件下 Z 向施加爆破地震波引起的混凝土结构楼板的应力分布情况，如图3-12、图3-13所示。

从图3-12、图3-13可以看出，爆破地震波首先到达一层顶部的混凝土楼板，在楼板与砖隔墙的部位出现显著的应力集中带，其他部位的应力要明显小于应力集中带；之后爆破地震波到达二层，在隔墙与楼板接触的部位产生显著的应力集中带，其他部位的应力较小，并且二层顶的应力集中带的应力要高于一层顶的应力。当外界约束条件相同时，一层到二层的传播过程中地震波的能量会逐渐衰减，因此一般情况下二楼的振动要小于一层的振动。但是，当外界约束或边界条件不同时，约束的强弱对于振动的强弱会起到重要作用。由于应力集中带两侧约束较弱，会产生较大的振动，而隔墙限制了混凝土楼板的振动，在隔墙及附近会产生很大的弯矩，弯矩引起较大的拉应力，造成二层楼板与隔墙接触处应力水平较高（相当于固定端部应力非常大）。

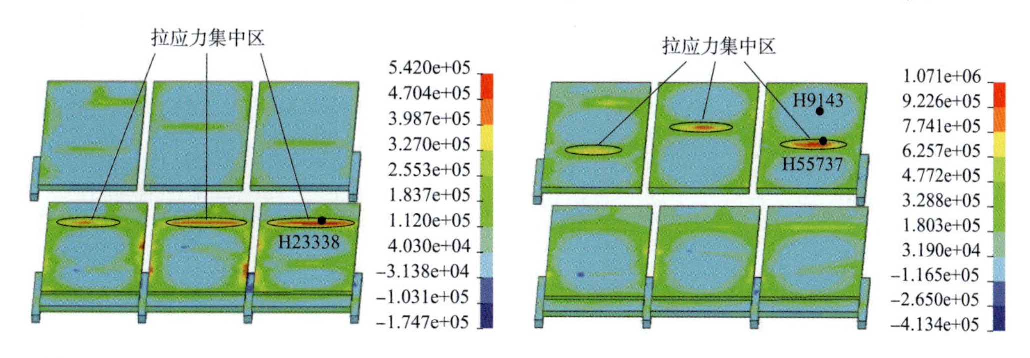

图 3-12　一层混凝土楼板主拉应力（t = 0.011s）　　图 3-13　二层混凝土楼板主拉应力（t = 0.018s）

在混凝土楼板与砖墙的交界面处、挑梁处混凝土主拉应力分布如图 3-14 所示。

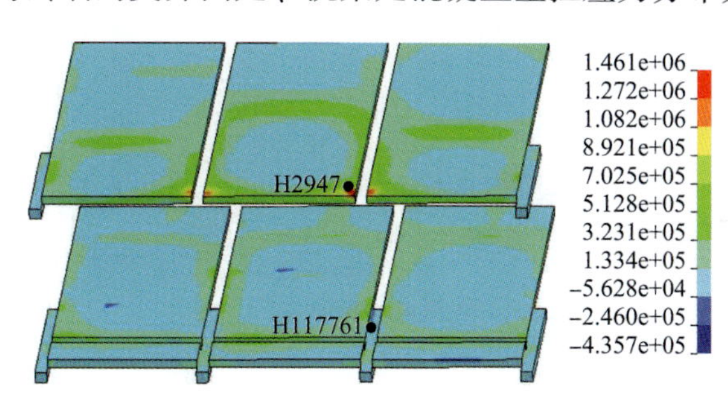

图 3-14　混凝土楼板集中部位、挑梁处主拉应力（t = 0.0576s）

从图 3-14 可以看出，在混凝土楼板与砖墙的交界面处，刚度的突变引起应力的高度集中，导致该区域可能发生严重的损伤，楼板应力集中区域的应力略高于楼板的拉应力。此外，砖墙和楼板约束挑梁的振动，挑梁振动减弱，减少挑梁的损伤，使得挑梁的应力明显小于二层应力集中部位的应力。

3.4.3　不同峰值振速下混凝土结构主拉应力与安全评价

将混凝土构件分为楼板的普通部位、楼板的应力集中部位、挑梁、楼板和砖墙接触部位，分别提取不同局部处的主拉应力。从楼板普通部位（H9143）、一层顶楼板应力集中带处（H23338）和二层顶楼板应力集中带处（H55737）、混凝土楼板和砖墙交界面处（H2947）、挑梁处（H117761）选取单元，不同部位的单元标识号如图 3-12 ~ 图 3-14 所示；分析了不同峰值振速下其主拉应力波形，如图 3-15 ~ 图 3-19 所示。不同峰值振速下混凝土结构主拉应力峰值见表 3-2。

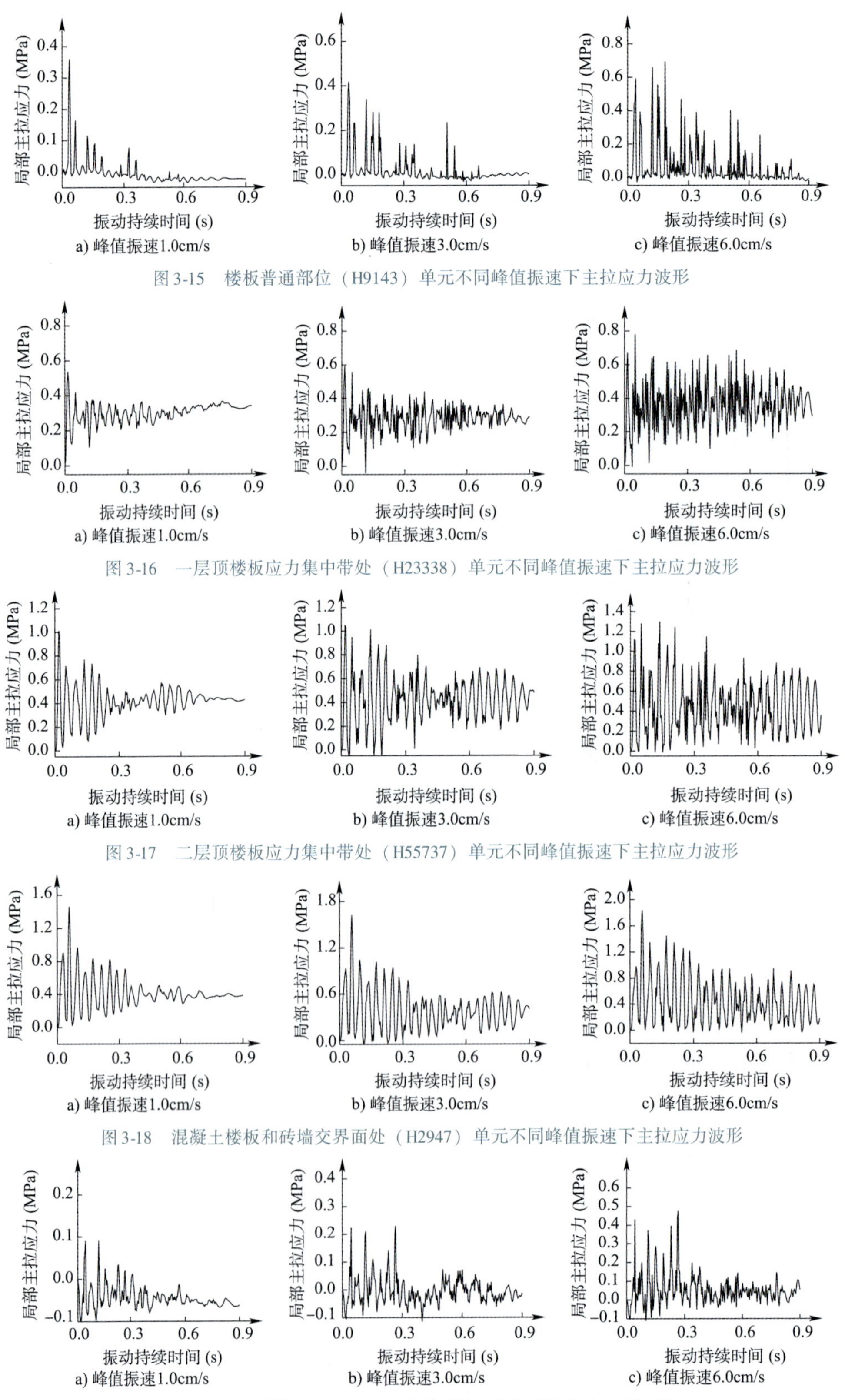

a) 峰值振速1.0cm/s　b) 峰值振速3.0cm/s　c) 峰值振速6.0cm/s

图 3-15　楼板普通部位（H9143）单元不同峰值振速下主拉应力波形

a) 峰值振速1.0cm/s　b) 峰值振速3.0cm/s　c) 峰值振速6.0cm/s

图 3-16　一层顶楼板应力集中带处（H23338）单元不同峰值振速下主拉应力波形

a) 峰值振速1.0cm/s　b) 峰值振速3.0cm/s　c) 峰值振速6.0cm/s

图 3-17　二层顶楼板应力集中带处（H55737）单元不同峰值振速下主拉应力波形

a) 峰值振速1.0cm/s　b) 峰值振速3.0cm/s　c) 峰值振速6.0cm/s

图 3-18　混凝土楼板和砖墙交界面处（H2947）单元不同峰值振速下主拉应力波形

a) 峰值振速1.0cm/s　b) 峰值振速3.0cm/s　c) 峰值振速6.0cm/s

图 3-19　挑梁处（H117761）单元不同峰值振速下主拉应力波形

不同峰值振速下混凝土结构主拉应力最大值　　表3-2

部位类型	部位单元编号	不同峰值振速下主拉应力最大值（MPa）		
		1.0cm/s	3.0cm/s	6.0cm/s
楼板普通部位	H9143	0.36	0.42	0.70
一层顶楼板应力集中带处	H23338	0.54	0.60	0.78
二层顶楼板应力集中带处	H55737	1.01	1.06	1.30
混凝土楼板和砖墙交界面处（刚度突变处）	H2947	1.46	1.62	1.84
挑梁处	H117761	0.09	0.23	0.48

将混凝土结构不同部位单元在不同峰值振速下的主拉应力绘成曲线，如图3-20所示。

根据表3-2和图3-15～图3-20，得出以下结论：

（1）以上局部构件中，混凝土楼板和砖墙交界面处（H2947），由于刚度突变和应力集中使得其主拉应力最高，并且在振速很低的时候产生4倍于楼板普通部位（H9143）的应力水平；主拉应力次高的是二层顶楼板的应力集中带处（H55737），再接下来是一层顶楼板的应力集中带处（H23338）；挑梁处（H117761）由于周围约束较强，其主拉应力水平最低，是楼板普通部位主拉应力的1/4。

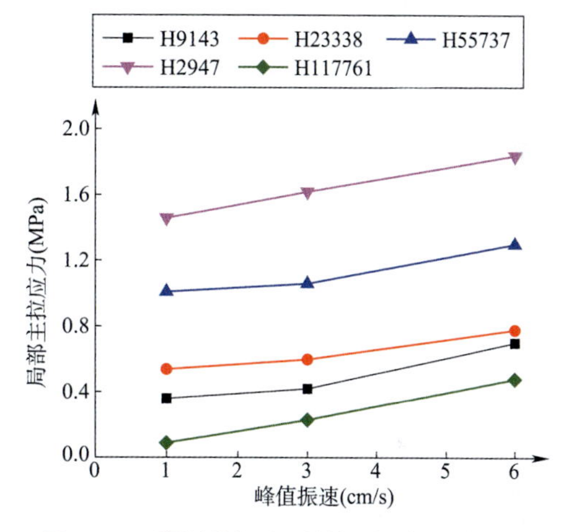

图3-20　不同峰值振速下结构局部单元主拉应力峰值曲线图

（2）随着峰值振速的增大，混凝土结构局部在爆破振动下的应力呈现逐渐增大趋势，表明输入爆破地震波的外力或者能量增大，结构的动力响应输出也会随之增大，而且引起结构较高应力峰值的次数也会逐渐增多，会增加结构损伤的可能性或加重结构的损伤程度。

（3）混凝土结构的应力集中部位爆破振速很低时，瞬间就会产生很高的拉应力，但随着峰值振速的增大，应力增加的幅度低于其他部位的增加幅度。较低振速时，二层顶楼板的应力集中带处（H55737）的主拉应力是楼板普通部位应力的2.8倍，随着振速的增大，应力高度集中部位的应力增长缓慢，二层顶楼板应力集中带处（H55737）应力变为楼板普通部位应力的1.9倍。但是引起结构较高应力峰值的次数会逐渐增多，会增加结构损伤的可能性或加重结构的损伤程度。

混凝土结构安全评价：峰值振速6.0cm/s下混凝土结构中的最大拉应力约为1.84MPa，小于C30等级以上混凝土的抗拉强度标准值2.01MPa，C30等级以上混凝土不会发生受拉破坏而开裂，混凝土结构在峰值振速6.0cm/s的爆破振动作用下是安全的。此外，在瞬态动力状态下，混凝土材料的动力强度会有所提升，所以，混凝土在该爆破振动作用下是安全的。

3.5 砌体砖墙振动应力特征与安全评价

3.5.1 砌体砖墙等效体积单元失效模式

砖墙采用等效体积单元，根据 p 的大小分为 3 种失效模式，如图 3-21 所示。

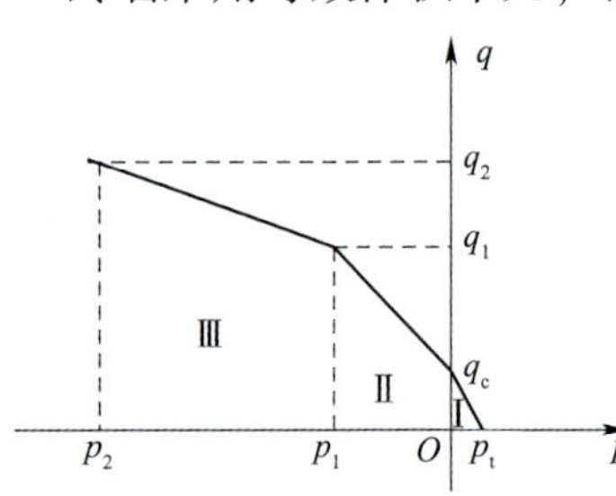

图 3-21　砌体砖墙等效体积单元失效模式

（1）$p \geqslant 0$，失效模式Ⅰ，砂浆首先发生受拉破坏，侧向或者水平位移没有受到限制，处于自由状态，砖块一般不会发生受拉破坏；

（2）$p_1 < p < 0$，失效模式Ⅱ，中围压下，砂浆和砖发生剪切破坏，侧向位移受到一定程度限制；

（3）$p \leqslant p_1$，失效模式Ⅲ，高围压下，砖被压碎破坏，侧向位移受到很强限制。

图中，p 为平均主应力；q 为广义剪应力；p_t为砂浆抗拉强度；p_1、p_2为砌体材料等效强度包络线的抗压强度参数；q_c、q_1、q_2为砌体材料等效强度包络线的抗剪强度参数。

q-p 曲线通常用于岩土类材料，如岩石、混凝土、土等。

$$p = \frac{1}{3}(\sigma_1 + \sigma_2 + \sigma_3) \tag{3-28}$$

$$q = \frac{1}{\sqrt{2}}\sqrt{(\sigma_1 - \sigma_2)^2 + (\sigma_2 - \sigma_3)^2 + (\sigma_3 - \sigma_1)^2} \tag{3-29}$$

式中，σ_1、σ_2、σ_3分别为最大主应力、中间主应力、最小主应力。

破坏过程中，最先可能发生受拉破坏，其次是剪切破坏，最后是压缩破坏。应力波的破坏形式主要有两种——拉伸破坏和剪切破坏，很少有材料表现为压缩破坏，因为还没有达到压缩破坏的阈值的时候可能由于泊松比导致的侧向拉力已经达到了极限。对于由砖和砂浆组成的等效体积单元而言，砂浆和砖均为脆性材料，等效体积单元受拉破坏是最容易发生的破坏。因此，本节砌体的破坏准则为受拉破坏，以最大主拉应力达到砂浆的极限抗拉强度为标准。

3.5.2 不同峰值振速下砌体砖墙主压应力特征

砌体结构在爆破地震波作用下以受压为主，首先分析峰值振速 1.0cm/s 下 Z 向施加爆破地震波引起的砌体第三主应力（最大压应力），主压应力分布云图如图 3-22、图 3-23所示。

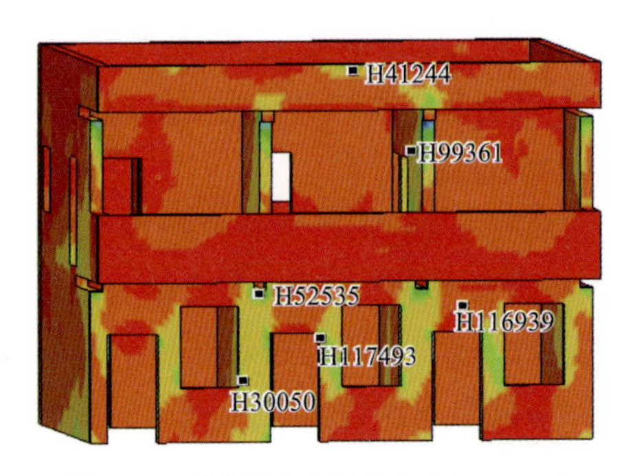

图 3-22　结构主压应力云图（t = 0.058s）

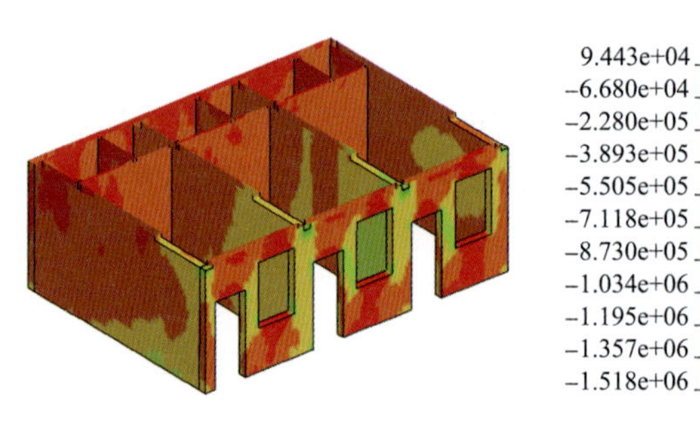

图 3-23　结构主压应力一层剖面图（t = 0.058s）

图 3-22、图 3-23 表明，压应力主要集中在底部的一层楼上，较高的应力出现在门角、窗角及与混凝土构件接触的局部部位，二层楼的应力集中区要明显小于一层楼，主要集中在二层楼前部薄弱的局部构件上，如前部的左右侧墙、中隔墙、女儿墙及与混凝土构件接触的局部部位。爆破地震波的能量首先输入一层楼，引起一层楼较为强烈的振动，使得一层楼在爆破振动下更容易受到损伤。爆破地震波能量沿着砖墙向上传播，能量不断衰减，砖墙过滤掉了地震波的高频成分，使其逐渐衰减为低频地震波，引起二层楼局部薄弱构件较为强烈的振动，使其产生较高的应力。

分析建筑物构件上的压应力时，将构件分为三类分别进行研究：

（1）应力集中部位：如窗角、门角及其他尖角部位。

（2）薄弱的局部振动较大的构件：如二层前端的两边侧墙、中隔墙、女儿墙等。

（3）砖墙与混凝土构件接触的部位：如挑梁与混凝土接触部位。

从以上三类构件中，分别从窗角（H30050）、门角（H117493）、砖墙与挑梁接触处（H52535）、中隔墙（H99361）、女儿墙（H41244）、纵墙（H116939）选择典型单元，单元标识号如图 3-22 所示，分别提取以上构件不同峰值振速下的单元主压应力波形，如图 3-24 ~ 图 3-29 所示。不同峰值振速下砌体局部主压应力峰值见表 3-3。

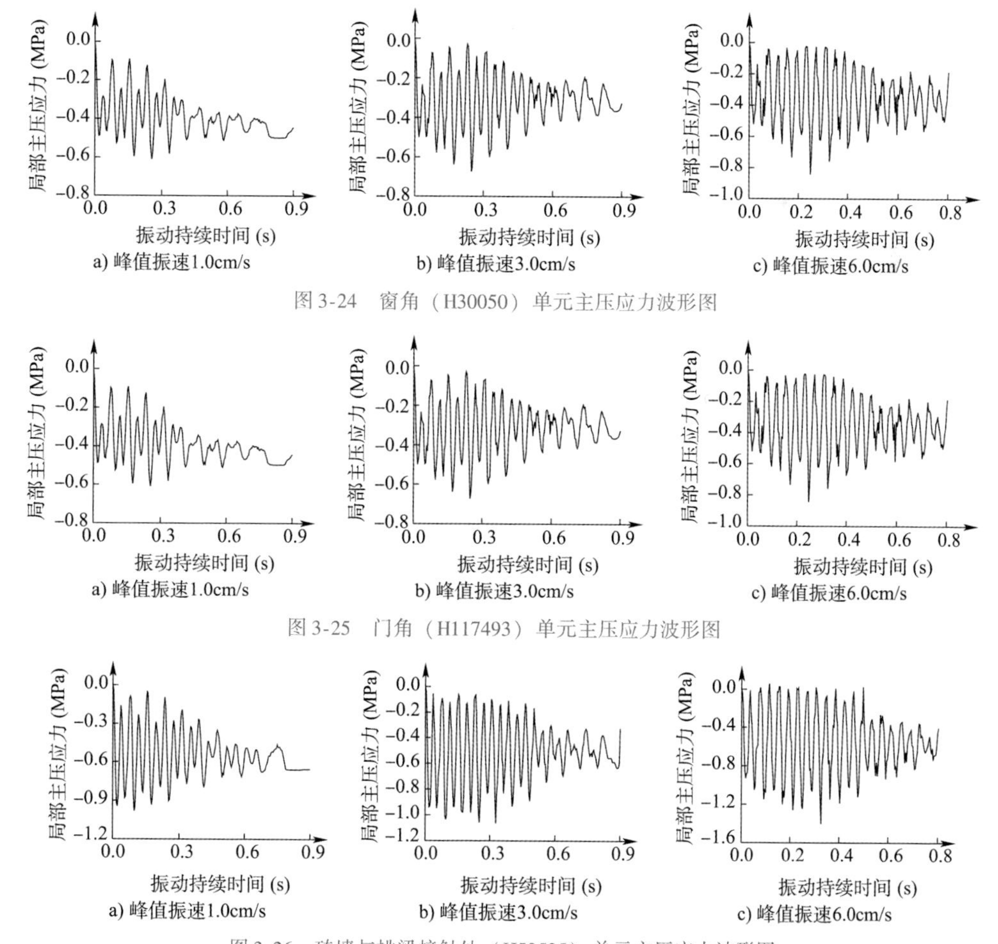

a) 峰值振速1.0cm/s　b) 峰值振速3.0cm/s　c) 峰值振速6.0cm/s

图 3-24　窗角（H30050）单元主压应力波形图

a) 峰值振速1.0cm/s　b) 峰值振速3.0cm/s　c) 峰值振速6.0cm/s

图 3-25　门角（H117493）单元主压应力波形图

a) 峰值振速1.0cm/s　b) 峰值振速3.0cm/s　c) 峰值振速6.0cm/s

图 3-26　砖墙与挑梁接触处（H52535）单元主压应力波形图

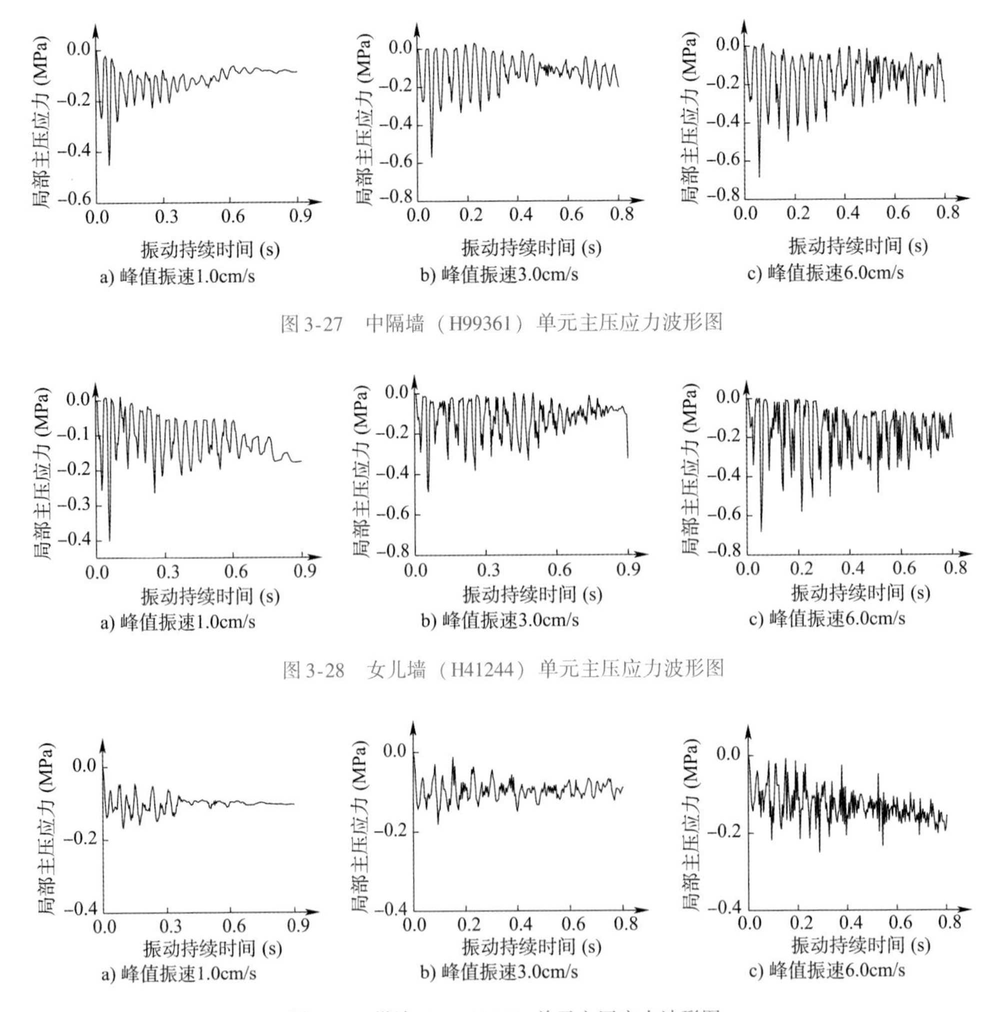

图 3-27 中隔墙（H99361）单元主压应力波形图

图 3-28 女儿墙（H41244）单元主压应力波形图

图 3-29 纵墙（H116939）单元主压应力波形图

不同峰值振速下砌体局部主压应力峰值 表 3-3

部位类型	部位名称	部位单元编号	主压应力峰值（MPa）			主压应力峰值比		
			1.0cm/s	3.0cm/s	6.0cm/s	1.0cm/s	3.0cm/s	6.0cm/s
主体承重结构	纵墙	H116939	0.17	0.18	0.25	1	1	1
局部构件	中隔墙	H99361	0.53	0.57	0.69	3.12	3.17	2.76
	女儿墙	H41244	0.40	0.49	0.68	2.35	2.72	2.72
应力集中处	窗角	H30050	0.61	0.67	0.84	3.59	3.72	3.36
	门角	H117493	0.76	0.88	1.12	4.47	4.89	4.48
楼板和砖墙接触处	挑梁和砖墙接触处	H52535	0.98	1.07	1.40	5.76	5.94	5.60

将砌体结构不同部位单元在不同峰值振速下的主压应力峰值绘成曲线如图 3-30 所示，不同峰值振速下结构局部构件单元的主压应力峰值比值曲线如图 3-31 所示，分析

应力的变化规律。

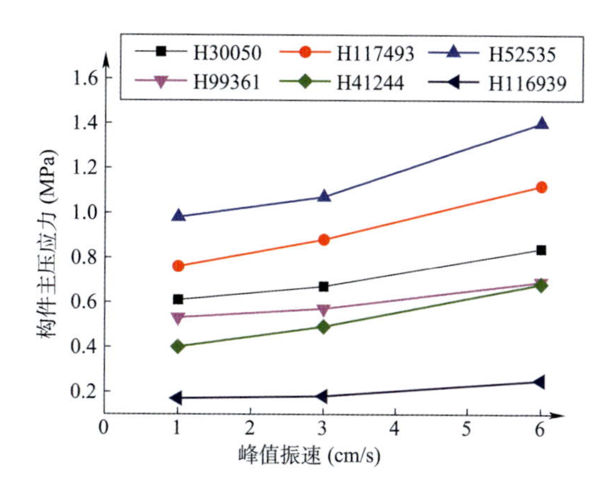

图 3-30　不同峰值振速下结构局部构件单元的主压应力峰值曲线图

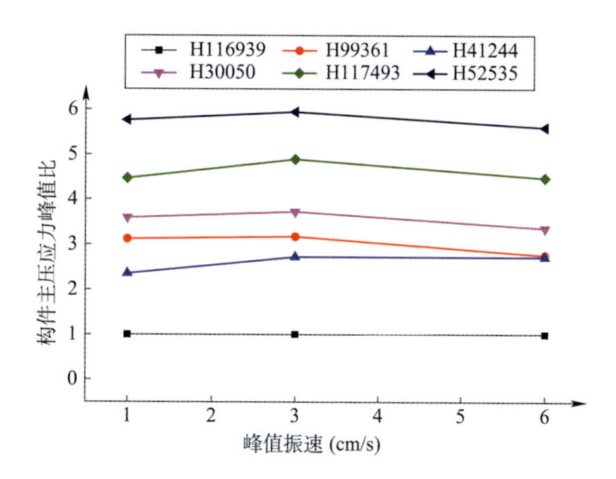

图 3-31　不同峰值振速下结构局部构件单元的主压应力峰值比值曲线图

根据表 3-3 和图 3-24 ~ 图 3-31，得出以下结论：

（1）与混凝土构件交界处的砖墙刚度突变，导致应力集中，该交界面处砖墙应力水平是最高的，容易发生损伤，其主压应力约是纵墙主压应力的 6 倍；其次应力水平较高的是门角、窗角，由于开洞在角部出现明显的应力集中，其主压应力是纵墙主压应力的 3 ~ 5 倍；接下来二层的某些局部薄弱构件，如中隔墙、女儿墙，由于局部振动较大，引起的应力水平相对较高，其主压应力是纵墙主压应力的 2 ~ 4 倍；砖墙的普通部位由于振动小，其应力水平是最低的。

（2）随着峰值振速的增大，砌体砖墙在爆破振动下的应力基本呈现线性增大趋势，表明输入爆破地震波的外力或者能量增大，结构的动力响应输出也会随之增大，而且引起结构应力的峰值也逐渐增多，会增加结构损伤的可能性或者加重结构的损伤程度。此外，不同部位的应力增加趋势也不同，砖墙普通部位的应力增加趋势较不明显。

（3）随着峰值振速的增大，不同构件的主压应力峰值比原来略增大，后又略减小，总体变化不大。这表明不同构件的主压应力峰值比与输入的爆破地震波的峰值振速关系不大。

3.5.3 不同峰值振速下砌体砖墙主拉应力特征

砌体砖墙属于脆性材料，抗拉强度较低，在很低的拉应力下砖墙就可能开裂，因此，需要重点分析砖墙的受拉应力状态，分析可能发生破坏的部位和破坏形式，这对于理解爆破振动作用下砌体结构的动力响应具有重要意义。

首先给出峰值振速 1.0cm/s 下 Z 向施加爆破地震波引起的砌体主拉应力分布云图，如图 3-32、图 3-33 所示。

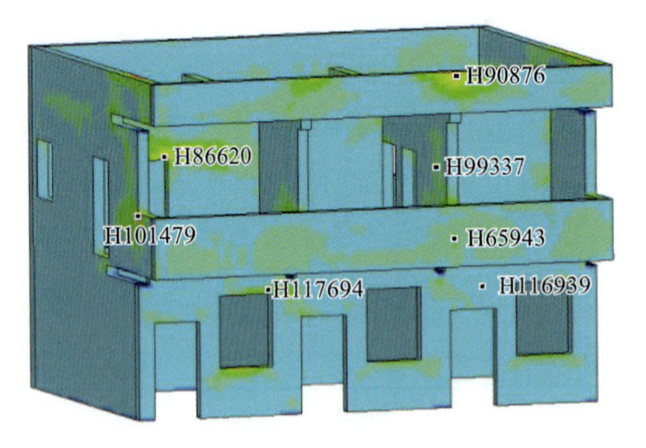

图 3-32　砖墙主拉应力云图（t = 0.101s）

图 3-33　一楼主拉应力剖面图（t = 0.101s）

从图 3-32、图 3-33 可以看出，砖墙以受压为主，受拉的部位较少，大部分部位的主拉应力值较低，砖墙的受拉应力较大的部位主要集中在门、窗洞的角部，以及砖墙与混凝土楼板相接触的部位。还有，砌体中局部振动较大的部位主拉应力水平也较高，如阳台、中隔墙及前端女儿墙，主要是因为高频爆破振动引起的是结构局部构件的较大振动以及到达二层的爆破地震波频率较低。

分析建筑物上构件的拉应力时，将构件也分为三类分别进行研究：

（1）应力集中部位：如窗角、门角及其他转角部位。

（2）薄弱的局部振动较大的构件：如阳台、中隔墙、女儿墙等。

（3）砖墙与混凝土楼板接触的部位：如一层、二层混凝土楼板与砖墙接触部位。

分别从纵墙（H116939）、门角（H86620）、窗角（H117694）、左侧墙窗角（H101479）、女儿墙（H90876）、阳台（H65943）和中隔墙（H99337）、一层楼板与砖墙接触处（H137665）选取典型单元，提取单元上主拉应力。单元标识号如图 3-32、图 3-33 所示，不同构件上单元主拉应力波形如图 3-34 ~ 图 3-41 所示。

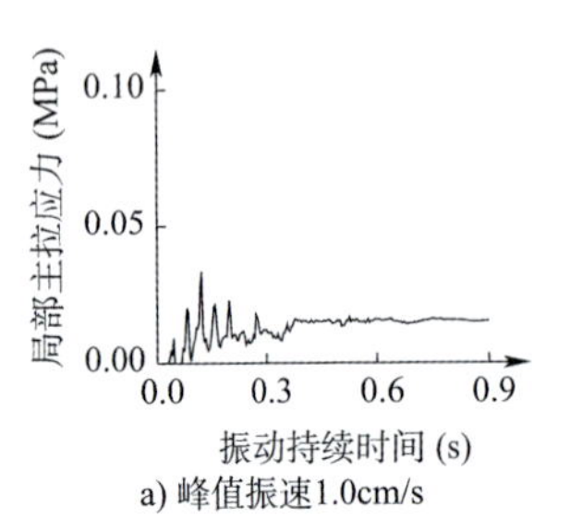

a) 峰值振速1.0cm/s

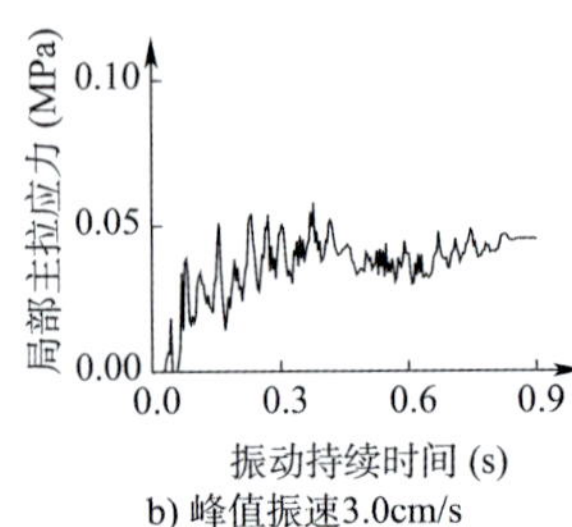

b) 峰值振速3.0cm/s

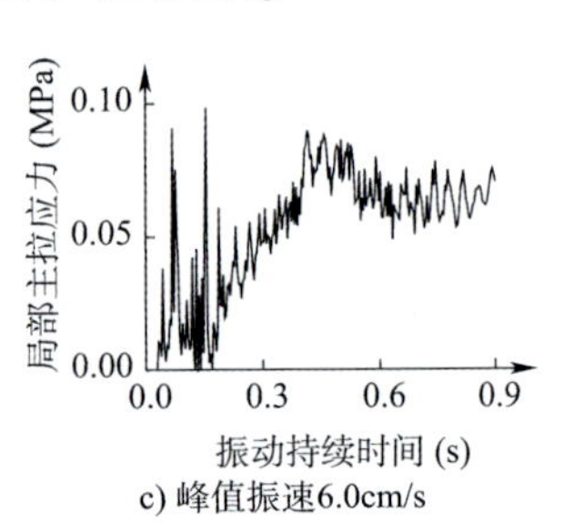

c) 峰值振速6.0cm/s

图 3-34　纵墙（H116939）单元主拉应力波形图

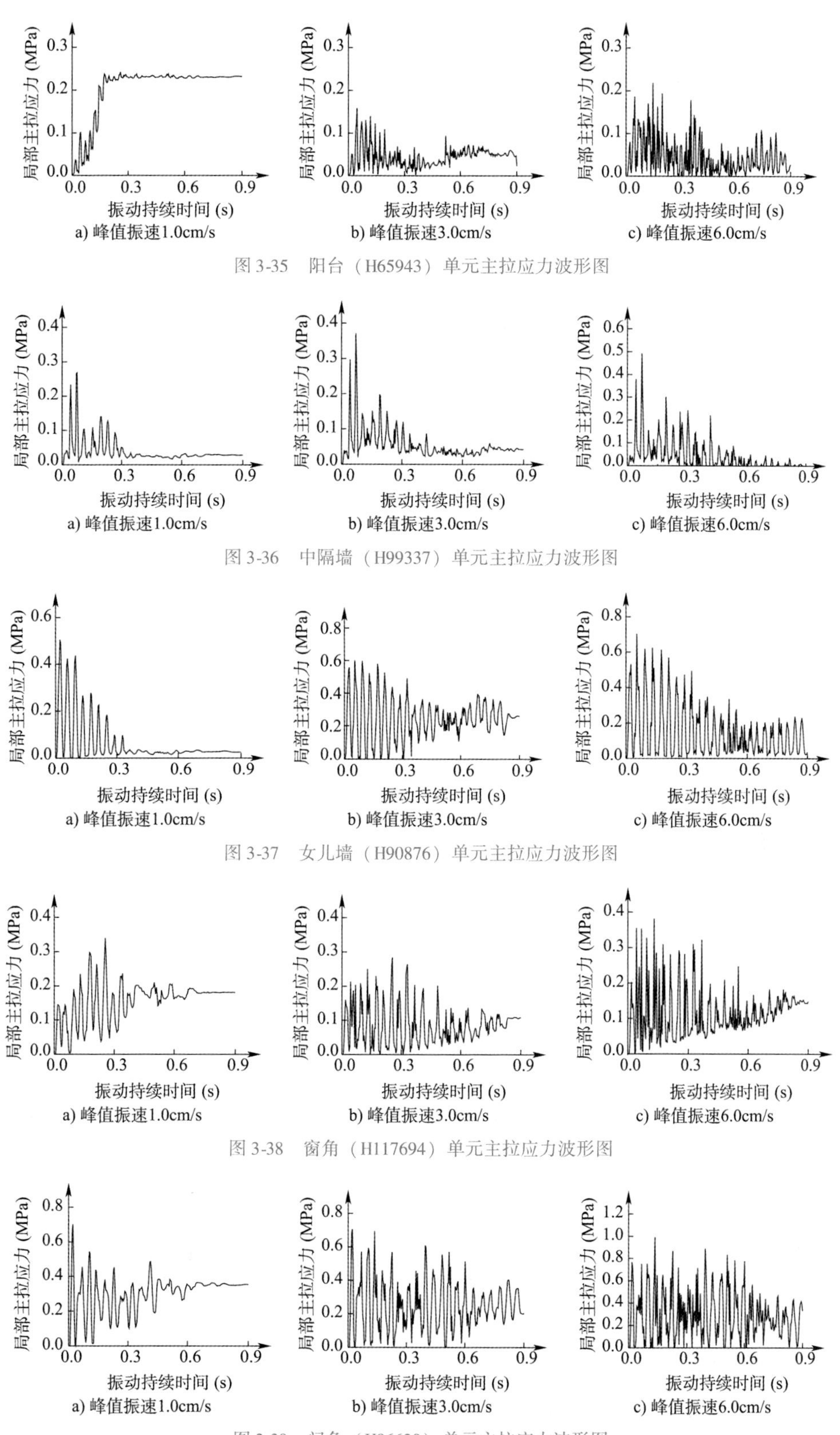

图 3-35　阳台（H65943）单元主拉应力波形图

图 3-36　中隔墙（H99337）单元主拉应力波形图

图 3-37　女儿墙（H90876）单元主拉应力波形图

图 3-38　窗角（H117694）单元主拉应力波形图

图 3-39　门角（H86620）单元主拉应力波形图

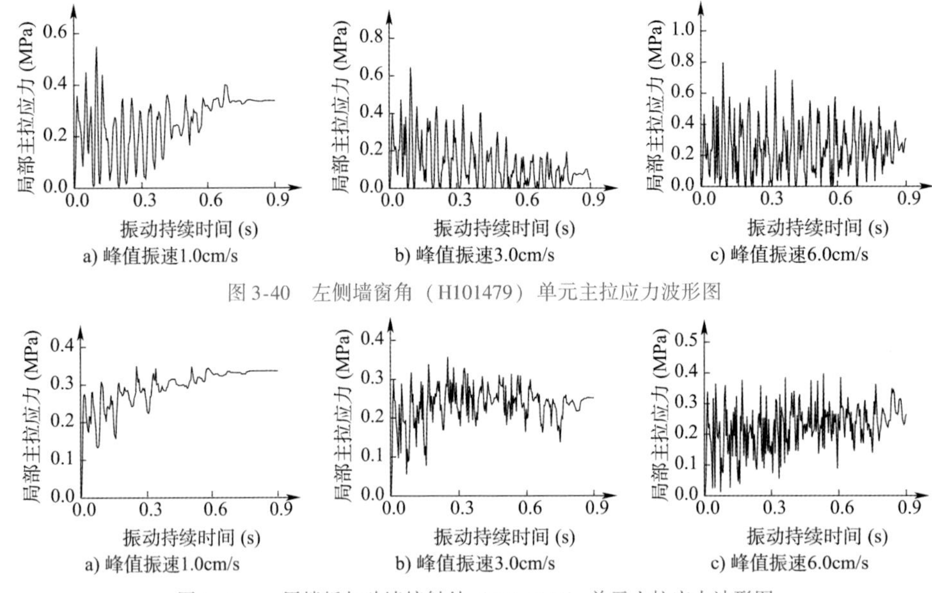

图 3-40　左侧墙窗角（H101479）单元主拉应力波形图

图 3-41　一层楼板与砖墙接触处（H137665）单元主拉应力波形图

分析了几个典型局部门角（H86620）、窗角（H117694）、中隔墙（H99337）的主拉应力波形的频谱图，如图 3-42 ~ 图 3-44 所示。

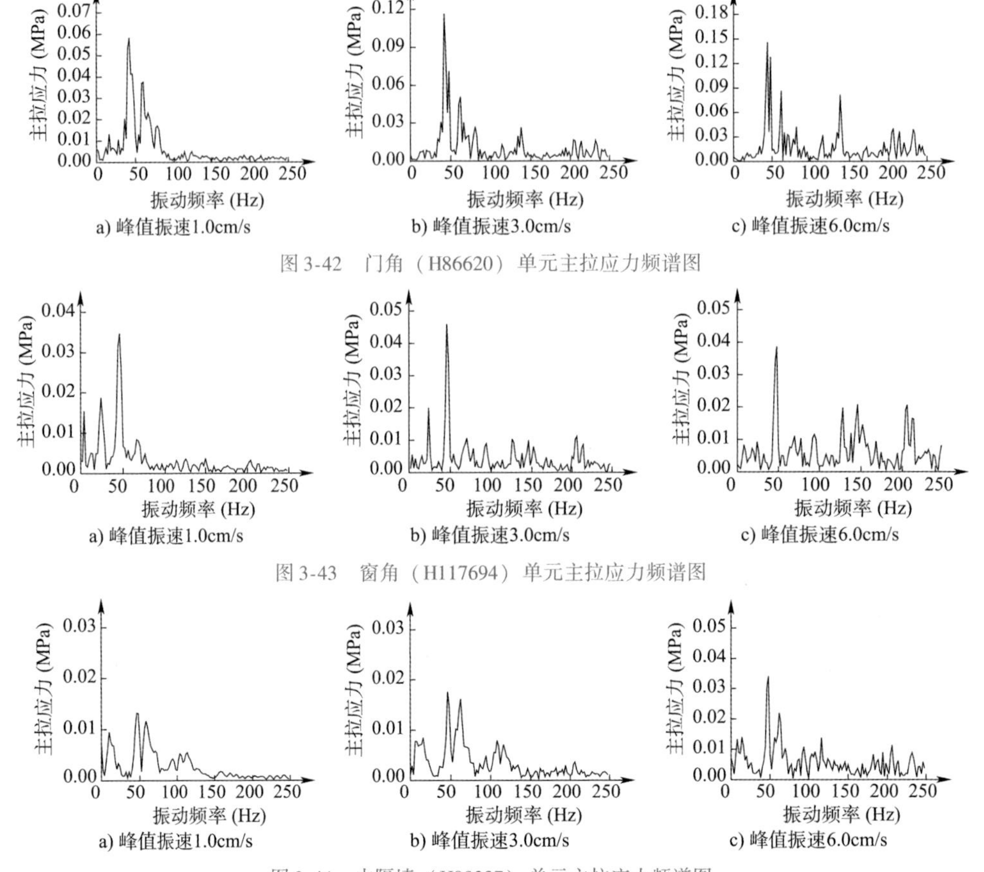

图 3-42　门角（H86620）单元主拉应力频谱图

图 3-43　窗角（H117694）单元主拉应力频谱图

图 3-44　中隔墙（H99337）单元主拉应力频谱图

砌体结构不同峰值振速下的主拉应力峰值及不同构件之间的主拉应力峰值比见表3-4。将砌体结构不同部位单元在不同峰值振速下的主拉应力峰值绘成曲线如图3-45所示，不同峰值振速下砖墙结构局部构件的单元主拉应力峰值比值曲线如图3-46所示，分析应力的变化规律。

不同峰值振速下的主拉应力峰值及不同构件之间的主拉应力峰值比　　表3-4

部位类型	部位名称	部位单元编号	主拉应力峰值（MPa）			主拉应力峰值比		
			1.0cm/s	3.0cm/s	6.0cm/s	1.0cm/s	3.0cm/s	6.0cm/s
主体承重结构	纵墙	H116939	0.034	0.058	0.098	1.00	1.00	1.00
高阶模态中局部构件	阳台	H65943	0.24	0.16	0.22	7.06	2.76	2.24
	中隔墙	H99337	0.27	0.37	0.49	7.94	6.38	5.00
	女儿墙	H90876	0.51	0.60	0.70	15.00	10.34	7.14
应力集中构件	窗角	H117694	0.34	0.28	0.38	10.00	4.83	3.88
	门角	H86620	0.70	0.71	0.99	20.59	12.24	10.10
	左侧墙窗角	H101479	0.55	0.65	0.80	16.18	11.21	8.16
楼板和砖墙接触处	一层楼板和砖墙接触处	H137665	0.35	0.36	0.40	10.29	6.21	4.08

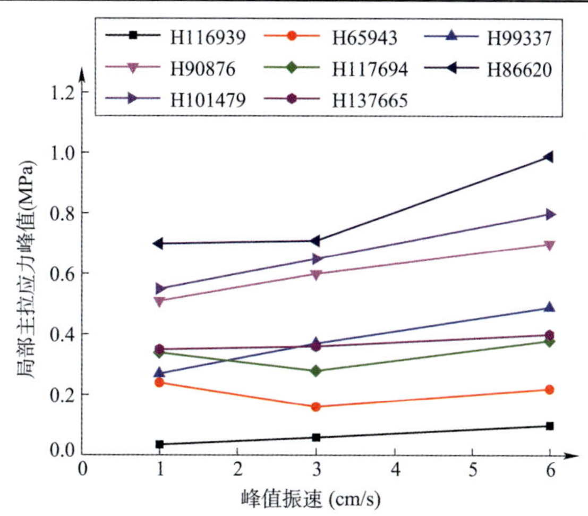

图3-45　不同峰值振速下砖墙结构局部构件的单元主拉应力峰值曲线图

根据表3-4和图3-34～图3-46，得出以下结论：

（1）纵墙上的主拉应力水平最低，随着峰值振速的增大，应力呈现增加趋势，但即使峰值振速达到6.0cm/s，纵墙的应力仍然仅有0.098MPa，远远低于砖墙或者砂浆的抗拉强度，在爆破振动下承重结构纵墙一般不会发生破坏。

（2）应力集中部位门角（H86620）、左侧墙窗角（H101479）、窗角（H117694）的主拉应力峰值较大，并以门角主拉应力峰值为最大，应力集中部位主拉应力是纵墙主拉应力的10～21倍，在峰值振速较低的爆破振动下可能产生较高的应力，是结构最容易发生损伤的部位。其次是结构局部振动较大的部位及楼板与砖墙接触的部位，如阳台、中隔墙、女儿墙等，尤以女儿墙（H90876）的主拉应力峰值最大，这些部位主拉应力是纵墙主拉应力的 7 ~ 15 倍。

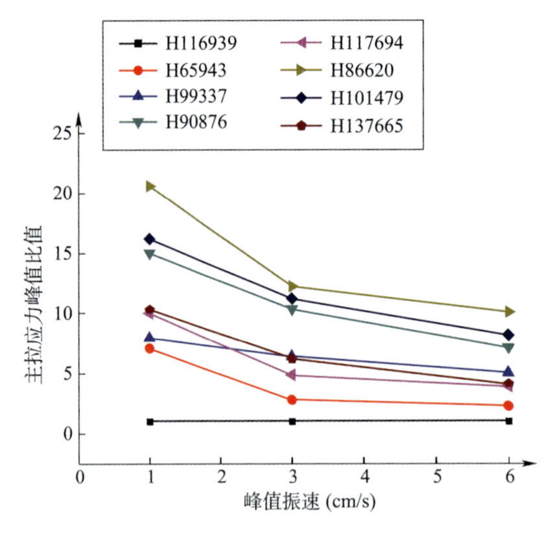

图 3-46　不同峰值振速下砖墙结构局部构件的单元主拉应力峰值比值曲线图

（3）随着峰值振速的增大，输入结构上的爆破地震波能量增大，砖墙大部分构件局部上的主拉应力呈现逐渐增大的趋势。不同构件上的主拉应力峰值比值不断减小，主要是因为承重纵墙上的主拉应力增大，使得构件上的主拉应力峰值比值降低，但是局部构件上的主拉应力仍然远远高于承重纵墙上的主拉应力。

（4）在输入爆破地震波的峰值振速较低的条件下，砖墙上局部的应力波频率以低频为主。随着输入峰值振速的逐渐增大，输入的能量增大，应力波的频率范围中高频的成分逐渐增多，而低频成分的比例逐渐降低。其原因是输入爆破地震波的峰值振速较低时，高频能量很快衰减，剩余低频成分，但是随着输入爆破地震波能量的增大，爆破地震波的能量在向上传播过程中衰减，更多地保留了原爆破地震波的高频成分。

3.5.4　超高频爆破振动下砌体砖墙主拉应力特征

为了分析爆破振动主频的变化引起结构主拉应力的变化规律，采用超高频爆破地震波和傅立叶频谱分析，如图 3-47、图 3-48 所示，其峰值振速为 13.637cm/s，频率大于 200Hz 的高频成分较多，主频为 327.148Hz。为了分析不同峰值振速的影响，分别对初始振速（13.637cm/s）乘 0.22、0.44，即峰值振速分别为 3.0 cm/s、6.0 cm/s 时，计算得到砌体局部主拉应力峰值，结果见表 3-5。

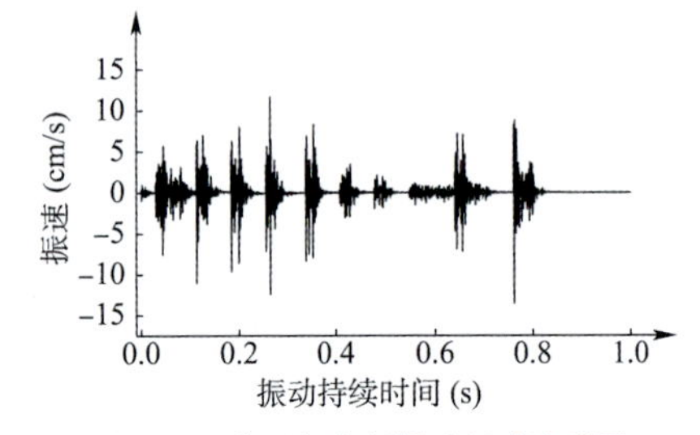

图 3-47　典型超高频爆破振动波形图

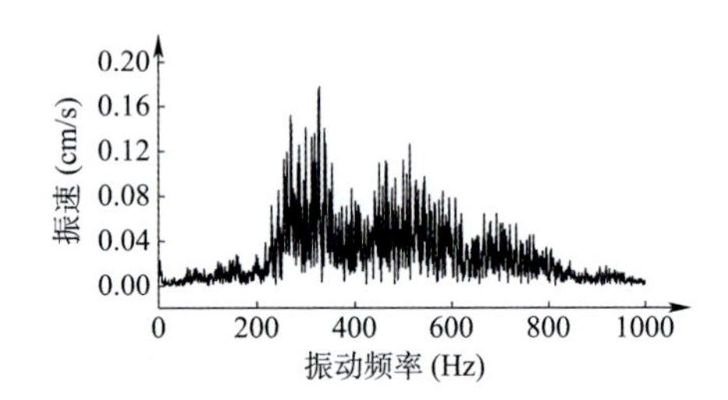

图 3-48　典型超高频爆破振动波快速傅立叶变换（FFT）频谱图

不同主频下砌体局部主拉应力峰值（Z 向） 表 3-5

部位类型	部位名称	部位单元编号	主拉应力峰值（MPa）			
			峰值振速 3.0cm/s		峰值振速 6.0cm/s	
			超高频 327Hz	高频 77Hz	超高频 327Hz	高频 77Hz
结构整体振动部件	纵墙	H116939	0.026	0.034	0.034	0.058
局部模态振动部位	阳台	H65943	0.08	0.24	0.087	0.16
	中隔墙	H99337	0.22	0.27	0.24	0.37
	女儿墙	H90876	0.52	0.51	0.47	0.60
应力集中部位	窗角	H117694	0.30	0.34	0.28	0.28
	门角	H86620	0.68	0.70	0.68	0.71
	左侧墙窗角	H101479	0.52	0.55	0.66	0.65
楼板与砖墙接触部位	一层楼板与砖墙接触处	H137665	0.27	0.35	0.29	0.36

从表 3-5 可以看出，对比分析相同峰值振速不同振动主频下引起的主拉应力可以看出，振动主频为 327Hz 的振动波相比主频 77Hz 的振动波引起的结构局部上的主拉应力要小，说明超高频振动下引起的应力要低于中高频振动下引起的应力，换句话说，结构上的应力随着振动主频的增大而逐渐减小。动力响应分析中，内力计算是以位移分析为基础的，在超高频振动下引起的结构位移相比中高频振动要小，计算得到的应力相应变小。所以，隧道爆破振动控制中振动主频越高，引起的结构应力水平越低，越有利于建筑物的安全。

3.5.5 水平振动对砌体砖墙主拉应力影响

在浅埋隧道爆破的近区，虽然爆破地震波引起的竖向振动一般大于水平振动，但是水平振动对建筑物的影响也不容忽视，尤其当水平振动波的频率较低，并且接近建筑物的低阶整体固有频率时。本小节分析 3 种工况下水平振动对建筑物局部主拉应力的影响，并与竖向振动引起的主拉应力进行对比分析。

1）峰值振速和振动频率相同且振动频率较高时不同方向振动引起的结构局部主拉应力

为了分析峰值振速和振动频率相同且振动频率较高时不同方向振动引起的结构局部主拉应力，分别对 X、Y 向施加峰值振速为 1.0cm/s 和 3.0cm/s 的高频爆破地震波（图 3-1），振动主频为 77Hz，主频远离二层砌体楼房 1 ~ 5 阶低阶整体固有频率 9 ~ 26Hz，计算得到不同局部的主拉应力峰值见表 3-6，绘成曲线如图 3-49、图 3-50 所示，并且与 Z 向施加振动波引起的局部主拉应力进行对比分析。

不同方向施加振动波引起的局部主拉应力峰值（X、Y、Z 方向均为高频） 表 3-6

部位类型	部位名称	部位单元编号	主拉应力峰值（MPa）					
			峰值振速 1.0cm/s			峰值振速 3.0cm/s		
			Z	X	Y	Z	X	Y
结构整体振动部位	纵墙	H116939	0.034	0.039	0.046	0.058	0.087	0.035

续上表

部位类型	部位名称	部位单元编号	主拉应力峰值（MPa）					
			峰值振速 1.0cm/s			峰值振速 3.0cm/s		
			Z	*X*	*Y*	*Z*	*X*	*Y*
局部模态振动部位	阳台	H65943	0.24	0.11	0.091	0.16	0.14	0.13
	中隔墙	H99337	0.27	0.24	0.25	0.37	0.27	0.26
	女儿墙	H90876	0.51	0.48	0.49	0.60	0.57	0.49
应力集中部位	窗角	H117694	0.34	0.29	0.29	0.28	0.34	0.24
	门角	H86620	0.70	0.67	0.68	0.71	0.68	0.69
	左侧墙窗角	H101479	0.55	0.49	0.47	0.65	0.55	0.50
楼板与砖墙接触部位	一层楼板与砖墙接触处	H137665	0.35	0.30	0.28	0.36	0.36	0.33
结构单元上最大主拉应力（MPa）			0.73	0.70	0.69	0.95	0.73	0.70

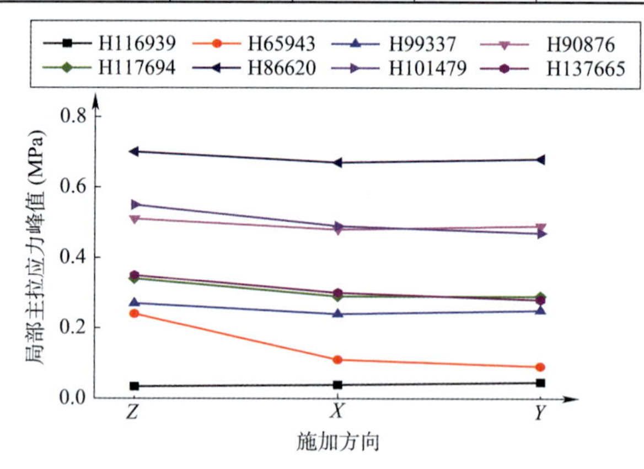

图 3-49　不同方向振速 1.0cm/s 局部主拉应力峰值

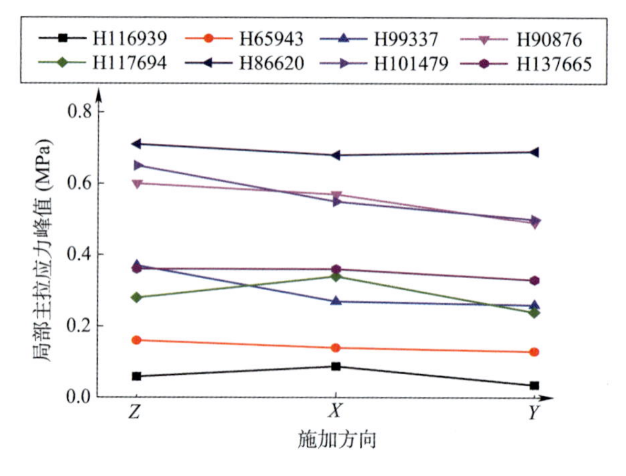

图 3-50　不同方向振速 3.0cm/s 局部主拉应力峰值

通过对比分析施加在 *X*、*Y*、*Z* 方向上高频爆破振动引起的局部主拉应力峰值可以得出以下结论：

（1）从表3-6可以看出，无论 X 方向还是 Y 方向，随着峰值振速的增加，结构局部上的主拉应力峰值总体均呈增大趋势，并且其增大趋势要小于竖向振动随峰值振速增加引起的局部应力增大趋势。

（2）从表3-6和图3-49、图3-50可以看出，对比 X、Y、Z 3个方向在相同的峰值振速下引起的局部主拉应力峰值，除了 X、Y 方向施加引起的纵墙质点的主拉应力峰值大于 Z 方向施加引起的主拉应力峰值外，对于其他局部构件，Z 方向引起的局部主拉应力峰值多数要大于 X、Y 方向，X 方向引起的局部主拉应力峰值略大于 Y 方向。从整个结构上单元的最大主拉应力也可以得出，Z 方向引起的最大主拉应力要大于 X 方向，X 方向大于 Y 方向。

因此，当爆破振动主频远离建筑物的低阶整体固有频率，分析相同峰值振速下 X、Y、Z 不同方向的高频爆破振动引起的局部主拉应力时，以 Z 向振动波分析结构局部主拉应力是可行的。

2）峰值振速和振动频率相同且振动频率较低时不同方向振动引起的结构局部主拉应力

为了分析峰值振速和振动频率相同且振动频率较低时不同方向振动引起的结构局部主拉应力，分别对 X、Y、Z 向施加峰值振速为1.0 cm/s的低频爆破地震波（图3-51），振动主频为22.5Hz，并且位于二层砌体楼房的1～5阶低阶整体固有频率9～26Hz范围内。隧道爆破实测的低频爆破振动波形如图3-51所示，其频谱分析如图3-52所示。计算得到不同方向施加振动波引起的局部主拉应力峰值见表3-7。

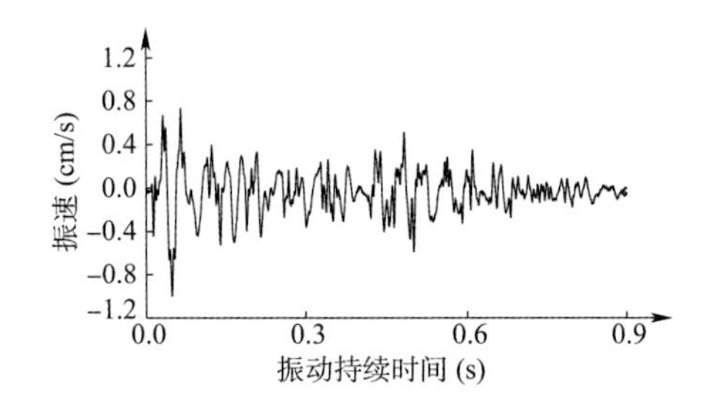

图3-51　低频爆破振动波形图

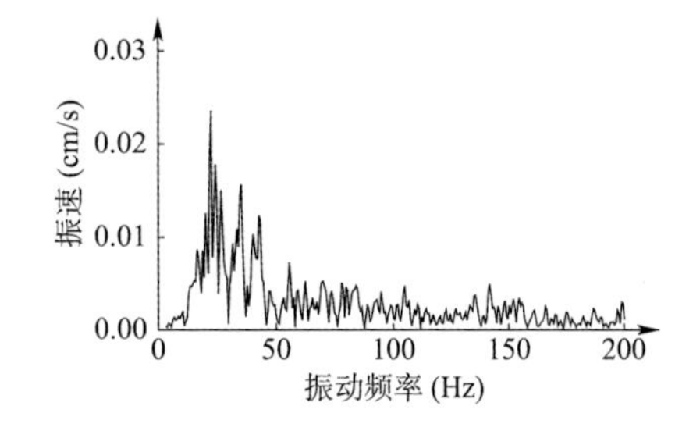

图3-52　低频爆破振动波形频谱图（主频22.5Hz）

不同方向施加振动波引起的局部主拉应力峰值（X、Y、Z 方向均为低频）　表3-7

部位类型	部位名称	部位单元编号	峰值振速1.0cm/s主拉应力峰值（MPa）		
			Z	X	Y
结构整体振动部位	纵墙	H116939	0.052	0.08	0.038
局部模态振动部位	阳台	H65943	0.092	0.12	0.079
	中隔墙	H99337	0.19	0.29	0.25
	女儿墙	H90876	0.48	0.50	0.48
应力集中部位	窗角	H117694	0.20	0.26	0.25
	门角	H86620	0.66	0.69	0.66
	左侧墙窗角	H101479	0.55	0.50	0.47

续上表

部位类型	部位名称	部位单元编号	峰值振速1.0cm/s主拉应力峰值（MPa）		
			Z	X	Y
楼板与砖墙接触部位	一层楼板与砖墙接触处	H137665	0.33	0.28	0.29
结构单元上最大主拉应力（MPa）			0.78	0.80	0.68

从表3-7可以看出：

（1）峰值振速相同条件下，较低频爆破振动（主频位于建筑物的低阶整体固有频率范围内）下X方向引起的局部主拉应力要普遍大于Z、Y方向，主要是因为X方向刚度较小，属于结构弱轴方向，振动较为强烈，引起的应力水平较高。

（2）从整个结构上单元的最大主拉应力可以得出，X方向引起的最大主拉应力要大于Z方向，Z方向大于Y方向。水平振动频率越低，越接近建筑物的低阶整体固有频率时，水平振动引起的局部上的主拉应力越大。

因此，爆破地震波的竖向和水平峰值振速相同，且振动主频较低（位于建筑物的低阶整体固有频率范围内）时，以水平弱轴方向的振动波分析结构局部主拉应力是可行的。

3）同时施加Z方向和X方向爆破振动波，分析局部主拉应力的变化规律

考虑两个方向施加爆破地震波，Z和X方向同时施加在结构上，Z方向仍然施加高频爆破地震波，峰值振速为1.0cm/s，振动主频为77Hz（图3-1）；在浅埋隧道爆破近区掌子面上方，考虑到水平振速一般小于竖向振速，X方向输入的爆破地震波的峰值振速考虑0.7的系数，峰值振速为0.7cm/s，对于水平振动波的频率分为两种情况考虑：第一种情况，X方向振动频率与Z方向完全一致，振动主频为77Hz（图3-1）；第二种情况，X方向考虑低频，振动主频为22.5Hz（图3-51），这更加符合实际情况，因为水平振动的主频一般要低于竖向振动主频。两种不同情况计算得到的结构局部上的主拉应力峰值见表3-8。

Z、X方向同时施加振动波引起的局部主拉应力峰值　　表3-8

部位类型	部位名称	部位单元编号	主拉应力峰值（MPa）		
			Z方向是高频，无X方向	$Z+X$（Z方向、X方向均是高频）	$Z+X$（Z方向是高频、X方向是低频）
结构整体振动部位	纵墙	H116939	0.034	0.019	0.045
局部模态振动部位	阳台	H65943	0.24	0.24	0.23
	中隔墙	H99337	0.27	0.30	0.31
	女儿墙	H90876	0.51	0.51	0.50
应力集中部位	窗角	H117694	0.34	0.36	0.32
	门角	H86620	0.70	0.69	0.70
	左侧墙窗角	H101479	0.55	0.55	0.61

续上表

部位类型	部位名称	部位单元编号	主拉应力峰值（MPa）		
			Z方向是高频，无X方向	Z+X（Z方向、X方向均是高频）	Z+X（Z方向是高频、X方向是低频）
楼板与砖墙接触部位	一层楼板与砖墙接触处	H137665	0.35	0.36	0.32
结构单元上最大主拉应力（MPa）			0.73	0.72	0.79

从表3-8可以看出：

（1）Z、X方向均是高频时，两个方向引起的局部主拉应力与只施加Z方向基本一致，主要是由于在高频时Z方向振动引起的局部上的应力要高于X方向振动，故增加X方向应力变化不大；

（2）Z方向是高频、X方向是低频时，同时施加Z方向、X方向引起部分单元的局部主拉应力要大于Z方向，Z、X方向组合时结构单元上的最大应力也大于Z方向，表明X方向为低频时，水平振动使得结构局部主拉应力有一定增大，增大的趋势与水平振动的频率有关，频率越低，越接近建筑物低阶整体固有频率，其引起的应力水平越高。

因此，水平振动为低频并且接近建筑物的低阶整体固有频率时，需要同时考虑竖向和水平振动的影响；水平振动为高频，并且远离建筑物的低阶整体固有频率时，可忽略其影响，只考虑竖向振动是可行的。

3.5.6 基于应力的砌体砖墙爆破振动安全评价

砖墙属于脆性材料，其抗压强度远远大于其抗拉强度，因此，爆破地震波作用下砌体受力状态以受压为主，很好地发挥了砖墙的抗压强度，且其主压应力均小于砖墙的抗压极限强度（1.5MPa），不足以引起砖墙的受压破坏。

砖墙的抗拉强度较低，由于应力集中，门角、窗角等应力集中部位在很低的峰值振速下就可能导致主拉应力超过抗拉强度，使其开裂；随着峰值振速增大，女儿墙、中隔墙、阳台及砖墙与混凝土楼板接触部位的主拉应力也很快会超过抗拉强度，使得这些部位开裂。

对于结构整体，即使峰值振速达到6.0cm/s，纵横墙的主拉应力也没有超过抗拉强度，整体不会发生开裂破坏。所以，爆破振动应该严格控制峰值振速，提高爆破振动主频，减少对结构局部构件引起的振动损伤。

3.6 多层建筑爆破振速与应力响应及安全评价

3.6.1 隧道工程及建筑物概况

大连南部滨海大道隧道工程是大连市最长的城市隧道工程，建成后将解决中山路西段的交通瓶颈问题，缓解大连市西部和南部的交通压力，拉近旅顺和城区西部与市中心的距离，加快城市化进程。

隧道场地位于辽东半岛南端，属构造剥蚀地形。隧址区地层自上而下为：第四系、基岩。隧址区第四系由全新统素填土及晚更新统坡积的含碎石粉质黏土组成。隧址区基岩为震旦系细河群桥头组石英岩夹板岩，部分地段为板岩夹石英岩，以Ⅳ级围岩为主。隧址区地下水以基岩裂隙为主，基岩裂隙水的赋存条件和富水程度受地形地貌、地层岩性及地质构造影响，具有明显的不均匀性。含水岩体有限，断裂褶皱构造不发育，水文地质条件较为简单，采用上下台阶法开挖，隧道施工如图 3-53 所示。

a) 西线隧道

b) 东线隧道

图 3-53　大连南部滨海大道隧道主线西线和东线隧道施工场景

大连南部滨海大道隧道主线西线 WK2 +180 ~ WK2 +380 段 200m 和东线 EK2 +300 ~ EK2 +720 段 420m 下穿同香山庄别墅区和居民区。

隧道主线西线正穿和侧穿 5 栋居民楼和别墅，覆土厚度为 40. 4 ~46. 2m；隧道主线东线正穿和侧穿 10 栋居民楼和别墅，覆土厚度为 31. 7 ~40. 1m。同香山庄始建于 2000 年，居民楼大多为 4 层或 5 层的砖混结构，别墅大多为 2 层或 3 层砖混结构。由于隧道埋深较小，砖混建筑物和别墅相比混凝土结构在隧道爆破振动下更容易产生损伤，房屋的安全性要求较高。隧道穿越多层及别墅建筑物情况如图 3-54 所示。

图 3-54　隧道穿越多层及别墅建筑物情况

3. 6. 2　多层建筑爆破振动测试及爆破振动衰减特性

1）隧道爆破振动测试方案

在隧道上方选择一栋典型的 5 层砖混建筑物，如图 3-55 所示，隧道爆破区域位于西侧单元房屋下部，该处隧道埋深为 35. 4m，与东侧单元最近距离为 13. 6m，该处隧道埋深为 36. 1m。通过现场调研和实测得知，5 层砖混建筑物总高约 16. 0m，层高约

3.0m。东侧单元东西纵向长约 15.0m，南北横向宽约 14.6m，西侧单元东西纵向长约 14.6m，南北横向宽约 14.5m，东侧和西侧单元房屋前后错开约 7.3m，上下错开约 1.6m，西侧单元比东侧单元低 1.6m。建筑物与隧道爆破位置平面布置如图 3-56 所示。

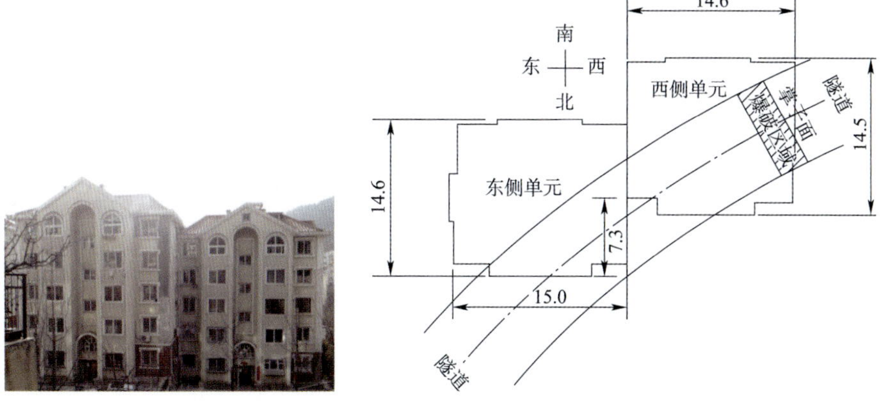

图 3-55 典型 5 层砖混建筑物实景　　图 3-56 建筑物与隧道爆破位置平面图（尺寸单位：m）

5 层砖混建筑物振动测试系统包括：YSV8116-16 通道 24 位网络信号采集仪、YSV202 型振动传感器（0.17～100Hz，水平方向）、YSV 工程测试和信号分析软件、笔记本电脑、导线若干。测试系统连接如图 3-57 所示。

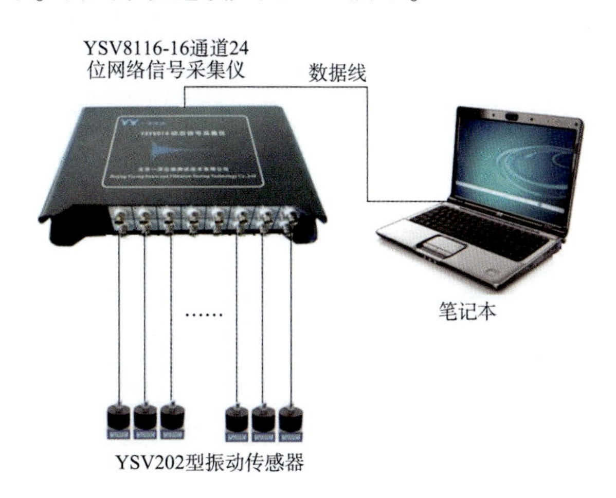

图 3-57 爆破振动试验测试系统

试验采用同步测试法，即在各层均布置传感器后同步采集结构响应信号，以提高测试精度。砖混建筑物测试时共布置测点 16 个，分别在东西两侧单元建筑物 2～5 层楼梯平台处布置纵向（南北方向）和横向（东西方向）测点各 1 个，总计纵向测点 8 个（H1～H8），横向测点 8 个（H9～H16），测点布置如图 3-58 所示。传感器安装时需与测量方向保持一致，底部采用石膏固结，同时需防止振动或人为干扰。电缆采用双屏蔽技术，以防止外部电磁干扰和通道间干扰。隧道爆破振动激励下采样频率为 1024Hz，爆破振动持续 1～2s，采样持续 5min。现场安装好的传感器如图 3-59 所示，现场振动试验测试系统如图 3-60 所示。

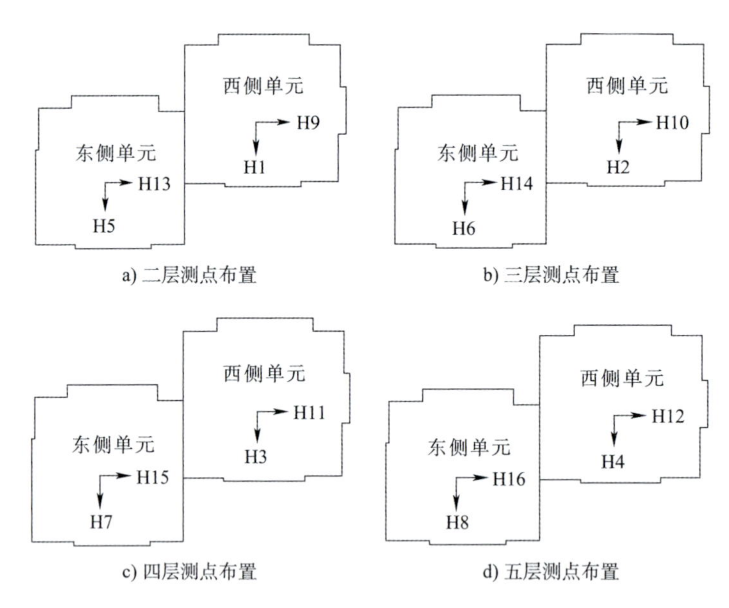

a) 二层测点布置　b) 三层测点布置

c) 四层测点布置　d) 五层测点布置

图 3-58　爆破振动试验测点布置图

图 3-59　现场安装的传感器

图 3-60　现场振动试验测试系统

2）不同楼层爆破振动衰减特征

通过进行振动测试，主要采集水平方向振速，分别获取了 16 组隧道爆破振动激励下的建筑物动力反应振动波，从中选取典型的振动波数据，进行频谱分析。隧道爆破激励的西侧单元南北方向测点振速及频谱如图 3-61、图 3-62 所示。

从图 3-61、图 3-62 可以看出，隧道爆破振动下多层建筑物典型测点的振速为 0.16 ~ 0.51cm/s，振动主频位于 15 ~ 50Hz 之间。

分别从东西两侧单元总计 16 组不同楼层测点的爆破振动数据中提取峰值振速，绘制成曲线，分析隧道爆破振动下不同楼层的水平方向振动反应特征。西侧单元不同楼层测点振速如图 3-63 所示，东侧单元不同楼层测点振速如图 3-64 所示。

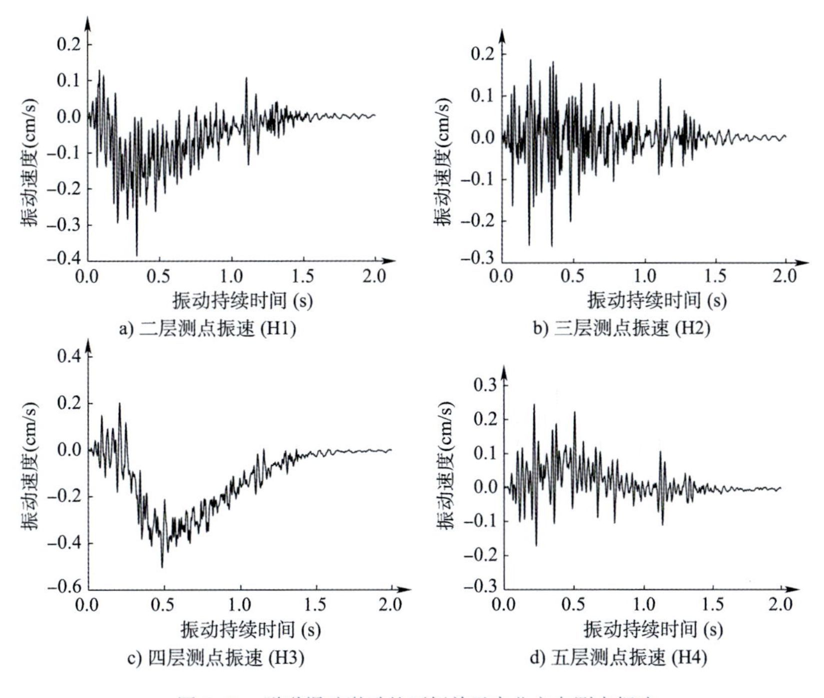

图 3-61　隧道爆破激励的西侧单元南北方向测点振速

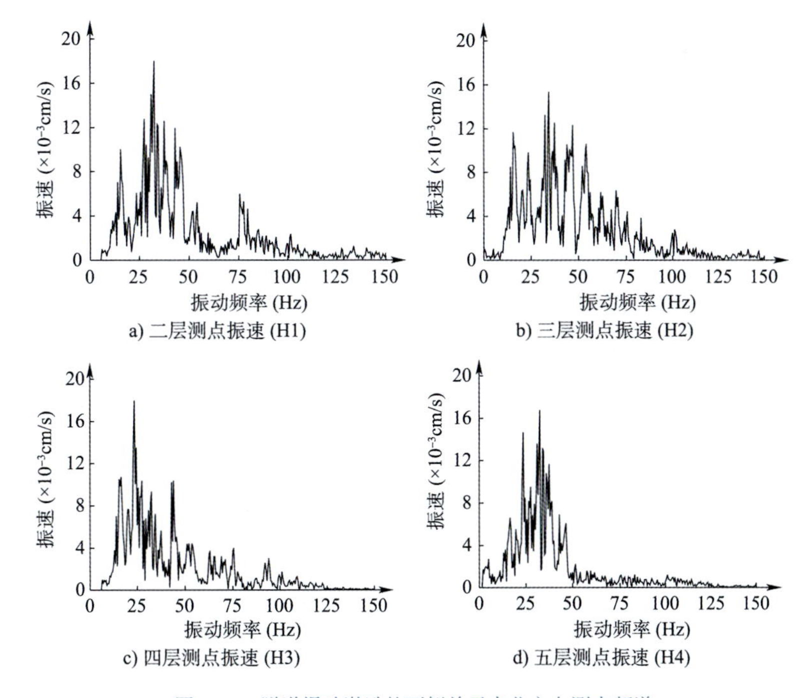

图 3-62　隧道爆破激励的西侧单元南北方向测点频谱

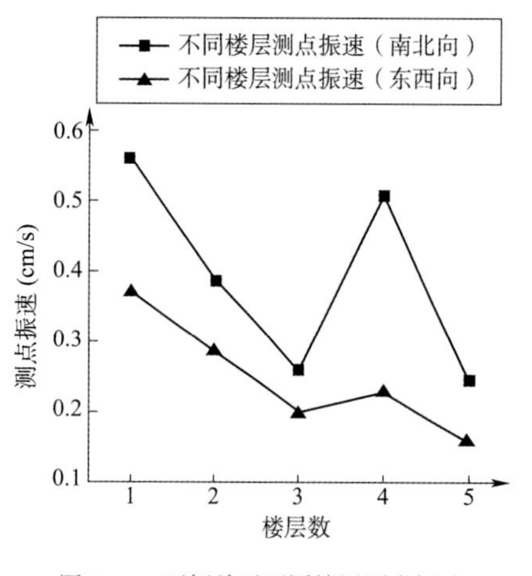

图 3-63　西侧单元不同楼层测点振速

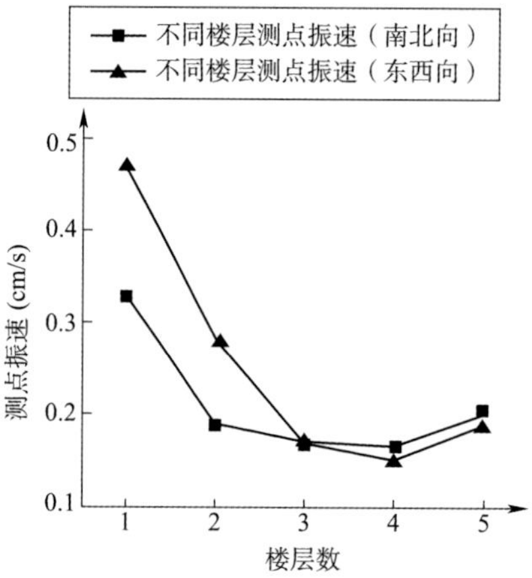

图 3-64　东侧单元不同楼层测点振速

从图 3-63 可以看出，位于隧道爆破掌子面上方西侧单元南北方向和东西方向的测点水平方向的振速均随着楼层增高先减小，后增大，后又减小。

从图 3-64 可以看出，距离隧道爆破掌子面较远的东侧单元南北方向和东西方向的测点的水平方向振速均随着楼层增高先减小，后又增大，假如继续沿楼层向上传播，振速则会减小。

以西侧单元不同楼层测点水平方向振速变化规律（图 3-63）为例，分析其主要原因如下：

（1）隧道爆破地震波到达地面时，峰值振速较高，振动主频也较高，从图 3-62a）、b）可以看出二、三两层的振动主频均较高且相差不大。爆破地震波沿楼层向上传播过程中，能量逐渐衰减，从而导致峰值振速减小。

（2）爆破地震波能量随着传播距离增大，高频地震波能量逐渐衰减，地震波以低频为主，从图 3-62b）、c）可以看出四层比三层的振动主频低。当振动主频降低至与建筑物或局部构件的固有频率接近或者一致时，建筑物或局部构件将发生较大振幅的共振，产生明显的放大效应，测点振速明显增大。

（3）爆破地震波继续向上传播过程中，爆破地震波的频率为低频，从图 3-62c）、d）可以看出五层和四层的振动主频均较低且相差不大，但是随着传播过程中爆破地震波能量衰减，测点的振速减小。

爆破地震波在沿建筑结构向上传播过程中，能量、频率的衰减引起建筑物的振动反应是十分复杂的，与建筑物的结构形式、高度、建筑物与爆源的距离、装药量等因素都是密切相关的。

3.6.3　多层建筑高阶模态振动特性

采用通用有限元程序 ANSYS16.0 建立五层砖混建筑楼房结构有限元模型。楼房实体模型及有限元模型如图 3-65 所示。

构件采用实体 SOLID164 六面体单元，材料参数取值参考相关文献。通过现场实测可知，五层楼的有限元模型建模几何参数如下：长 15m、宽 14.6m、高 15m，楼高 3m，楼板厚0.1m，墙厚0.24m。建模过程重点考虑建立五层房屋的全结构模型，除了承重构件，还包含非承重构件，如门、窗、填充墙、隔墙，忽略屋顶及阁楼。模型建成后，共177904个关键点，111943个单元。

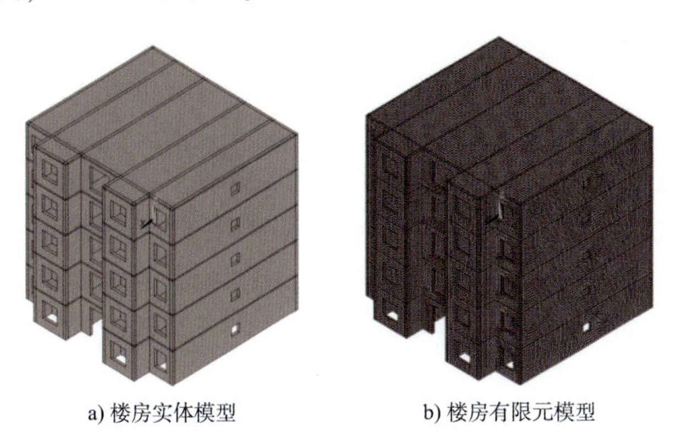
a) 楼房实体模型　　b) 楼房有限元模型

图3-65　五层砖混建筑楼房实体模型及有限元模型

模型建立后，采用Block Lanczos法计算五层砖混建筑楼房1～20阶固有频率和振型，频率分析结果如图3-66所示。

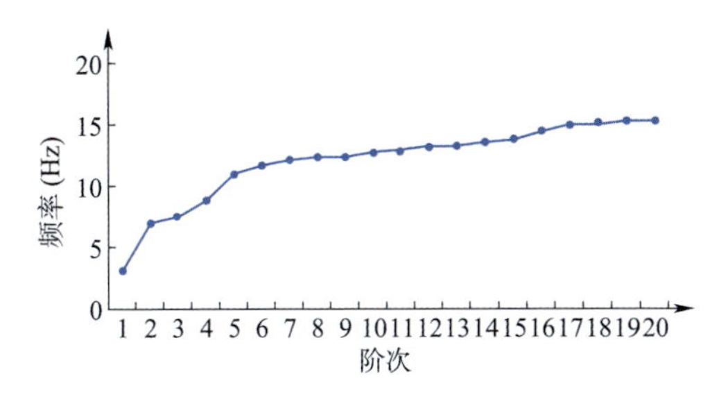

图3-66　五层楼结构固有频率随阶次变化图

从图3-66可以看出，五层砖混建筑楼房固有频率变化特征如下：1～20阶固有频率为3.17～15.41Hz，其中1～5阶频率增长较快，6～20阶频率增长缓慢，呈现密集模态形式，一般高阶模态具有密集模态的特点。根据固有频率的变化特征，可将振型划分为低阶模态整体振型和高阶模态局部振型。在隧道高频爆破振动下，高阶模态能比低阶模态更好地反映建筑物的局部损伤情况。详细分析如下：

（1）1～5阶为低阶模态，固有频率为3.17～11.05Hz，对应结构的整体振型分别表现为横向一次弯曲、纵向一次弯曲、扭转、横向二次弯曲、纵向二次弯曲。

（2）6～20阶为高阶模态，固有频率为11.75～15.41Hz。随着结构阶次逐渐增大，结构的振型也从整体振型转变为局部振型，即结构整体并未表现出较大的位移变形，而右侧墙体、前端墙体、顶部楼板和中隔墙等部位变形较大，表现出明显的局部模态特点。这些高阶局部模态中振动较大的构件在爆破振动下极易发生损伤，因此以上构件在数值分析中应作为重点研究的局部构件。

3.6.4　多层建筑结构主压应力特征

现场一共测得23组有效爆破地震波，从中选取一组典型的爆破地震波，如图3-67

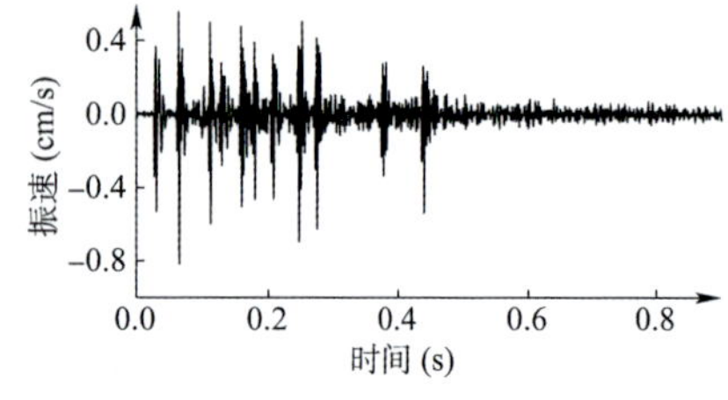

图3-67　典型地震波（峰值振速 0.82cm/s）

所示，并分别乘系数 1.22、3.66、7.32，使其峰值振速增大为 1.0cm/s、3.0cm/s、6.0cm/s，以分析不同峰值振速下的结构应力响应。

分析五层楼结构在不同峰值振速爆破地震波作用下的第三主应力（最大主应力），主压应力分布云图如图 3-68 所示。

从图 3-68 可以看出，主压应力主要集中在右侧墙体、前端墙体、顶部楼板和中隔墙等部位，从中选取典型单元，如窗角 a（H11324）、窗角 b（H8342）、门角 c（H31697）、中隔墙 d（H75279）、承重纵墙 e（H4659）、右侧窗角 f（H25143）和顶部楼板 g（H44705），如图 3-69 所示，分别提取以上单元构件在不同峰值振速下的单元主压应力特征，见表 3-9。

图 3-68　结构主压应力云图

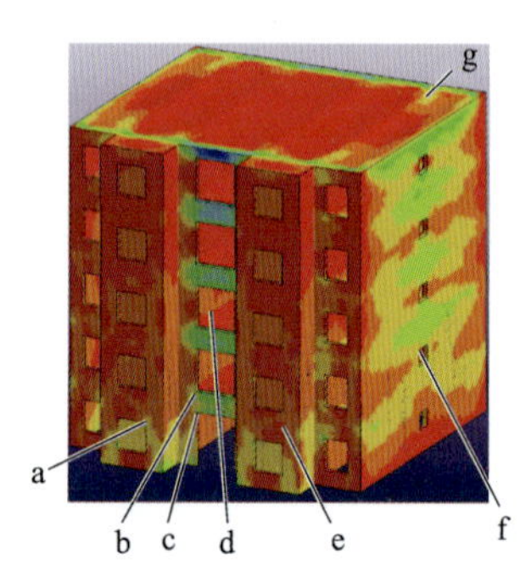

图 3-69　单元选取示意图

不同峰值振速下砌体局部主压应力特征　　表 3-9

部位类型	部位名称	部位单元编号	主压应力峰值（MPa）			主压应力峰值比值		
			1.0cm/s	3.0cm/s	6.0cm/s	1.0cm/s	3.0cm/s	6.0cm/s
结构主体	承重纵墙 e	H4659	0.15	0.16	0.21	1.00	1.00	1.00
应力集中处	窗角 a	H11324	0.59	0.75	0.79	3.93	4.69	3.76
	窗角 b	H8342	0.31	0.34	0.39	2.07	2.13	1.86
	门角 c	H31697	1.22	1.31	1.43	8.13	8.19	6.81
	右侧窗角 f	H25143	1.23	1.26	1.29	8.20	7.88	6.14
高阶模态局部构件	中隔墙 d	H75279	0.75	0.84	0.96	5.00	5.25	4.57
	顶部楼板 g	H44705	1.19	1.31	1.34	7.93	8.19	6.38

从表 3-9 可以看出：

（1）以峰值振速 1.0cm/s 为例，五层楼中主压应力较大的部位是门角 c、右侧窗角 f 和顶部楼板 g 处，其主压应力是承重纵墙 e 的 7.93 ~ 8.20 倍；次高的是中隔墙 d 处和窗角 a、窗角 b 处，其主压应力是承重纵墙 e 的 2.1 ~ 5.0 倍；最低的是承重纵墙 e，在 1cm/s 峰值振速下，主压应力仅为 0.15MPa。

（2）随着峰值振速的增加，多层建筑物局部构件的主压应力峰值均会增大。但是主压应力峰值的比值先增大后又减小，其主要原因是承重纵墙应力增加先慢后快。

3.6.5 多层建筑结构主拉应力特征与安全评价

分析五层楼结构在不同峰值振速爆破地震波作用下的主拉应力变化，主拉应力分布云图如图3-70所示。

从图3-70可以看出，大部分结构主拉应力值较低，较高的部位集中在门角、窗角及中隔墙处。从中选取典型单元窗角a（H9706）、窗角b（H7976）、窗角c（H1244），门角d（H31697）、中隔墙e（H75311）、承重纵墙f（H4060）、右侧墙面窗角g（H14749）、顶部楼板h（H44551），如图3-71所示，提取以上构件在各峰值振速下的单元主拉应力峰值，见表3-10。

图3-70 主拉应力分布云图

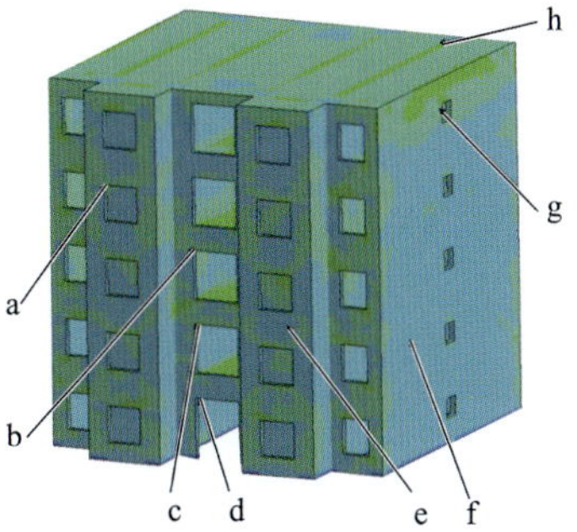

图3-71 单元选取示意图

不同峰值振速下砌体局部主拉应力峰值　　表3-10

部位类型	部位名称	单元编号	主拉应力峰值（MPa）			主拉应力峰值比值		
			1.0cm/s	3.0cm/s	6.0cm/s	1.0cm/s	3.0cm/s	6.0cm/s
主体结构	承重纵墙f	H4060	0.08	0.09	0.093	1.00	1.00	1.00
应力集中部位	窗角a	H9706	0.76	0.81	0.93	9.50	9.00	10.00
	窗角b	H7976	0.657	0.787	0.966	8.21	8.74	10.39
	窗角c	H1244	0.71	0.82	0.97	8.88	9.11	10.43
	门角d	H31697	0.771	0.844	0.936	9.64	9.38	10.06
	右侧墙面窗角g	H14749	0.87	0.91	1.07	10.88	10.11	11.51
高阶模态	中隔墙e	H75311	0.69	0.78	0.91	8.63	8.67	9.78
	顶部楼板h	H44551	1.01	1.06	1.11	12.63	11.78	11.94

从表3-10可以看出：

（1）以峰值振速1.0cm/s为例，五层楼中主拉应力最大的部位为顶部楼板h，由于其约束作用较弱，在爆破振动下局部易发生强烈振动，其主拉应力大约是承重纵墙主拉应力的12.63倍；其次是窗角a、窗角b、窗角c、门角d、右侧墙面窗角g等应力集中处，其主拉应力是承重纵墙主拉应力的8.21~10.88倍；再次是高阶模态局部振动较大的中隔墙e处，其主拉应力大约是承重纵墙主拉应力的8.63倍；应力水平最低的是承重纵墙部位，在6.0cm/s峰值振速下，主拉应力仅为0.093MPa。

（2）随着峰值振速的增加，多层建筑物局部构件的主拉应力增大，可能发生损伤的构件逐渐增多。

（3）随着峰值振速的增加，多层建筑物局部构件的主拉应力峰值比值逐渐增大，表明局部构件应力增加的水平要高于承重纵墙，也从侧面说明局部构件大多会先于承重构件发生损伤。

（4）对于多层砖混建筑物，由于砖墙的抗拉强度较低，隧道爆破振动下应力较高的部位将产生开裂，主要发生在门角、窗角、中隔墙、顶部楼板等部位。对于结构整体，即使峰值振速达到6.0cm/s，承重纵墙的主拉应力也未超过抗拉强度，整体不会发生开裂破坏。

第4章

建筑结构爆破振动损伤分布特征和智能识别方法

隧道采用钻爆法施工时，爆破振动控制不佳极易造成周边建筑物开裂和破坏，影响人民生命、财产和社会公共安全，建筑物爆破振动损伤开裂已成为社会广泛关注的焦点和难点问题。目前，建筑物爆破振动损伤开裂难以实现准确快速鉴定，缺乏相应评价方法、规范标准和技术手段，主要存在两个问题：一是如何区分隧道爆破振动和其他荷载作用下造成的建筑物损伤分布特征，为建筑物损伤评价奠定理论基础；二是如何利用先进识别方法和技术手段实现对建筑物爆破裂缝的监测和精准快速识别。

因此，基于建筑物爆破振动响应和损伤特征研究成果，阐明隧道爆破振动下不同形式建筑物损伤分布特征的共同点和差异点，提出隧道爆破振动下建筑物损伤分析和评价方法及建议，并提出基于无人机摄影测量和图像处理的建筑物爆破新生裂缝智能快速识别方法，以期为隧道爆破振动下建筑物损伤评估和鉴定提供理论依据和技术支持。

4.1 不同形式建筑物爆破振动响应和损伤分布特征对比

4.1.1 爆破振动响应和损伤分布特征共同点

（1）建筑物均具有低阶模态和高阶模态两种模态，其中低阶模态以整体变形为主，高阶模态以局部构件变形为主，局部振动较大的构件主要是阳台、女儿墙等突出构件及中隔墙、填充墙、门和窗边墙等约束较弱的薄弱构件。隧道爆破振动主要引起建筑物高阶模态局部构件较为强烈的振动，且建筑物整体变形较小，在峰值振速6.0cm/s时仅达到1~2mm。地震工程中常用的弹性层间位移标准并不适用于评价建筑物爆破振动安全。

（2）隧道爆破振动作用下，无论是低层砌体还是多层砖混建筑物，损伤主要发生在门角、窗角等应力集中部位，高阶模态中局部振动较大的构件如中隔墙、阳台、顶部楼板等处，刚度突变处、预制构件接缝等部位。在隧道爆破施工中，应重点监控上述部位，防止其因强烈的爆破振动而发生破坏。

（3）对于砌体和砖混建筑物来说，主压应力和主拉应力最低的部位都是承重纵墙部位，且在较高的峰值振速下，其主拉应力均小于抗拉强度，即主体承重结构一般不会发生破坏。对于框架、剪力墙等混凝土建筑物来说，梁、板、柱、剪力墙等主体混凝土结构一般不会发生破坏。

（4）随着峰值振速的增大，建筑物局部构件上的主压应力和主拉应力都会增大。隧道爆破振动下建筑物的破坏主要受到主拉应力控制，当局部构件的主拉应力超过材料的抗拉强度时，建筑结构在爆破振动下发生开裂。

4.1.2 爆破振动响应和损伤分布特征差异点

（1）建筑物结构形式和高度不同，结构的低阶和高阶模态固有频率也会有所不同。一般来说，建筑物层数越高，固有频率越低。在二层砌体中，1~5阶为低阶模态，固有频率为8.80~24.99Hz，6~20阶为高阶密集模态，固有频率为26.10~36.34Hz。在五层砖混建筑物中，1~5阶为低阶模态，固有频率为3.17~11.05Hz，6~20阶为高阶模态，固有频率为11.75~15.41Hz。五层砖混建筑物前20阶频率要低于二层砌体楼房。爆破地震波主振频率与建筑物固有频率相差越大，则建筑物受爆破振动影响越小，故隧道爆破振动对高层及超高层建筑物的影响要远小于多层和低层建筑物。

（2）随着峰值振速增加，二层砌体和五层砖混建筑物的主拉应力峰值比值变化规律不同。二层砌体的主拉应力峰值比值随着峰值振速增大而减小，五层砖混建筑物主拉应力峰值比值随着峰值振速增大而增大，主要原因在于主体承重构件的主拉应力随峰值振速增大的变化规律不同。

（3）隧道爆破作用下不同楼层振动响应和衰减规律存在较大差异性。爆破地震波向上传播过程中，对于二层砌体楼房，其峰值振速逐渐减小；对于五层砖混建筑物，其峰值振速先减小，后增大，而后又减小，主要原因是爆破地震波沿楼层向上传播过程中，爆破地震波的频率由高频不断衰减为低频。

（4）隧道爆破振动下二层砌体和五层砖混建筑物上的最大拉应力或压应力发生的位置或应力值不完全相同，主要是因为结构动力响应除了与爆破地震波有关，还与结构本身的动力特性、结构形式等有关，不同结构形式和不同楼层的振动响应存在不同。

4.2 隧道爆破振动下建筑物损伤分布特征和评价方法

4.2.1 隧道爆破振动下建筑物损伤分析及评价

通过前述研究，隧道爆破振动下建筑结构的损伤分析及评价主要包含两方面内容：

（1）通过采用模态试验方法和模型修正方法，建立建筑物真实数值模型，通过分析建筑物的高阶模态振动特性，得出容易受损的局部构件。

（2）输入爆破地震波，分析局部构件的主拉应力大小，根据最大拉应力破坏准则，评价建筑结构的爆破损伤情况。

隧道爆破振动下建筑结构损伤分析和评价流程如图4-1所示。

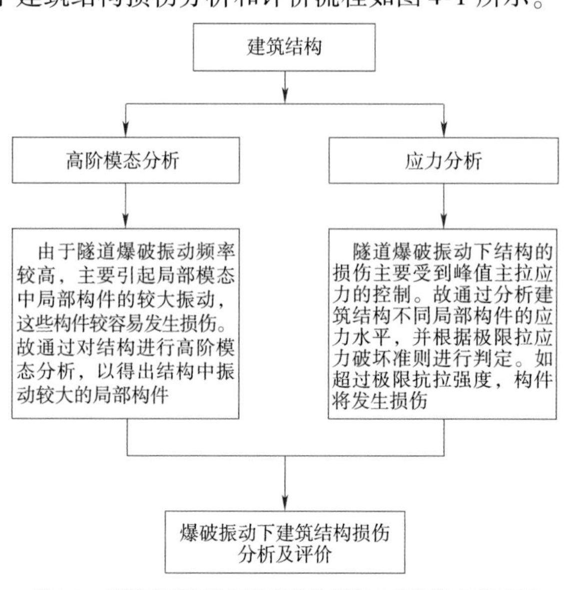

图4-1　隧道爆破振动下建筑结构损伤分析及评价流程图

4.2.2 隧道爆破振动下建筑物裂缝分布特征

1）数值模拟分析结果

通过隧道爆破振动下建筑物的动力响应数值分析，可以得出：

（1）由于混凝土结构抗压和抗拉强度均大于砖墙的抗压、抗拉强度，产生的振动应力不会超过其强度极限，混凝土结构一般不会发生破坏。

（2）由于砖墙抗压强度远大于抗拉强度，不会发生受压破坏。但是砖墙属于脆性材料，其破坏主要受到拉应力控制，极易发生受拉破坏，尤其是应力集中部位、局部振动较大的部位和砖墙与混凝土接触的部位，例如门角、窗角、女儿墙、中隔墙、阳台、砖墙与混凝土楼板接触部位等，极易产生较高的拉应力导致开裂。因此，隧道爆破施工中，应该重点监测以上部位，减少建筑物局部构件受损。

通过数值模拟分析得出隧道爆破下建筑物局部损伤分布特征如图4-2所示。

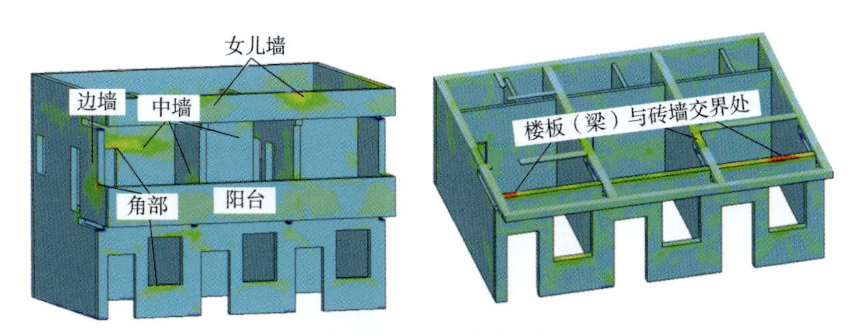

a) 低层建筑爆破损伤分布特征

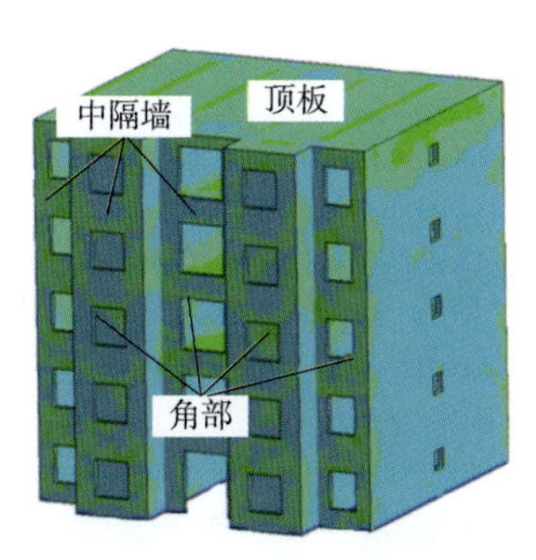

b) 多层建筑爆破损伤分布特征

图4-2 数值模拟分析得出隧道爆破下建筑物的局部损伤分布特征

2）工程现场调研结果

课题组结合大量隧道爆破工程实践，现场调研分析隧道周围既有建筑物的损伤开裂情况，均发现建筑结构的某些非承重局部构件在隧道爆破振动下发生开裂，而梁、板、柱和剪力墙等承重构件均未发现损伤开裂。通过分析隧道爆破下建筑物裂缝的开展部位，有助于认识和评价爆破振动下的结构损伤特性，为隧道爆破下建筑物裂缝识别、损伤评估及结构安全评价提供科学依据。

隧道爆破振动下建筑物常见裂缝分布特征如下：

（1）应力集中尖角部位。

应力集中尖角部位自身受力性能较差，受力极不均匀，在隧道爆破振动较低的峰值振速下都有可能导致应力集中部位产生较高的应力水平，造成角部开裂。现场隧道爆破振动引起的窗角和墙角的裂缝如图 4-3 所示。

a) 外部墙角裂缝

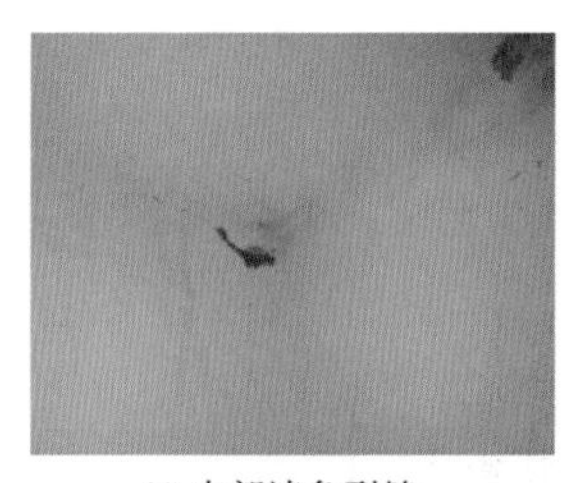
b) 内部墙角裂缝

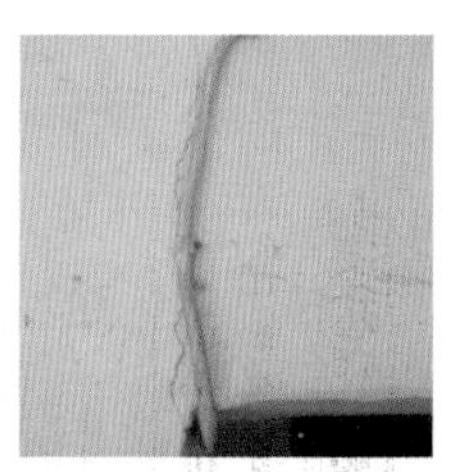
c) 窗角裂缝

图 4-3　应力集中部位裂缝形态图

（2）砖墙与混凝土构件交界处材料变化及刚度突变处。

混凝土强度高，弹性模量大，刚度较大；砖墙强度低，弹性模量比混凝土低，刚度较低。在混凝土结构和砖墙构件交界处材料发生变化，导致刚度突变，受力不均匀，使得砖墙侧应力水平较高，可能引起抗拉强度较低的砖墙开裂，如图 4-4 所示。

a) 楼板下部砖墙裂缝

b) 梁下砖墙裂缝

图 4-4　楼板、梁和砖墙交界处的裂缝

（3）附属装饰结构。

附属装饰结构一般采用石膏等脆性材质，由于其抗拉强度较低，且与主体结构黏合力较低，在隧道爆破振动下极易振动开裂或沿黏结面开裂脱落，直接影响到建筑物的正常使用和美观性能，如图 4-5 所示。

a) 石膏饰面掉块

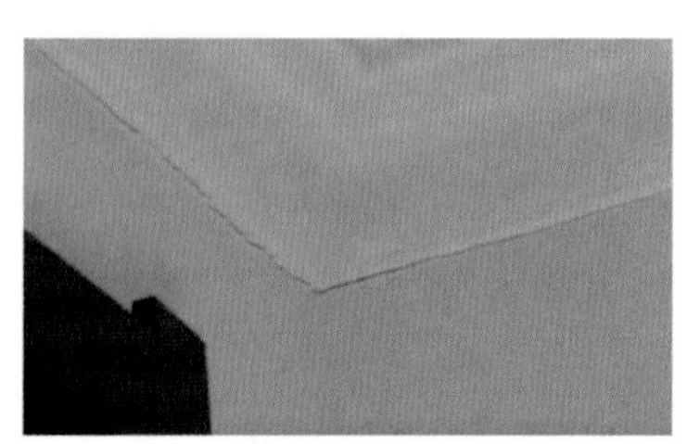
b) 顶板石膏装饰裂缝

图 4-5　附属装饰结构破坏

（4）预制板等预制构件接缝处。

预制板不同于结构其他部位，一般预制板之间采用混凝土填缝灌浆，没有钢筋连接，导致预制板之间的连接非常脆弱。在隧道爆破荷载作用下，预制板和接缝混凝土由于联系作用较弱，两者刚度也不完全相同，在反复的振动下两者不能一起工作进而发生脱离，导致相邻预制板接缝处开裂，并引起其他不利的影响。如遇到雨水下渗，会进一步侵蚀楼板和墙壁等附属物，直接影响正常的居住使用，如图4-6所示。

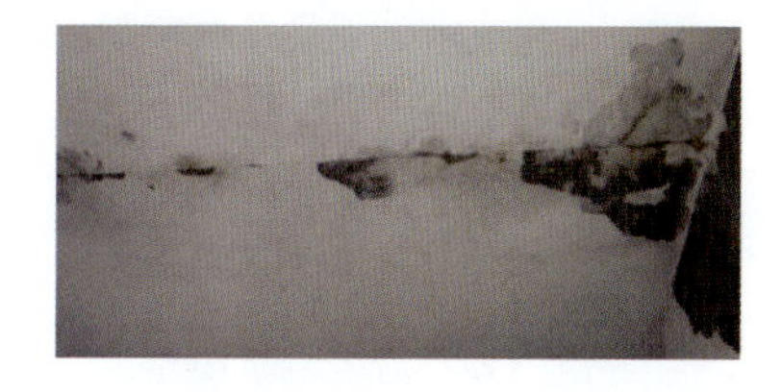

图4-6　预制板接缝开裂

（5）高阶模态局部振动较大处。

隧道爆破振动极易引起建筑物高阶模态局部振动较大的构件发生振动损伤开裂，如门边墙、窗边墙等约束比较薄弱的构件以及阳台、女儿墙等突出构件，在爆破振动下易引起较大的振动，导致其拉应力超过材料本身的抗拉强度而发生开裂，如图4-7、图4-8所示。

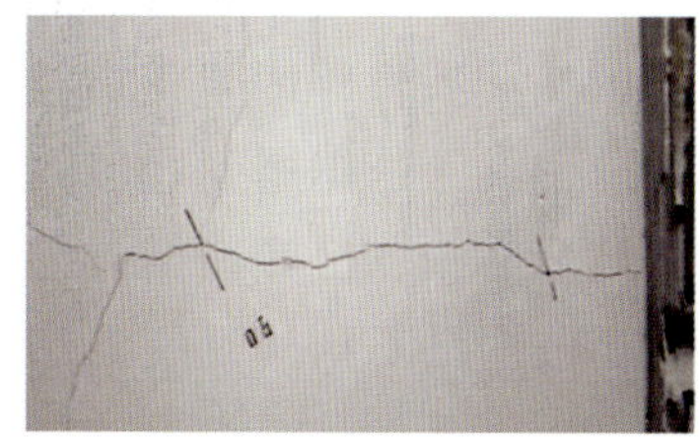

a) 门边墙开裂

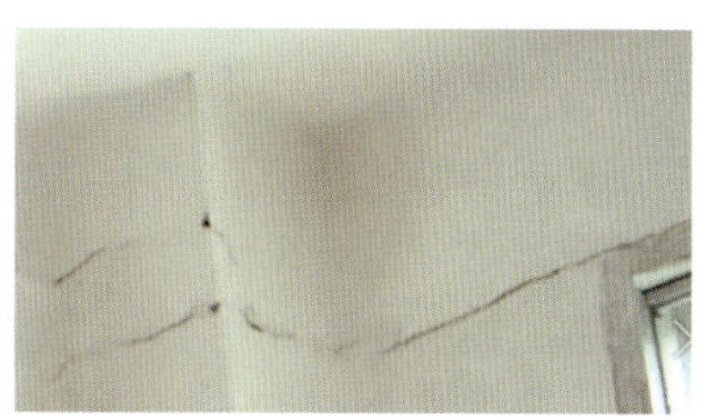

b) 窗边墙开裂

图4-7　门边墙、窗边墙等薄弱构件开裂

图4-8　阳台等突出构件开裂

通过对比数值模拟结果和现场实际裂缝开展情况，发现基于应力比得出的建筑物局部损伤分布特征与现场建筑物实际损伤特征一致，克服了仅通过位移标准评价结构安全的局限性，为建筑物爆破损伤及安全评价提供了理论依据。

4.2.3　隧道爆破振动下建筑物开裂顺序

隧道爆破振动引起的建筑物开裂的一般顺序如图4-9所示。

首先，墙角、门角和拐角等应力集中处损伤开裂；其次，预制板等预制构件接缝处、楼板与砖墙接触处和梁下砖墙等刚度突变处、石膏板等附属装饰结构处损伤开裂；最后，女儿墙、中隔墙、窗边墙、阳台等高阶模态振动较大的局部构件开裂破坏。

所以，隧道爆破施工时应该严格控制峰值振速大小，提高爆破振动主频率，以降低建筑物上的主拉应力水平，减少建筑物结构局部构件的振动损伤。

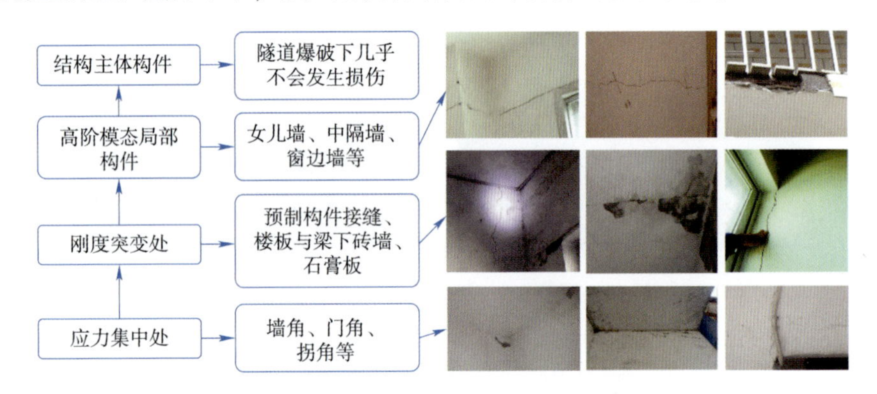

图4-9　隧道爆破振动引起建筑物开裂的一般顺序

4.2.4　隧道爆破振动下房屋损伤评价方法和建议

目前，隧道爆破振动下房屋开裂损伤还没有成熟和统一的鉴定标准、依据和方法。房屋损坏的因素多种多样，振动波只是外部条件，受振时建筑物的动力学特性是其内在条件，房屋损坏与房屋的结构类型、建筑材料的实际特性等因素密切相关，难以依靠单一方法判定房屋的损坏是由爆破振动引起的。因此，依据爆破地震波的特性和建筑物的动力学特性，结合爆破振动下结构的动力响应和损伤分布特征，指出隧道爆破振动对上部房屋造成损伤的两种主要形式，提出爆破振动下结构开裂损伤评价的方法和建议。

1）隧道爆破振动下房屋损伤主要形式

（1）直接造成的损伤：指房屋在隧道爆破施工前完好无损且无其他异常应力变化，房屋损伤是强烈的爆破振动作用造成的。

（2）房屋增大的损伤：对于大多数建在软弱地基上的房屋，在正常使用期内会或多或少地因某种原因（如基础不均匀沉降、温差变化）受过损伤，而爆破振动引起的附加应力会加重房屋的损伤程度。

2）隧道爆破振动下房屋损伤评价方法

（1）基于爆破振动监测数据进行安全性初判。

《爆破安全规程》（GB 6722—2014）中规定了不同频率范围内房屋的振动安全控制标准，对于不同的房屋类型，选择相应的控制标准进行判定。隧道爆破施工时一般需要在房屋离隧道爆破中心最近的点布置测点，监测地面的峰值振速和主频。通过对监测数据的分析，可以初步得出以下结论：

①如果现场房屋的监测数据的峰值振速小于对应频率下的振动安全允许振速，一般不会引起主体结构及附属结构的损坏。

②如果现场房屋的监测数据的峰值振速大于或等于对应频率下的振动安全允许振速，也不能完全判定房屋主体结构及附属结构一定发生损坏。因为，规范中的振动安全振速标准一般是留有安全储备的，还要结合房屋损坏的部位、裂缝的形态对房屋的损坏情况进行综合评价。

（2）根据隧道爆破下建筑物的损伤分布特征进行损伤部位判定。

通过隧道爆破振动下房屋的振动响应分析和现场裂缝观察，得出爆破振动下房屋损坏的部位和裂缝形态。应力集中部位，例如门、窗的角部和内外墙的角部，混凝土楼板与砖墙交界处刚度突变处墙面，预制板接缝处等较容易发生损坏开裂。当振速很高，砌体结构上的应力水平增大时，局部振动较大的部位如女儿墙、中隔墙和阳台等也有可能发生损坏开裂。以上这些部位是爆破振动下最有可能发生损坏的地方，可以作为爆破振动损伤评价的重要理论依据。

（3）对于已经产生裂缝的房屋，在隧道爆破振动下裂缝有可能变宽，产生进一步的损坏。因此，此类型房屋应该事前介入，并进行裂缝的跟踪观测。同时，要注意区别建筑物施工、地基沉降、温度应力等其他原因引起的房屋损坏，以上原因引起的房屋损坏与爆破振动引起的损坏是不同的。

（4）采用无人机摄影测量技术和图像处理技术对爆破裂缝进行全过程识别和安全评价。爆破前和爆破过程中可采用无人机等对建筑物进行图像采集，运用机器视觉技术精准识别爆破新生裂缝，以评价建筑物是否开裂；若已开裂，获取裂缝信息用于建筑物爆破后的安全评价。应用无人机贴近摄影测量技术和机器视觉技术可对隧道爆破下建筑物外墙安全情况进行持续高效监测，批量处理图片，快速识别爆破裂缝，可实现复杂地形条件下大区域、大体量、密集建筑物群的爆破新生裂缝快速识别。

4.3 基于无人机摄影测量和图像处理的爆破裂缝智能识别方法

4.3.1 无人机摄影测量应用概述

无人驾驶飞机简称“无人机”（Unmanned Aerial Vehicle，UAV），是利用无线电遥控设备和自备的程序控制装置操纵的不载人飞行器。从技术角度定义可以分为无人固定翼飞机、无人垂直起降飞机、无人直升机、多旋翼无人机等。无人机的用途广泛，可应用于警用、城市管理、农业、地质、气象、电力、抢险救灾、视频拍摄等行业。

多旋翼无人机航空摄影测量通过无人机低空摄影获取高清晰影像数据，通过重建软件生成三维模型，并结合无人机定位信息、相机姿态信息，获得地形、地面物体等三维坐标值，实现地理信息的快速获取。无人机摄影可以得到正射影像、三维模型、数字高程模型和点云图形，如图 4-10 所示。

a) 正射影像

b) 三维模型

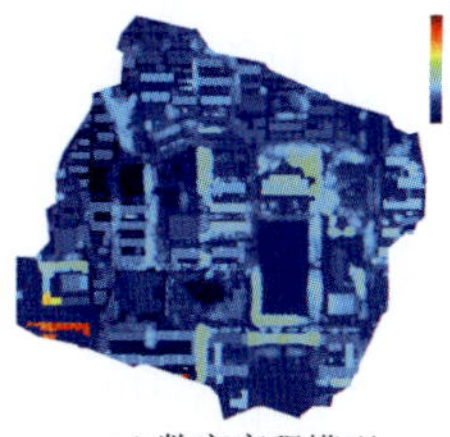

c) 数字高程模型

d) 点云图形

图 4-10 无人机摄影成果

4.3.2 无人机摄影测量及三维模型重建应用

通过采用大疆四旋翼经纬 M300RTK 型无人机，搭载 4500 万像素全画幅传感器的禅思 P1 相机对地铁车站爆破施工周围的建筑物进行全覆盖、多角度的扫描拍摄以及建筑物数据信息的采集，依据多角度拍摄的大量高精度影像进行建模，生成爆破施工前和爆破施工后两个高分辨率三维模型，展示建筑物丰富的细节层次，依据三维模型对爆破施工前后的安全性及裂缝开展情况进行评价。测量方案如图 4-11 所示。

a) 飞行平台-M300RTK

b) 禅思P1相机

c) D-RTK2基站

d) 建模软件

图 4-11　M300RTK 型无人机摄影测量方案

将无人机拍摄技术与三维模型重建技术运用于青岛地铁在建车站，该站道路繁忙且周围建筑物十分密集。根据工程实际、工程要求和地质地形条件采用钻爆法施工，并采用无人机摄影构建车站三维模型。在地铁站周围选取离地铁爆破施工最近的一幢建筑物，该建筑物结构形式是 6 层的钢筋混凝土结构，建筑物的基础形式为浅基础，与基坑主体最小距离为 12. 4m，在地铁爆破施工前采用无人机搭载相机对该建筑物进行全覆盖、多角度的扫描拍摄。无人机测量航线规划如图 4-12 所示，测量过程如图 4-13 所示。

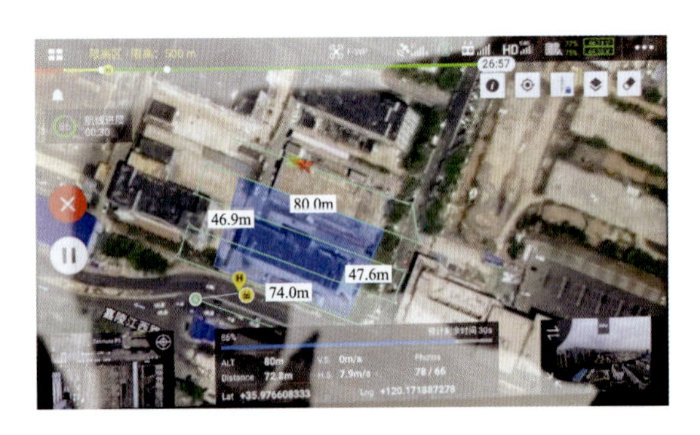

图 4-12　无人机测量航线规划

a) 无人机控制自动摄影测量

b) 无人机降落

图 4-13　地铁车站附近建筑物群无人机摄影测量过程

将大疆无人机拍摄的影像、照片和建筑物的数据信息导入大疆智图三维建模软件，用软件 DJI Terra 的重建功能进行三维建模，如图 4-14 所示。通过对爆破施工前后的建筑物进行三维建模，可以随时查看爆破施工前后的建筑物外观，识别检测建筑物爆破振动开裂情况，并在检测到裂缝的区域之后通过三维（3D）模型对其进行标记，确定裂缝位置信息，可以实现快速查找、定位的功能。

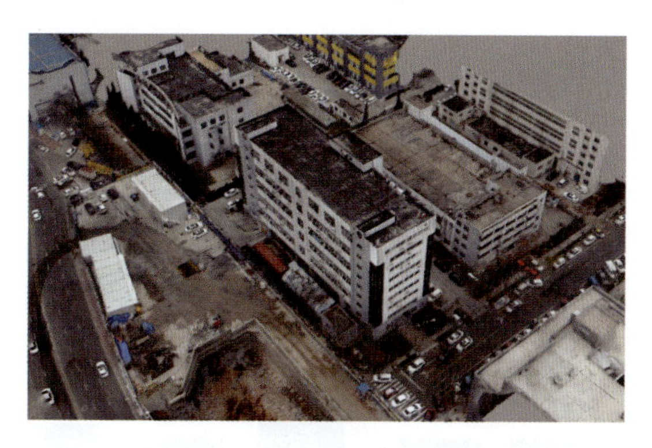

图 4-14 地铁车站附近建筑物群三维重建模型

4.3.3 基于图像处理的爆破裂缝智能识别方法

传统裂缝检测方法存在效率低，需要大量人工且成本高，裂缝检测数量及长度、宽度等信息不全面等问题。使用传统游标卡尺和裂缝观测仪进行爆破裂缝检测如图 4-15 所示。而且，对高层房屋外立面进行检测时，检测人员需要进行高空作业，存在很大的安全隐患。

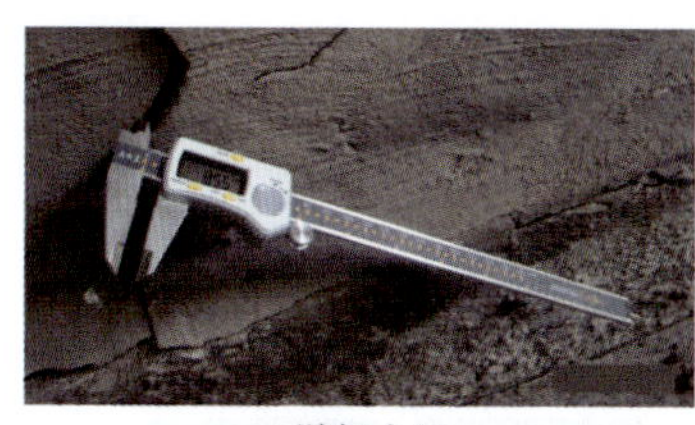

a) 游标卡尺

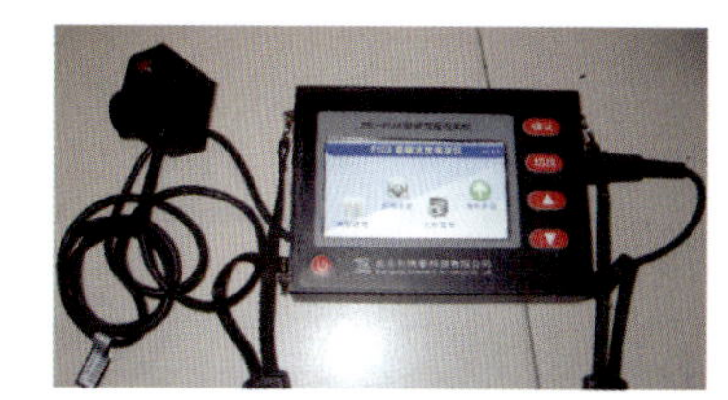

b) 裂缝观测仪

图 4-15 传统裂缝检测方式

由于无人机具有灵活性高、经济成本低、成像效果好等特点，无人机智能化检测可以解决人工视觉检测效率低下问题，且无人机可对隧道爆破施工周围建筑物进行全覆盖、多角度的扫描拍摄以及对建筑物数据信息进行采集。基于三维重建模型，对建筑物在爆破作用下产生的裂缝进行识别，对三维模型的精度要求较高，一般需要采用无人机贴近摄影测量技术，倾斜摄影测量技术由于测量高度距离建筑物较远，精度较低，难以满足对爆破裂缝的识别要求。

采用图像处理方法，提出一种基于感兴趣区域（Region of Interest，ROI）分割的爆破新生裂缝识别算法。该方法由六个模块构成：区域增强、亮度矫正、高斯去噪、双阈值 ROI 分割、新生裂缝识别和裂缝参数提取与建筑结构安全性评价，如图 4-16 所示。

建筑物爆破新生裂缝的识别流程具体如下：

（1）在裂缝识别过程中，对原始图像进行区域增强处理，通过灰度变化算法改变图像整体的灰度范围，突出 ROI，即裂缝部分。

（2）进行底帽操作，对灰度图像进行形态学底帽滤波，返回滤波后的图像，再用底帽滤波计算图像的形态学封闭度，减去原始图像，以此矫正不均匀亮度，并利用高斯滤波对图像进行去噪。

（3）通过调整二值化参数来获取大、小阈值图像，即进行裂缝区域重建，实现ROI分割。

（4）对于爆破后ROI图像，首先通过局部特征实现爆破后ROI图像的几何矫正，再与爆破前图像匹配并完成新生裂缝的识别。

（5）进一步提取爆破新生裂缝参数，如面积、长度、宽度等，最终达到建筑结构安全性评价目的。

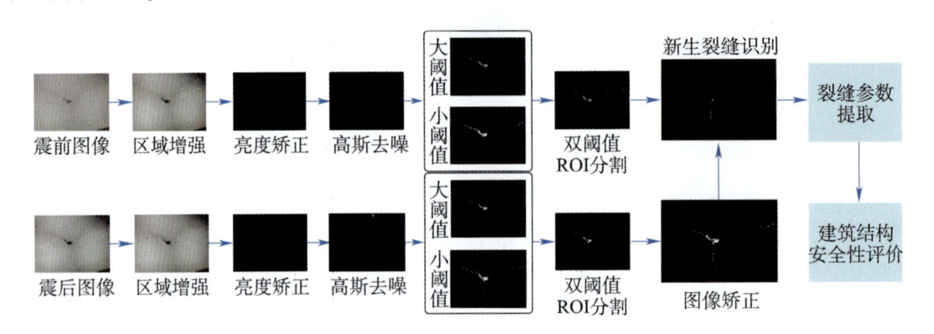

图4-16　爆破下结构新生裂缝识别流程

隧道爆破下结构新生裂缝提取实例如图4-17所示。

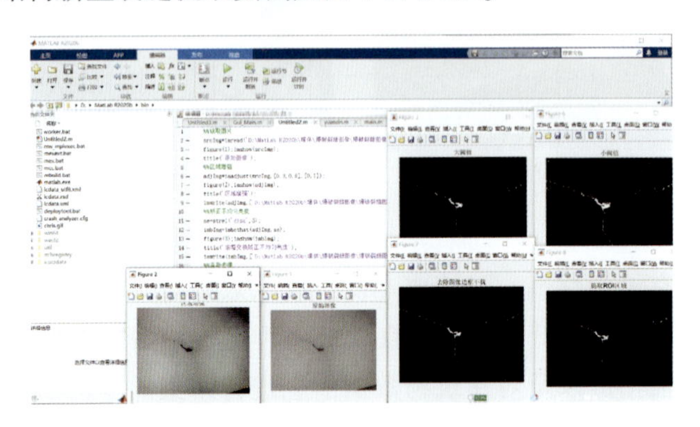

图4-17　爆破下结构新生裂缝提取实例

4.3.4　爆破裂缝智能识别方法应用

依托实际工程，采用提出的裂缝智能识别方法对隧道爆破振动下造成的裂缝进行识别应用。首先对图片进行基于灰度变化的区域增强处理，更改图像颜色对比度，然后通过底帽滤波对输入的灰度图像进行底帽滤波变换，变换后返回图像，增强裂缝的清晰度，再使用高斯滤波对图像进行降噪处理，最后基于双阈值算法及ROI像素提取算法，检验裂缝识别效果。

1）隧道爆破振动下新生裂缝识别

获取的隧道爆破前和爆破后的建筑物图像分别如图4-18和图4-20所示，新生裂缝识别结果分别如图4-19和图4-21所示。

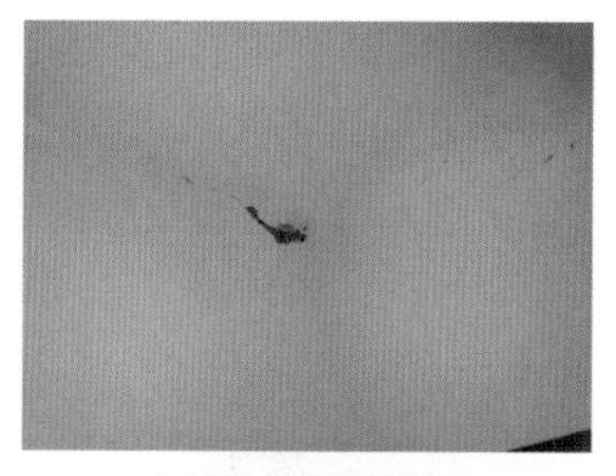
a) 爆破前建筑物图像

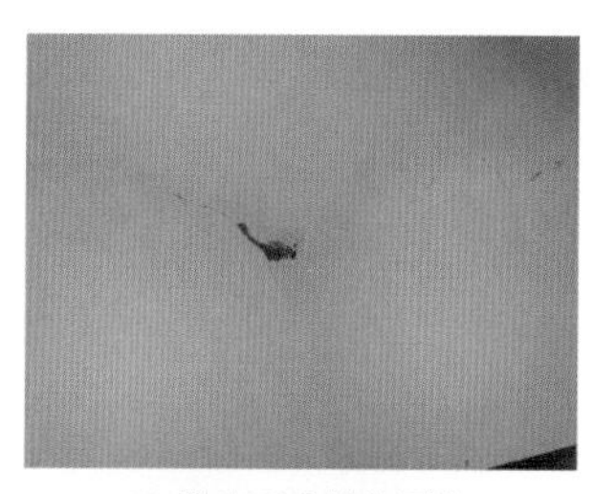
b) 爆破后建筑物图像

图 4-18　隧道爆破前后建筑物图像对比（一）

a) 爆破前裂缝形态识别　　b) 爆破后裂缝形态变化识别

图 4-19　隧道爆破新生裂缝识别结果（一）

a) 爆破前建筑物图像

b) 爆破后建筑物图像

图 4-20　隧道爆破前后建筑物图像对比（二）

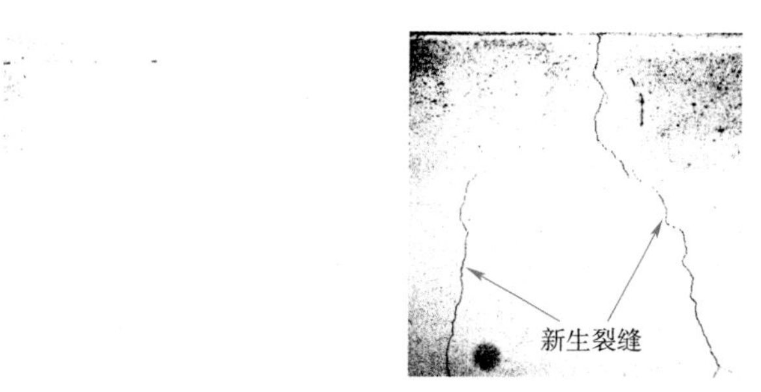

a) 爆破前裂缝形态识别　　b) 爆破后裂缝形态变化识别

图 4-21　隧道爆破新生裂缝识别结果（二）

2）隧道爆破振动下破坏面积识别

建筑物在隧道爆破作用下极易产生裂缝，裂缝如果不及时处理，可能引起一些次生破坏。隧道爆破振动造成顶层预制板开裂后，在持续降雨影响下，墙体被雨水侵蚀，结构破坏情况加重，如图 4-22 所示。通过对墙体破坏面和边缘进行识别，计算出破坏面积，可以为爆破损伤量化提供基础数据，提高计算结果准确度。隧道爆破振动下破坏面积识别如图 4-23 所示。

图 4-22　顶层预制板开裂后遭雨水侵蚀

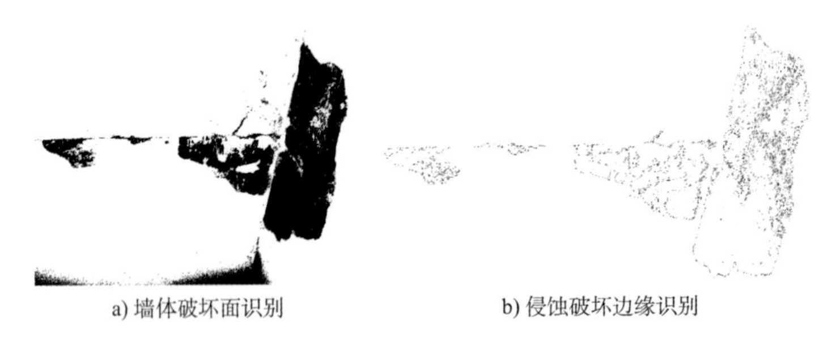

a) 墙体破坏面识别　　b) 侵蚀破坏边缘识别

图 4-23　隧道爆破振动下破坏面积识别

第5章

地下管线爆破振动响应和损伤机理及安全评价方法

现行国家标准《爆破安全规程》(GB 6722—2014)中尚未针对不同类型及材质的地下管线制定系统完善的爆破安全控制标准,其根本原因在于隧道爆破下管线振动响应、损伤特征及安全评价的特殊性和复杂性。地下管线不同于地表建筑物,其埋设于地下,不仅难以直接监测其振动响应,而且受到管线、地层、施工等诸多复杂因素的影响,导致隧道爆破施工下管线的损伤破坏机理还不明晰,安全控制标准及预测评价方法还不完善,极易引起管线变形和振动开裂,轻则导致水、电、气、热、通信等保障中断,影响生产与生活,重则引发爆炸爆燃、道路塌陷,造成人身伤亡等灾难事故,严重威胁城市安全,所以城市隧道爆破施工下地下管线的安全预测、评价及控制研究至关重要。

由于隧道爆破振动下管线破坏机理及安全评价具有复杂性,如何采取系统科学的控制手段,避免隧道穿越地下管线爆破施工时重大安全事故的发生,是目前城市地铁、高速公路及高铁等基础设施建设面临的首要问题。只有深入研究地下管线爆破振动响应特征、损伤机理、安全评价方法及控制标准,对地下管线安全做出科学、可靠、精准的预测和评价,构建隧道穿越地下管线爆破施工安全的精准控制方法和技术体系,才能有效避免地下管线破坏及灾害事故的发生,保障人民生命与财产安全以及社会稳定。

目前,隧道爆破振动下地下管线的振动响应及损伤特征研究方法主要有理论解析法、数值模拟法、实验方法及多种方法联合研究。理论解析法由于计算过程烦琐复杂,不便于工程应用。实验方法以现场爆破试验最多,主要采用动态应变和爆破振速测试系统测试轴向和环向应变、压力和振速等参数,以研究管线振速响应特征,比较适用于浅埋管线,对于深埋管线则不便实施。数值模拟法由于效率高、成本低已被广泛应用于工程爆破领域中。通过采用任意拉格朗日-欧拉算法及流固耦合数值建模方法并结合现场爆破试验测试对模型进行验证,研究隧道爆破振动下地下管线振动响应、损伤特性及安全控制标准。

5.1 任意拉格朗日-欧拉(ALE)算法及流固耦合数值建模方法

5.1.1 ALE 算法

在显式有限元计算中,ANSYS/LS-DYNA 提供了拉格朗日(Lagrange)算法、欧拉(Euler)算法以及 ALE 算法等多种算法来描述物质在单元中的流动。如图 5-1 所示,Lagrange 算法多用于固体力学计算中,其结构的形状和有限元网格的变化是完全一致的,物质不会在单元之间流动,因此能够非常精确地描述结构边界的运动,但在处理大变形问题时,会导致网格严重畸变,引起数值计算中断;Euler 算法多用于流体力学的计算中,其网格不随结构的形状变化而变化,物质的材料可以在单元之间流动,可以有效地处理大变形问题,但是该算法难以处理涉及接触面滑移的材料边界条件问题,而且计算成本相对较高。

ANSYS/LS-DYNA 还开发了一种结合 Lagrange 算法和 Euler 算法优点并优化它们各自缺点的新算法:ALE 算法。在 ALE 算法中,先执行一个或几个 Lagrange 时步计算,此时单元网格随材料流动产生变形;接着执行 ALE 时步,即保持变形后的边界条件,在网格拓扑关系不变的前提下对内部单元进行网格重划分,然后将变形网格中的单元变量和节点速度输送到新网格中。相比 Lagrange 算法,ALE 算法能够有效地处理大变形问题,同时还能提供比 Euler 算法更清晰的界定物质流动的界面。ALE 算法允许使用流固耦合算法对流体-结构之间的相互作用(Fluid-Structure Interaction,FSI)进行建模,如图 5-2 所示,流固耦合算法首先搜索 Euler 网格与 Lagrange 网格的交点。当在 Euler 网格内部检测到 Lagrange 表面时,该算法在 Euler 网格上对 Lagrange 网格施加压力边界条件,从而导致结构产生位移。同时,Lagrange 网格边界在 Euler 网格中也充当速度边界。基于这种优势,ALE 算法克服了固体大变形数值计算的难题,成为分析大应变问题最重要的数值模拟方法之一。

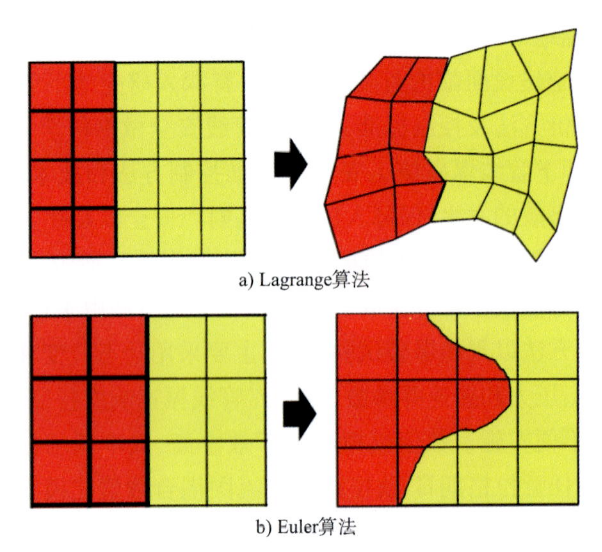

图 5-1 ANSYS/LS-DYNA 算法示意图

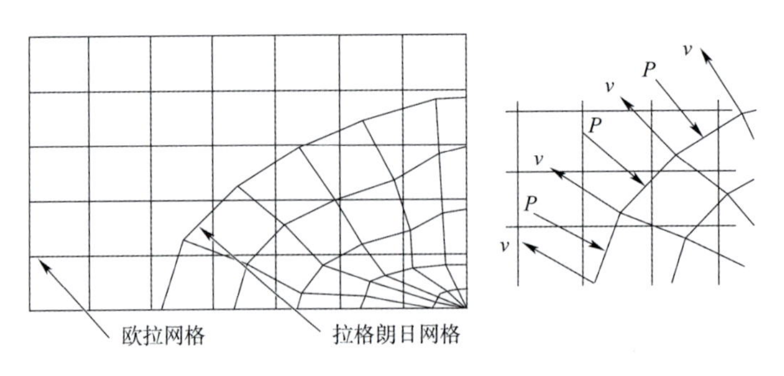

图 5-2 ALE 算法示意图

v-速度边界条件;P-压力边界条件

5.1.2 流固耦合数值建模方法

1)爆破作用的模拟

爆破施工相较于一般施工现场情况较为复杂,而且其爆破过程反应快、持续时间短、破坏性强,如果采用现场试验的方法研究地下管线在爆破作用下的振动响应不仅需要大量的人力、物力资源,而且受管线埋深的影响,现场观测也存在一定的困难。

因此,采用 ANSYS/LS-DYNA 动力有限元软件研究地下管线在爆破振动下的动力响应问题。探讨任意拉格朗日-欧拉算法在爆破工程中的应用,并对数值模型采用的单元类型、接触界面、边界条件及材料模型进行探究,建立隧道-地层-管线的流固耦合模型。

爆炸荷载持续时间为地震作用持续时间的 1/1000 左右,属于瞬时动态荷载。爆炸荷载作用下结构的数值模拟分析可分为三个阶段:炸药爆炸形成爆炸冲击波、爆炸冲击波在介质(空气、水、土壤或岩石)中的传播以及结构对爆炸冲击波响应。目前,在 ANSYS/LS-DYNA 软件中用于研究地下结构在爆炸荷载下的动力响应的模拟方法大致可以分为非耦合和耦合方法。

在 ANSYS/LS-DYNA 中,非耦合方法已被广泛用于分析不同结构构件的抗爆性能。该方法主要依靠 CONWEP 经验公式计算出爆炸压力时间曲线,并通过 ANSYS/LS-DYNA 中的 LOAD_BLAST 和 LOAD_BLAST_ENHANCED 关键字定义后,直接作用在结构中的拉格朗日单元。该方法不对炸药的爆炸过程进行建模,计算成本相对较低,但其并不能很好地展示爆炸冲击波在介质中的传播过程。对于耦合方法,大多需要两种不同的单元网格,一种用于炸药及其传播介质,另一种则用于结构构件。ALE 算法可以用于模型流固耦合的模拟,对于爆破工程的模拟而言,能够很好地对炸药爆炸形成爆炸冲击波、爆炸冲击波在介质(空气、水、土壤或岩石)中的传播以及结构对爆炸冲击波响应的全过程进行再现。

在隧道爆破模拟中,模型包含岩层、土层、空气和炸药等多种物质,为避免计算过程中单元变形过大导致网格严重畸变,引起数值计算中断,选用 ALE 算法进行模拟。

因此,本章采用流固耦合数值建模方法,采用 INITIAL_VOLUME_FRACTION 关键字建立炸药实体单元,并将炸药和空气定义为 Euler 网格,使用 ALE_MULTI-MATERIAL_GROUP 关键字将它们绑定在同一个单元算法当中;将围岩、土层和管道划分为 Lagrange 网格,Lagrange 网格和 Euler 网格之间使用 CONSTRAINED_LAGRANGE_IN_SOLID(CTYPE = 5)关键字实现流固耦合。

2)单元类型的选取

ANSYS/LS-DYNA 软件提供了不同的单元类型及算法,用来模拟各种非线性问题。在此数值模型中,围岩、土层、混凝土、空气和炸药采用具有 8 节点的 SOLID164 单元进行模拟,其中围岩、土层、混凝土等拉格朗日单元,采用最为稳定的常应力实体单元(ELFORM = 1)进行建模;空气、炸药等 ALE 单元则采用中心单点积分的 ALE 多物质单元(ELFORM = 11)进行建模。模型中纵筋和箍筋采用 BEAM161 单元进行模拟,该单元用 3 个节点进行定义,包含一个仅用于定义单元方向的节点。对于不同形状的梁截面,可以通过*INTEGRATION_BEAM 关键字进行定义。

3)接触界面的选取

在数值模型中正确定义管线与周围岩土介质之间的接触类型是研究其相互作用的前提之一。本章将管线与岩土介质之间的接触定义为 CONTACT_AUTOMATIC_SURFACE_TO_SURFACE 接触,并采用罚函数算法处理接触截面,该算法被广泛应用于数值模拟。罚函数算法的原理是在每一个时间步首先检查各从节点是否穿透主面,如没有穿透不作任何处理。如果穿透,则在该从节点与被穿透主面间引入一个较大的界面接触力,称为罚函数值,其大小与穿透深度、主面的刚度成正比。这在物理上相当于在两者之间放置一法向弹簧,以限制从节点对主面的穿透;土层与岩层则采用共节点方式进行建模,并将岩土介质宏观上看成连续、各向同性均质体,不计实际上存在的节理裂隙影响。

4)边界条件的设置

当模型具有对称性时,采用对称边界建立模型可以大大节省计算成本。本章建立二分之一对称模型,通过约束模型对称面上各节点在法线方向上的位移来设置对称边界。将模型顶部土层上表面设置为自由面,其余面通过*BOUNDARY_NON_REFLECTING 关键字设置为非反射边界,非反射边界应用于模型的外部边界来模拟无限域,通过选择吸收膨胀波和剪切波,防止应力波重新进入模型并影响数值模拟的准确性。

5)钢筋混凝土管线建模

混凝土结构的建模方法在 ANSYS/LS-DYNA 软件中大致可以分为整体式、组合式、分离式三种,分离式建模是对混凝土中的钢筋进行实体建模,其结果更加符合实际情况。分离式建模方法也可以分为共节点法和耦合法等。本章采用分离式建模方法,单独划分管线的钢筋单元和混凝土单元,并通过 CONSTRAINED_LAGRANGE_IN_SOLID(CTYPE =2)关键字进行节点耦合,避免了单元网格划分的麻烦。假定钢筋和混凝土之间黏结良好,不考虑两者间的黏结滑移,使其在荷载作用下共同受力。

5.2 地下管线数值模型建立及验证

5.2.1 隧道工程及管线概况

深圳市东部过境高速公路连接线工程施工第 2 标段中,隧道工程包括南北主线隧道、莲塘口岸连接线及辅助施工暗挖斜井段。主线隧道浅埋段较多,跨度大,最大开挖断面跨度为 29.8m,为特大跨隧道;地质条件复杂,穿越 F9 和 5 条 F10 断层及断裂带,支护方式复杂多变;紧邻深圳水库,地下水埋藏浅且丰富,沿线建(构)筑物繁多,主要有水库大坝及溢洪道、输水管道、供水管道、公园休闲区低层建筑、景观水池、市政道路等,现场设施保护及安全性要求高。采用钻爆法施工时,隧道埋深较小,埋深均在 10~30m 之间,小于 2 倍毛洞宽。当浅埋大跨隧道爆破施工引起的爆破振动较大时,周围建(构)筑物很可能会在爆破振动下受损,造成严重的“扰民”事件,影响隧道施工的顺利进行,甚至导致停工,造成严重的经济损失。

该工程难点为南北主线隧道近距下穿各种市政管线,其中南主线隧道下穿主要管线 11 处,管线底部距离隧道拱顶 7.68~17.01m;北主线隧道下穿主要管线 6 处,管线底部距离隧道拱顶 14.82~19.00m。尤其是供水二期和三期水管,对隧道近距爆破振动控制的安全要求极高,必须确保隧道穿越过程中管线的安全。隧道工程沿线穿越主要地下管线如图 5-3 所示。

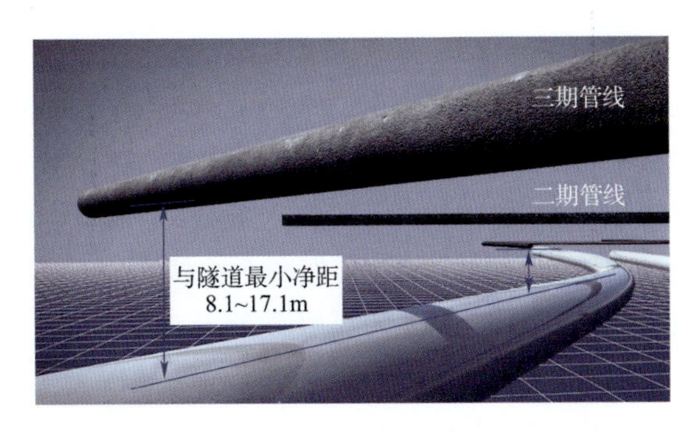

图5-3　隧道工程沿线穿越地下管线示意图

1)二期供水管线现状

隧道下穿二期供水源水管修建于1985年，为无压钢筋混凝土管道，其埋深为5.35m，与隧道净距仅为13.63m。二期供水管线截面形状采用直墙拱形截面，如图5-4所示，底部和边墙为现浇钢筋混凝土，其高为5.4m，宽为3.6m，边墙厚度为0.4m，拱部为钢筋混凝土预制板，其中一般段厚为0.2m，过公路段厚为0.4m。拱部与边墙连接处埋设U形铜片止水带，并使用三油两毡填缝。二期供水管线资料及地质勘探资料显示，隧道下穿段所处围岩等级以Ⅳ、Ⅴ级砂卵石地层为主。二期供水管线裂缝如图5-5所示，可以发现拱部、拱墙连接处均已存在开裂和渗水现象，而且局部地段较为严重，隧道爆破振动下管线安全风险较高。

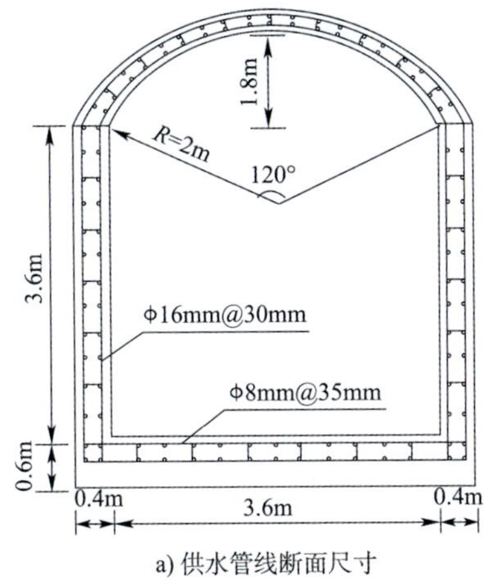

a) 供水管线断面尺寸

b) 二期供水管线现状

图5-4　二期供水管线断面尺寸及现状

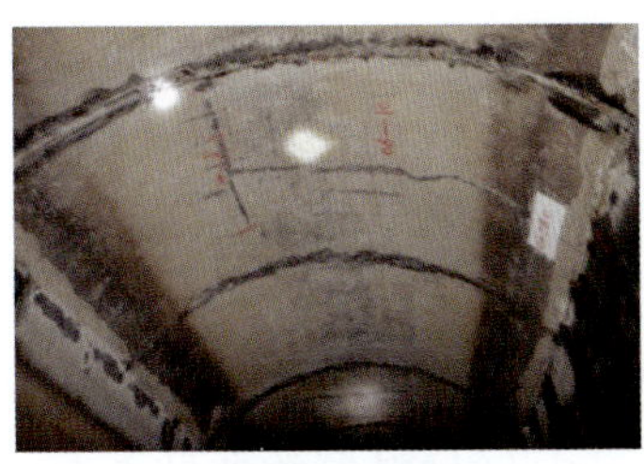

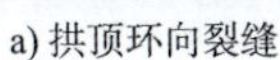

a) 拱顶环向裂缝

b) 拱顶网状裂缝

图5-5　二期供水管线裂缝

2)三期供水管线现状

三期供水管线隧洞又被称作“94 隧洞”,为钢筋混凝土有压管道,已正常运营 30 年。南线下穿三期供水管线埋深在 1m 左右,与隧道净距为 16.79m;而北线下穿的三期供水管线埋深达到 30m,与隧道净距为 16m。三期供水管线采用圆形截面形式,管道内径为 4m,外径为 5m,洞身为 C30 现浇钢筋混凝土,如图 5-6 所示。三期供水管线资料及地质勘探资料显示,南线段隧道下穿围岩主要为Ⅳ级砂卵石地层,北线段隧道下穿围岩主要为Ⅳ级千枚岩和砂岩。三期供水管线裂缝如图 5-7 所示,可以看出三期供水管线同样存在开裂和渗水现象,在隧道爆破振动下管线安全风险较高。

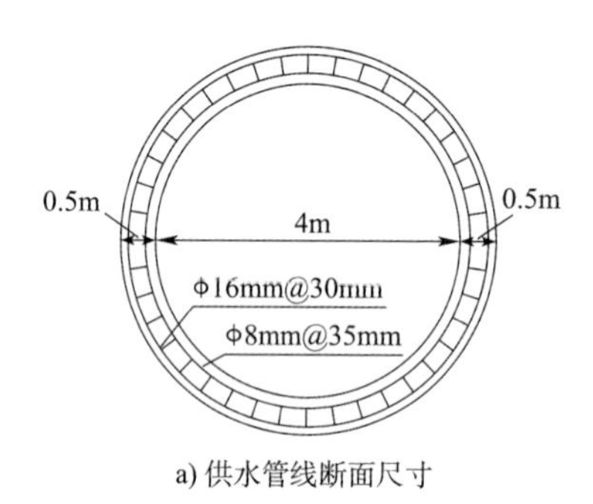

a) 供水管线断面尺寸

b) 三期供水管线现状

图 5-6　三期供水管线断面尺寸及现状

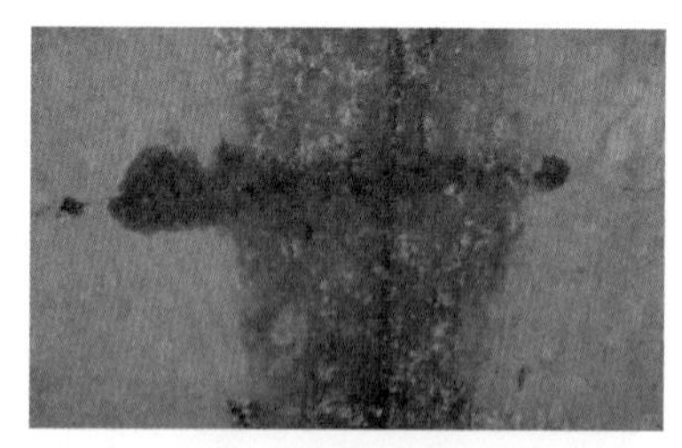

a) 中部横向裂缝

b) 中部竖向裂缝

图 5-7　三期供水管线裂缝

5.2.2　材料模型及参数选取分析

采用 ANSYS/LS-DYNA 动力有限元软件进行数值模型构建。首先需要确定合理的材料模型和参数。

1)空气

空气采用 MAT_NULL 材料模型和 EOS_LINEAR_POLYNOMIAL 线性多项式状态方程进行描述,其压力计算公式为:

$$P_{压} = C_0 + C_1\mu + C_2\mu^2 + C_3\mu^3 + (C_4 + C_5\mu + C_6\mu^2)E_0 \tag{5-1}$$

$$\mu = \frac{\rho_1}{\rho_0} - 1 \tag{5-2}$$

式中,$P_{压}$ 为爆轰压力;μ 为比体积;ρ_1 为当前密度;ρ_0 为初始密度;C_0、C_1、C_2、C_3、C_4、C_5、C_6 为状态方程参数;E_0 为材料的初始内能。空气材料参数参见表 5-1,其中 V_0 为初始体积。

空气材料参数 表5-1

参数	ρ_0 (kg/m³)	C_0	C_1	C_2	C_3	C_4	C_5	C_6	E_0 (MPa)	V_0 (m³)
取值	1.29	0	0	0	0	0.4	0.4	0	0.25	1

2)炸药

炸药采用MAT_HIGH_EXPLOSIVE_BURN材料模型,并使用EOS_JWL状态方程计算爆轰压力$P_{压}$:

$$P_{压}=A\left(1-\frac{\omega}{R_1V}\right)e^{-VR_1}+B\left(1-\frac{\omega}{R_2V}\right)e^{-VR_2}+\frac{\omega E_0}{V} \tag{5-3}$$

式中,A、B、R_1、R_2、ω为状态方程参数;V为相对体积。

在此模型中,燃烧系数F控制爆炸模拟化学能释放。燃烧系数计算公式为:

$$F=\max(F_1,F_2) \tag{5-4}$$

$$F_1=\frac{2(t-t_1)D}{3\Delta X} \tag{5-5}$$

$$F_2=\frac{1-V}{1-V_{cj}} \tag{5-6}$$

式中,D为爆轰速度;V_{cj}为Chapman-Jouget体积;t_1为起爆时间;t为当前时间;ΔX是单元的特征长度。

如果燃烧系数F超过1,则将其重置为1并保持不变。单元中爆轰压力$P_{压}$由燃烧系数按比例缩放,即:

$$P=F\cdot P_{EOS} \tag{5-7}$$

对于二号岩石乳化炸药,其材料参数参见表5-2,其中ρ为炸药密度。

二号岩石乳化炸药材料参数 表5-2

参数	ρ(kg/m³)	D(m/s)	$P_{压}$(GPa)	A(GPa)	B(GPa)	R_1	R_2	ω	E_0(GPa)
取值	1200	4000	7.4	214.4	0.182	4.2	0.9	0.15	4.192

3)围岩材料

在ANSYS/LS-DYNA软件中,可以用于模拟围岩在爆炸荷载下的力学行为的材料模型主要有:MAT_RHT、MAT_PLASTIC_KINEMATIC、MAT_JOHNSON_HOLMQUIST_CONCRETE(MAT_JHC)等。由于围岩在爆破工程中的加载应变率较大,围岩的动态度随加载应变率的提高而增大,因此采用包含应变率效应的MAT_PLASTIC_KINEMATIC材料模型对围岩进行模拟。MAT_PLASTIC_KINEMATIC模型具有10个材料参数,与MAT_RHT(38个)和MAT_JHC(21个)模型相比,其材料参数简单易得,不需要进行大量的实验室试验,故其被广泛用于模拟围岩在爆破作用下的动态力学行为。在该模型中,应变率采用Cowper-Symonds模型来考虑,它在屈服应力中引进应变率因子$1+\left(\frac{\dot{\varepsilon}}{C}\right)^{\frac{1}{P}}$,屈服应力$\sigma_y$与应变率

$\dot{\varepsilon}$ 的关系为：

$$\sigma_{y} = \left[1 + \left(\frac{\dot{\varepsilon}}{C}\right)^{\frac{1}{P}}\right](\sigma_0 + \beta E_{p}\varepsilon_{p}^{eff}) \tag{5-8}$$

$$E_{p} = \frac{E_{tan}E}{E - E_{tan}} \tag{5-9}$$

式中，σ_0 为初始屈服应力；$\dot{\varepsilon}$ 为应变率；C、P 为 Cowper-Symonds 应变率参数；E_p 为塑性硬化模量；E 为弹性模量；E_{tan}为切线模量；ε_p^{eff} 为材料有效塑性应变；β 为硬化参数。

根据工程地质勘察报告，该地区岩层以风化砂岩为主，其材料参数见表 5-3。

岩层材料参数　　表 5-3

参数	密度 (kg/m^3)	E (GPa)	泊松比	屈服强度 σ_y (MPa)	E_{tan} (GPa)	β
取值	2400	3.4	0.18	30	0.5	0.5

4）土层材料

ANSYS/LS-DYNA 中的 MAT_SOIL_AND_FOAM、MAT_FHWA_SOIL 等材料模型可以用来模拟土层。土层材料采用 MAT_FHWA_SOIL 模型，这是一种适合于实体单元并考虑损伤效应的土层模型，该模型对莫尔-库仑（Mohr-Coulomb）屈服准则进行修正，扩展了含水率、应力软化、运动硬化和应变率效应等的影响，适合模拟爆炸问题中的土壤材料。

根据工程地质勘察报告，该地区土层以含卵石砂层为主，土层材料参数见表 5-4。其中，d_s 为土体相对密度，K 为体积模量，G 为剪切模量，c 为黏聚力，φ 为摩擦角，w 为含水率。

土层材料参数　　表 5-4

参数	密度(kg/m^3)	d_s	K(MPa)	G(MPa)	c(MPa)	φ(°)	w(%)
取值	2200	2.70	360	240	6.2×10^{-3}	1.1	13

5）钢筋材料

管道纵筋屈服强度为 335MPa，箍筋屈服强度为 225MPa，采用 MAT_PLASTIC_KINEMATIC 材料模型，并按 COWPER_SYMONDS 方式考虑应变率效应对屈服强度的影响，其中 C_S 和 P_S 为应变率系数，用来定义钢筋材料的动力增大系数，其材料参数及应变率效应参数参见表 5-5。

钢筋材料参数及应变率效应参数　　表 5-5

材料	密度 (kg/m^3)	弹性模量 (GPa)	泊松比	屈服强度 (MPa)	切线模量 (GPa)	硬化参数	C_S	P_S	失效应变
纵筋	7850	206	0.3	335	1	0	40.5	5	0.12
箍筋	7850	206	0.3	225	1	0	40.5	5	0.12

6）混凝土材料

在 ANSYS/LS-DYNA 软件中，可以用于模拟混凝土在高应变率条件下的力学行为的材料模型主要有 MAT_BRITTLE_DAMAGE、MAT_JOHNSON_HOLMQUIST_CONCRETE、MAT_RHT、MAT_CSCM、MAT_WINFRITH_CONCRETE 和 MAT_072R3 等，其中，MAT_JOHNSON_HOLMQUIST_CONCRETE 材料模型适用于侵彻计算；MAT_CSCM 材料模型适用于低速碰撞或拉伸荷载分析；MAT_WINFRITH_CONCRETE、MAT_RHT 和 MAT_072R3 材料模型适用于模拟爆炸荷载下混凝土的力学行为，但前 2 个材料模型不能准确预测钢筋加固等引起的被动侧限效应，而 MAT_072R3 材料模型与 EOS_TABULATED_COMPACTION 状态方程相配合，能够较全面预测混凝土关键力学行为，并且参数获取最为简单，仅需输入混凝土密度、抗压强度以及单位换算系数 R_s 和 U_{CF} 等即可自动生成，故采用 MAT_072R3 材料模型进行模拟。

输入表 5-6 所示参数，可由 LS-DYNA 求解器自动生成模型。

混凝土材料参数　　表 5-6

参数	密度(kg/m^3)	抗压强度(MPa)	R_s	U_{CF}	L_{CRATE}
取值	2300	-30	0.394	1.450×10^7	按动力增大系数曲线取值

在高应变率下，混凝土的力学性能会发生显著变化，其抗拉强度和抗压强度都会得到提高。MAT_072R3 材料模型使用应变率效应表达剪切损伤累积，当材料承受高应变率时，通过使用动力增大系数对其强度进行增强。混凝土的抗压强度动力增大系数 DIF 计算公式为：

$$\dot{\varepsilon}\leqslant30\mathrm{s}^{-1},\ \mathrm{DIF}=\left(\frac{\dot{\varepsilon}}{\dot{\varepsilon}_S}\right)^{1.026a} \tag{5-10}$$

$$\dot{\varepsilon}>30\mathrm{s}^{-1},\ \mathrm{DIF}=\gamma\left(\frac{\dot{\varepsilon}}{\dot{\varepsilon}_S}\right)^{\frac{1}{3}} \tag{5-11}$$

式中，$\dot{\varepsilon}$ 为 $30\times10^{-6}\sim300\mathrm{s}^{-1}$ 之间的应变率；$\dot{\varepsilon}_S$ 为 $30\times10^{-6}\mathrm{s}^{-1}$ 时的应变率；$\lg\gamma=6.156a-2$；$a=\dfrac{1}{5+\dfrac{9f_c}{f_{c0}}}$；$f_{c0}$ 为 10MPa；f_c 为静态抗压强度。

混凝土的抗拉强度动力增大系数 DIF′计算公式为：

$$\dot{\varepsilon}\leqslant1.0\mathrm{s}^{-1},\ \mathrm{DIF}'=\left(\frac{\dot{\varepsilon}}{\dot{\varepsilon}_S}\right)^{\delta} \tag{5-12}$$

$$\dot{\varepsilon}>1.0\mathrm{s}^{-1},\ \mathrm{DIF}'=\beta\left(\frac{\dot{\varepsilon}}{\dot{\varepsilon}_S}\right)^{\frac{1}{3}} \tag{5-13}$$

式中，$\dot{\varepsilon}$ 为 $1.0\times10^{-6}\sim160\mathrm{s}^{-1}$ 之间的应变率；$\dot{\varepsilon}_S$ 为 $1.0\times10^{-6}\mathrm{s}^{-1}$ 时的应变率；$\lg\beta=6\delta-2$；$\delta=\dfrac{1}{1+\dfrac{8f_c}{f_{c0}}}$；$f_{c0}$ 为 10MPa；f_c 为静态抗压强度。

通过 DEFINE_CURVE 关键字定义混凝土的动力增大系数。

5.2.3 圆形管线数值模型建立及验证

圆形管线以南线隧道下穿三期供水管线为例，其埋深在 1m 左右，与隧道净距为

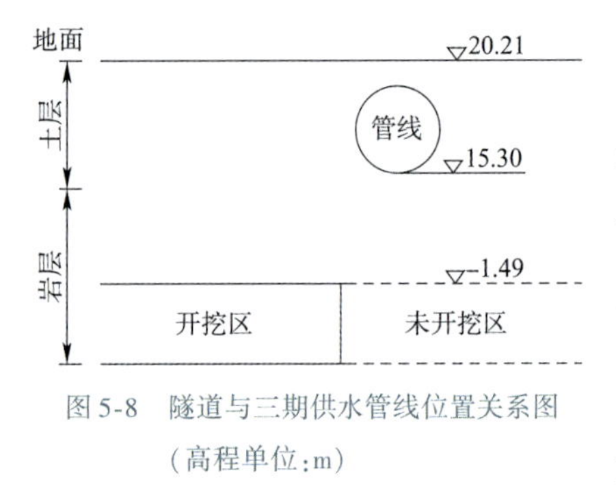

图 5-8 隧道与三期供水管线位置关系图（高程单位：m）

16.79m，如图 5-8 所示。

根据现场爆破测试结果，当隧道采用台阶法分部爆破时，由于上台阶掏槽爆破自由面最少，岩石夹制作用最大，其引起的爆破地震效应最强，故只考虑隧道上台阶掏槽爆破时的三期管线爆破动力响应。

为节约计算成本，以 *YOZ* 面为对称面建立如图 5-9 所示的1/2 对称模型，模型尺寸为 16m（长）×18m（宽）×36m（高），单元尺寸控制在 30cm 左右。由于掏槽炮孔之间的距离远小于隧道至管线的距离，采用等效直径的方法将多个掏槽炮孔简化为一个炮孔（图 5-10），圆柱形炸药通过 INITIAL_VOLUME_FRACTION_GEOMETRY 关键字进行建模。由于 4 个掏槽孔同时起爆，掏槽孔单孔平均药量为 0.45kg，4 个炮孔简化为一个炮孔，其装药量为 1.8kg。钢筋混凝土采用分离法进行建模，并通过 CONSTRAINED_LAGRANGE_IN_SOLID（CTYPE =2）关键字进行节点耦合。土层与管线之间采用面面自动约束，与岩层之间采用共节点的方式。在模型对称面施加对称约束，顶面定义为自由面，其余面则定义为无反射边界。整个数值模型单元总数超过 70 万个，模拟时间为 0.3s，实际求解时间为 18h。管线混凝土及钢筋单元如图 5-11 所示。

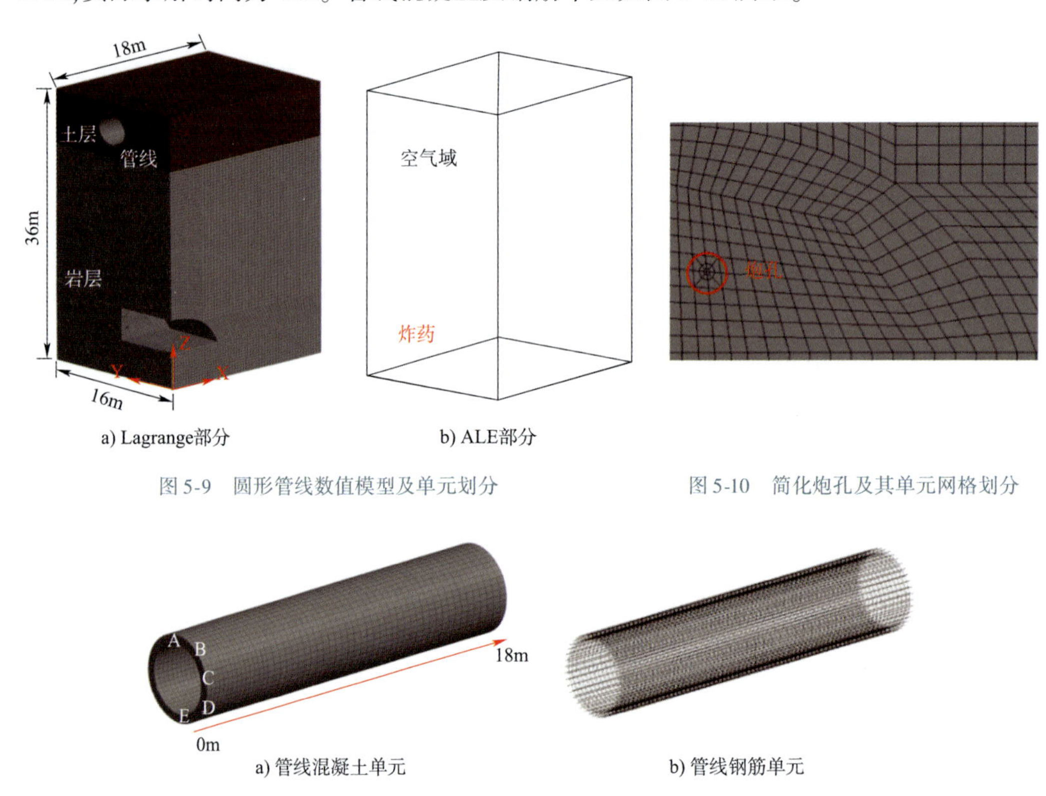

图 5-9 圆形管线数值模型及单元划分

图 5-10 简化炮孔及其单元网格划分

图 5-11 圆形管线混凝土及钢筋单元

各部位单元选取及管线长度方向在图 5-11 中标示，其中：A 为管线顶部中心处，B 为顶部 45°处，C 为管线中部，D 为底部 45°处，E 为管线底部中心处。

数值模拟结果的准确性是采用该方法研究爆破地震波的传播以及地下管线动力响应问题的重要保证,对数值模拟结果进行验证至关重要。对于地下结构在地表或土中炸药爆炸作用下的数值模拟,一般通过与军方抗爆手册中的经验公式(UFC-3-340-02、TM5-855-1等)、缩尺试验、CONWEB试验等对比验证,而隧道爆破情况相对复杂,不适合用以上方法验证。因此,为了对上述数值模型进行验证,在爆破施工时对地表和洞内测点振动进行测试,并将现场测试振速与数值模拟振速对比,验证数值模拟的可靠性,图5-12为地表和隧道内测点的布置图。由于上台阶是掏槽孔爆破,其爆破引起的振动最大,对管线的振动影响也最大。因此,只对隧道上台阶爆破时进行振动监测,并用该监测数据来验证数值模型的准确性。统计的数值模拟测点和实测测点的峰值振速对比图如图5-13所示,对比结果如表5-7所示。

a) 地表测点

b) 隧道内测点

图 5-12 现场监测及测点位置图

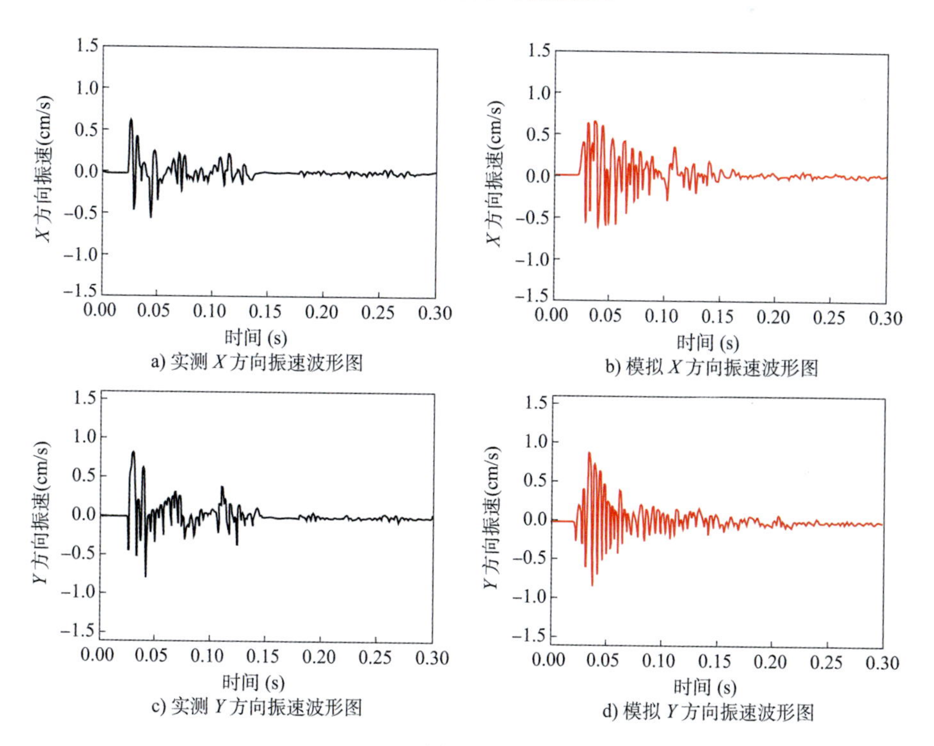

a) 实测 X 方向振速波形图

b) 模拟 X 方向振速波形图

c) 实测 Y 方向振速波形图

d) 模拟 Y 方向振速波形图

图 5-13

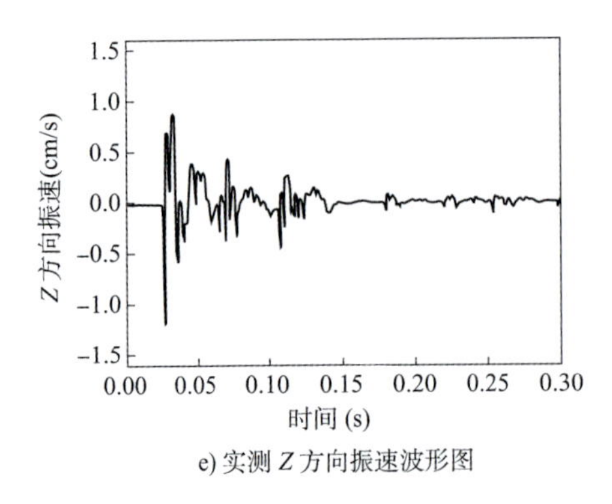

e)实测Z方向振速波形图

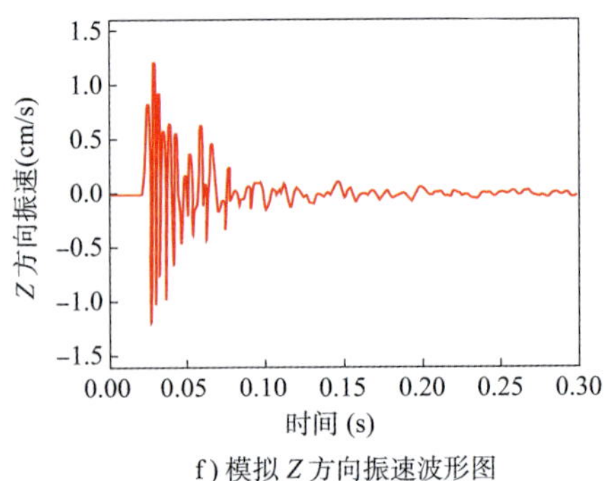

f)模拟Z方向振速波形图

图5-13 测点振动速度时程曲线(掏槽段)

各监测点质点振速对比 表5-7

测点	药量(kg)	X方向振速(cm/s)			Y方向振速(cm/s)			Z方向振速(cm/s)		
		实测	模拟	误差	实测	模拟	误差	实测	模拟	误差
地表	1.8	0.62	0.65	4.8%	0.85	0.88	3.5%	1.18	1.22	3.4%
隧道内		5.43	5.87	8.1%	7.55	7.91	4.8%	11.25	12.06	7.2%

通过对比分析各方向峰值振速发现,数值模拟中测点X、Y、Z三个方向峰值振速与实测测点峰值振速相差不大,最大误差仅为8.1%。在波形图方面,两者差异是由于针对研究问题对模型进行简化,而且并未考虑岩土介质中存在的节理、裂隙等影响因素,模拟振速波形相较于实测振速波形振动持续时间较短,但整体趋势与实测波形较为一致,进一步验证了数值模型计算结果的可靠性。因此,基于该数值计算模型研究爆破振动下地下管线动力响应问题是可行的。

5.2.4 直墙拱形管线数值模型建立及验证

采用ANSYS/LS-DYNA动力有限元软件,建立以YOZ面为对称面的1/2对称模型,如图5-14所示,模型尺寸为16m(长)×18m(宽)×36m(高),单元尺寸控制在35cm。由于炸药、炮孔尺寸相对于模型整体尺寸较小,为方便建模,采用等效直径的方法将掏槽炮孔简化为一个炮孔。模型中土层、岩层、炸药、空气以及管道混凝土采用SOLID164单元,管道纵筋、箍筋采用BEAM161单元。土层与岩层采用共节点法进行建模,岩土介质与管道之间采用CONTACT_AUTOMATIC_SURFACE_TO_SURFACE接触。除模型顶面(自由面)和对称面外,均设为无反射边界模拟无限区域。

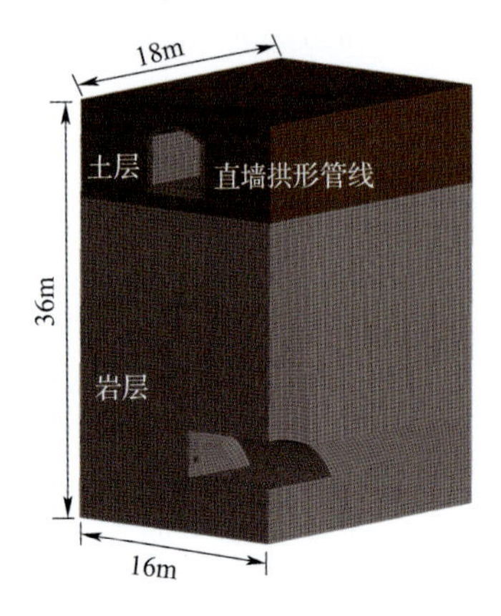

图5-14 直墙拱形管线数值模型及单元划分

直墙拱形管道采用分离式建模,如图5-15所示。管道混凝土强度为C30,采用MAT_072R3材料模型进行模拟,该模型采用三个剪切失效面,考虑了混凝土的损伤和应变率效应,并且仅需输入混凝土密度(2300kg/m^3)、抗压强度(30MPa)、单位换算系数等即可自动生成,能够较好地模拟混凝土材料在爆炸荷载下的动力响应;管道纵筋屈服强度为 335MPa,箍筋屈服强度为 225MPa,采用 MAT_PLASTIC_KINEMATIC 材料模型,并按 COWPER_SYMONDS 方式考虑应变率效应对屈服强度的影响。

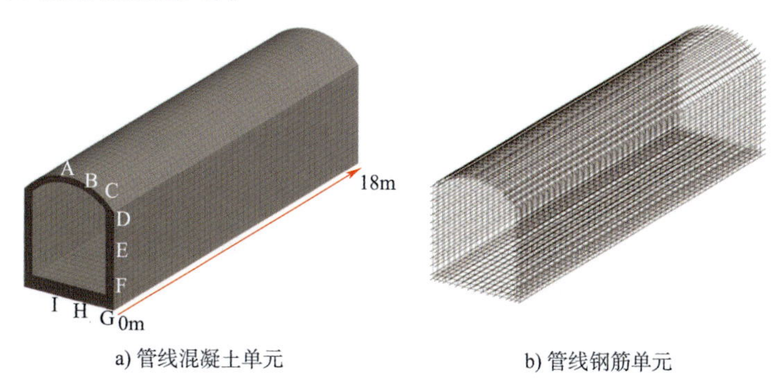

a) 管线混凝土单元　　b) 管线钢筋单元

图 5-15　直墙拱形管线混凝土及钢筋单元

为验证数值模拟结果的准确性,采用由 NUBOX-8016 爆破监测振仪、三维速度型传感器等组成的爆破振动监测系统,对地表测点的振动速度进行监测,如图 5-16 所示,数值模型中测点位置如图 5-17 所示。将数值模拟中测点掏槽段 X、Y、Z 三个方向振速波形与实测振速波形对比,如图 5-18 所示。各监测点质点振速对比如表 5-8 所示。

图 5-16　爆破振动现场监测

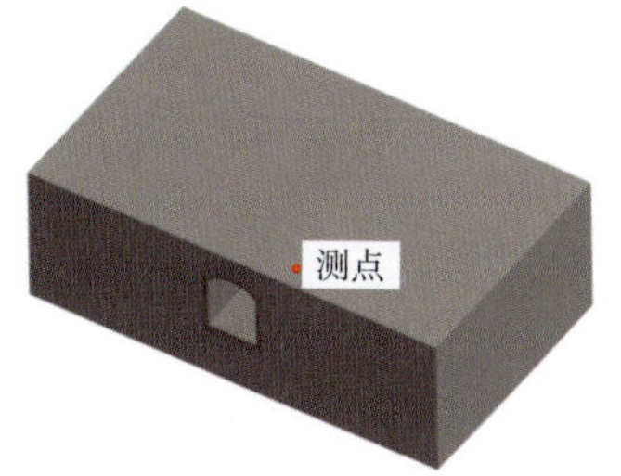

图 5-17　数值模型中测点位置

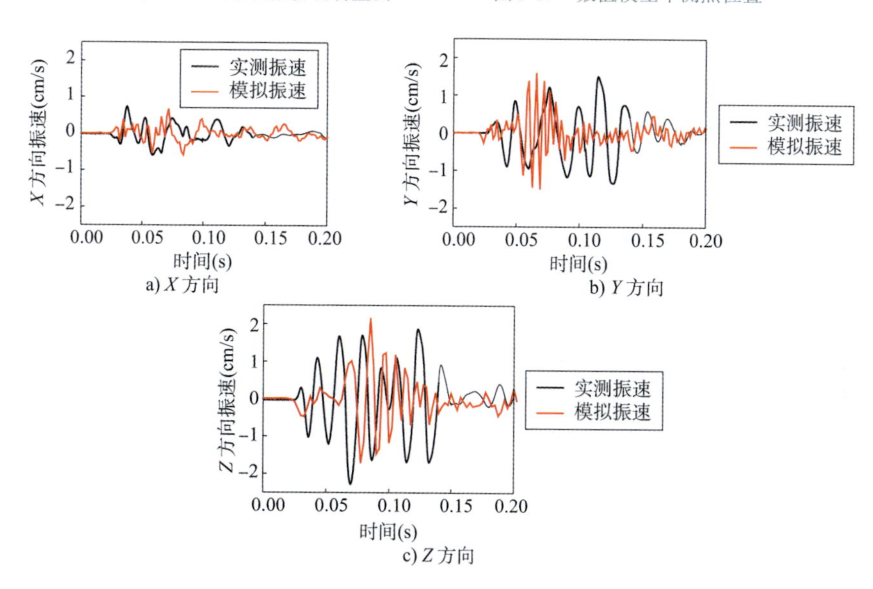

a) X 方向　　b) Y 方向　　c) Z 方向

图 5-18　测点振动速度时程曲线(掏槽段)

各监测点质点振速对比　　表 5-8

测点	药量(kg)	X 方向振速(cm/s)			Y 方向振速(cm/s)			Z 方向振速(cm/s)		
		实测	模拟	误差	实测	模拟	误差	实测	模拟	误差
地表	1.8	0.73	0.67	-8.2%	1.51	1.60	6.0%	2.27	2.16	-4.8%

从图 5-18 可以看出,模拟振速波形振动持续时间较短、衰减较快,但整体趋势与实测波形较为一致。从表 5-8 可以看出,各方向峰值振速相差不大,最大误差为 X 方向振速,仅为 -8.2%。可见,数值模型及材料参数、算法等的选取较为合理。因此,基于该数值计算模型研究爆破振动作用下地下管线的动力响应问题是可行的。

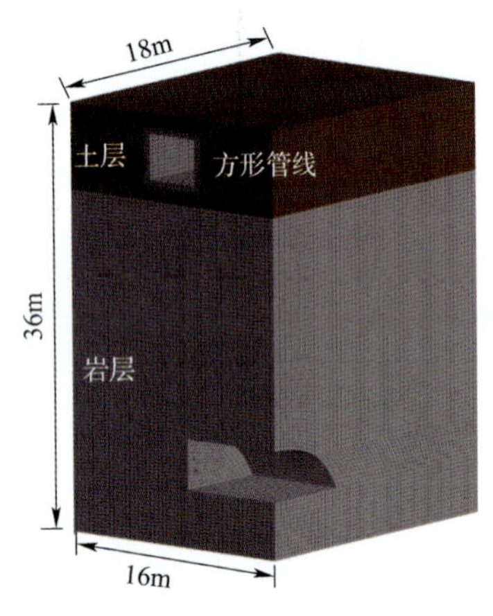

图 5-19　方形管线数值模型及单元划分

5.2.5　方形管线数值模型建立

为与隧道爆破作用下圆形、直墙拱形管线进行不同截面形式的振动响应对比分析,特建立方形管线的数值模型。方形管线的数值模型如图 5-19 所示,方形管线断面尺寸与混凝土及钢筋单元如图 5-20 所示。选取方形截面上不同单元处的峰值振速和峰值拉应力进行分析,其中 A 为管线顶部中心处,B 为顶部-边墙连接处,C 为边墙中心,D 为底部-边墙连接处,E 为管线底部中心处。

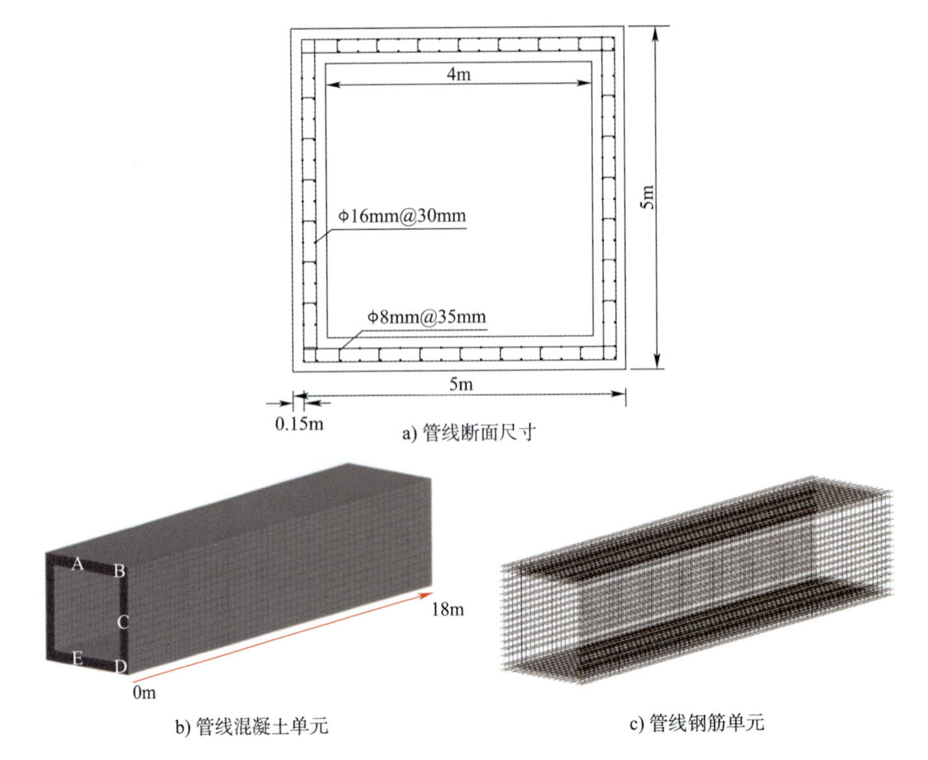

图 5-20　方形管线断面尺寸与混凝土及钢筋单元

5.3 地下管线中爆破地震波传播特性

5.3.1 圆形管线中爆破地震波的传播特性

图 5-21 为圆形管线中不同时刻爆破地震波在围岩中的传播情况。

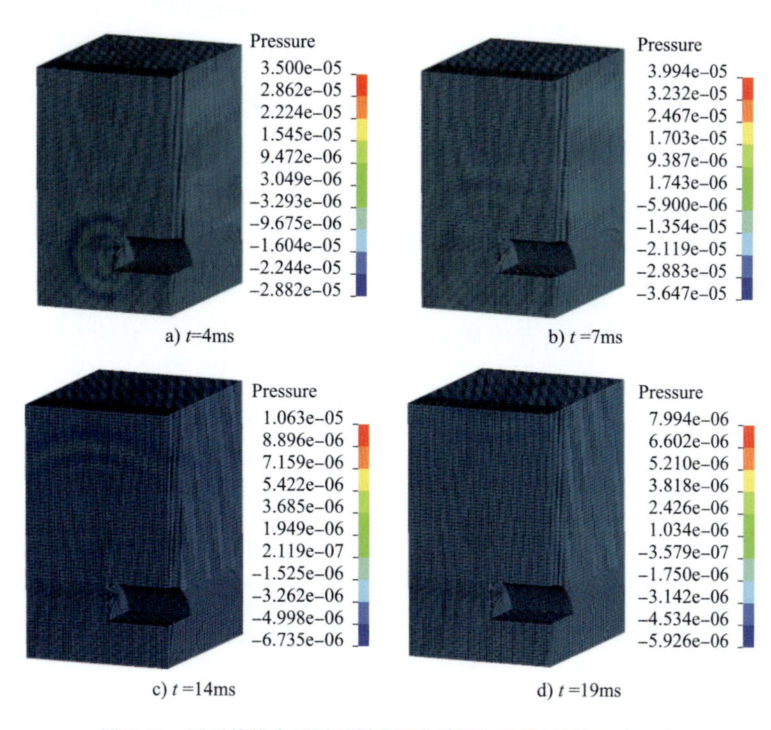

图 5-21 圆形管线中不同时刻岩层介质压力云图(单位:10^2GPa)

炸药起爆后,爆破地震波以球面波的形式在岩层中传播,同时,炮孔周围岩层被炸裂。随着爆破地震波的传播,其波前面积不断增大,峰值压力则不断减小。如图 5-21b)所示,当爆破地震波传播至模型边界时并未发生反射,可见非反射边界定义的正确性。爆破地震波在 $t = 14$ms 时传播至岩层与土层交界处。通过图 5-21c)可以看出,地震波在交界处发生反射和透射,一部分发生反射返回岩层向地底传播,另一部分则透过界面在土层中传播。

图 5-22 为圆形管线中不同时刻爆破地震波在土层中的传播情况。

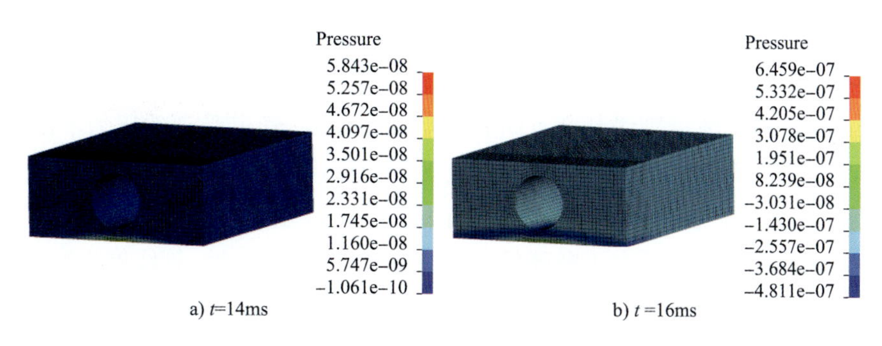

图 5-22

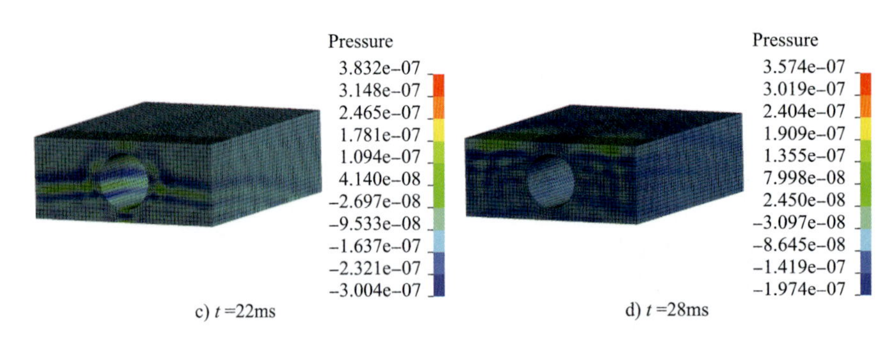

图 5-22 圆形管线中不同时刻土层介质压力云图(单位:10^2GPa)

从图 5-22a)看出,在 t = 14ms 时,爆破地震波到达炸药正上方岩层与土层交界处,并发生反射和透射。如图 5-22b) 所示,在 t = 16ms 时,地震波传播至管线下表面,随后,爆破地震波同样在管线与土层交界处发生反射和透射,一部分地震波进入管线,另一部分地震波则绕开管线向地表传播。由图 5-22c) 可以看出,大约在 22ms 时爆破地震波到达地表。

不同时刻爆破地震波在管线上的传播情况如图 5-23 所示。

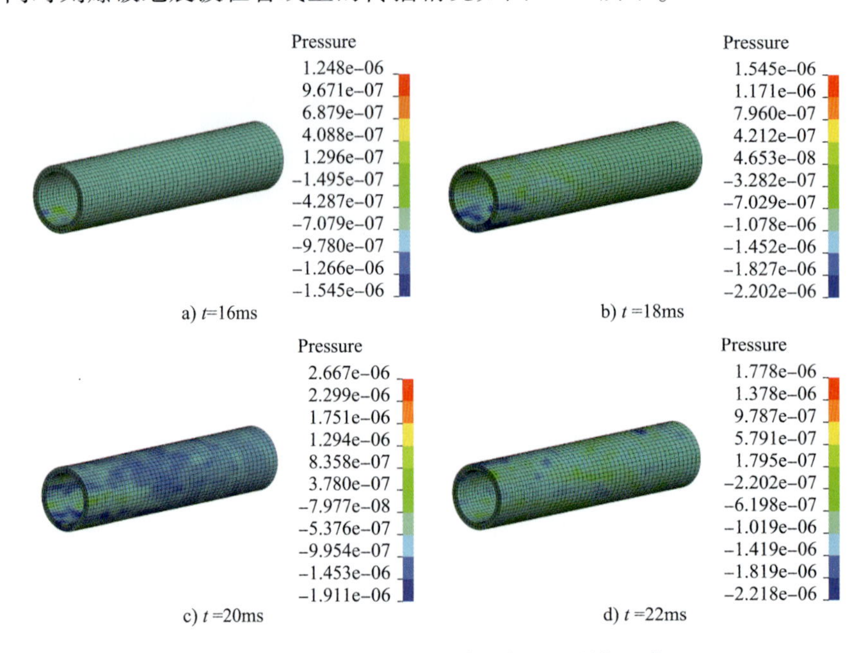

图 5-23 圆形管线中不同时刻管线压力云图(单位:10^2GPa)

从图 5-23 看出,爆破地震波首先到达炸药正上方管线底部,使该区域首先受到压力作用。随后,地震波沿管线高度方向和长度方向传播,管道受到的压力不断增大,大约在 t = 22ms 时,圆形管道全部受到爆破地震波的作用。由于地震波在土层、管道、空气等不同介质传播时会发生复杂的反射和透射,管道处于反复拉压状态。随着时间的延长,爆破地震波的峰值压力不断降低,当其在土中完全衰减后,管线停止响应。

5.3.2 直墙拱形管线中爆破地震波传播特性

图 5-24 为直墙拱形管线中不同时刻爆破地震波在岩土介质中的传播情况。

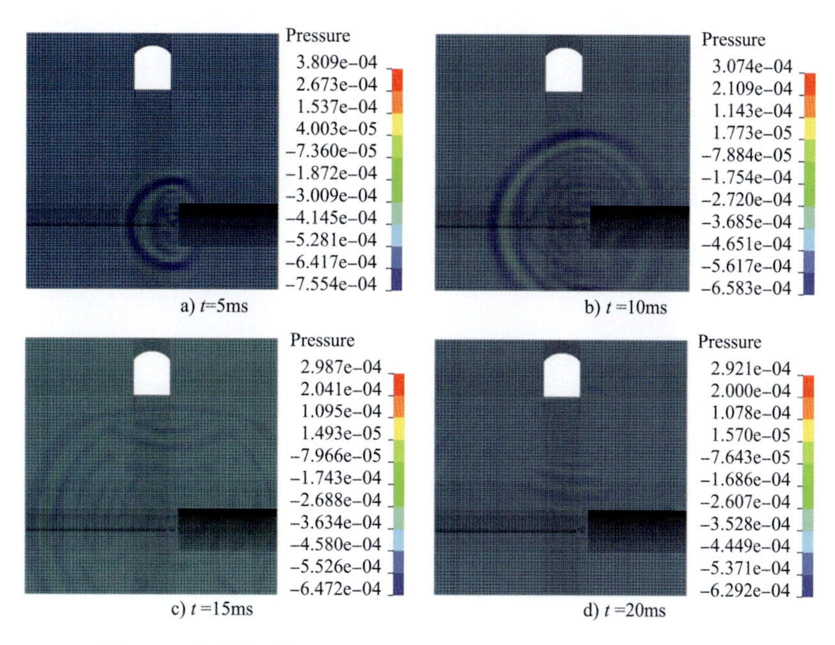

图 5-24 直墙拱形管线中不同时刻岩土介质压力云图(单位:10^2GPa)

从图 5-24 看出,炸药起爆后,地震波以球面波的形式在岩体中传播,同时,炮孔周围岩体被炸裂。爆破地震波面积随时间不断增大,而峰值压力则不断减小,在 $t = 10$ms 时传播至岩层与土层交界处。由图 5-24c)、d)可以看出,地震波在交界处发生反射和透射,一部分发生反射返回岩层向地底传播,另一部分则透过界面在土层中传播。当 $t = 15$ms 时,爆炸冲击波到达管线表面。

图 5-25 为不同时刻爆破地震波在管线上的传播情况。

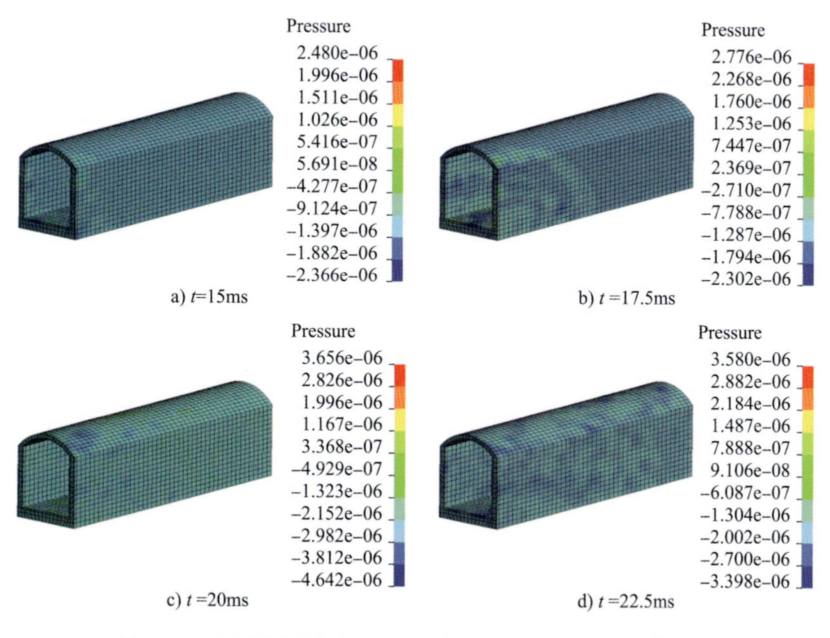

图 5-25 直墙拱形管线中不同时刻管线压力云图(单位:10^2GPa)

从图5-25可以看出，爆破地震波首先到达炸药正上方管线底板区域，使该区域首先受到压力作用。随后，地震波沿管线高度方向和长度方向传播，管道受到的压力不断增大，大约在 $t=22.5\text{ms}$ 时，直墙拱形管道全部受到爆破地震波的作用。由于地震波在土层、管道、空气等不同介质传播时会发生复杂的反射和透射，管道处于反复拉压状态。随着时间的增长，爆破地震波的峰值压力不断降低，当其在土中完全衰减后，管线停止响应。

5.4 不同截面形状地下管线爆破振动响应特征

5.4.1 圆形管线的振速和应力响应特征

在隧道爆破振动作用下，地下结构受四周岩土介质约束位移影响通常较小，其振动响应主要通过结构的峰值振速和峰值拉应力进行描述。首先选取炸药正上方的管线横截面，对该横截面上不同部位的单元峰值拉应力和垂直峰值振速进行分析；随后研究峰值振速和峰值拉应力沿管线纵向上的变化情况，分析传播规律。

1）横向振动响应

隧道爆源正上方管线横截面（0m）不同位置处的峰值振速和峰值拉应力如图5-26所示。从中可以得出以下结论：

（1）管线在爆破振动下各部分的峰值振速和峰值拉应力相差较大，其中：管线底部的峰值振速最大，中部次之，顶部的峰值振速最小。单元E处的峰值振速最大，约为2.935cm/s，其余依次为单元D、C、A、B处，单元B处的峰值振速最小，仅为0.764cm/s，是单元E处的1/4左右。

（2）管线各部分的峰值拉应力相对较小，均未超过0.2MPa。而且管线各部分峰值拉应力大小与峰值振速大小并无关系，最大峰值拉应力并非出现在峰值振速最大的地方，管线中部的峰值拉应力最大，底部次之，顶部最小。最大峰值拉应力出现在单元C处，约为0.156MPa，最小峰值拉应力出现在单元A处，约为0.080MPa，是C处的近一半。

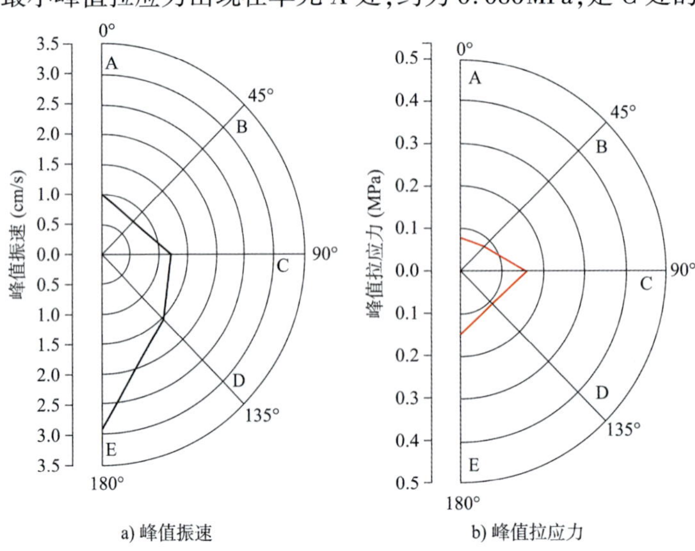

图5-26 圆形管线截面不同单元的峰值振速及峰值拉应力

2)纵向振动响应

管线不同部位峰值振速和峰值拉应力沿管线纵向的变化情况如图5-27所示。

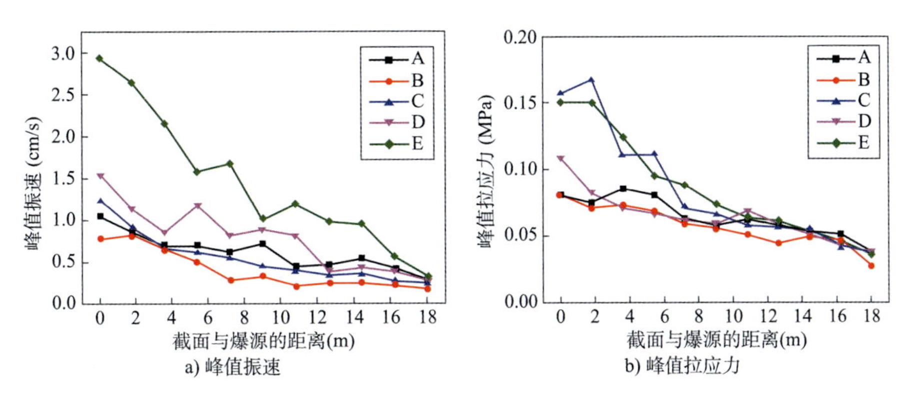

图5-27 圆形管线纵向的峰值振速和峰值拉应力变化情况

从图5-27可以得出以下结论：

(1)管线纵向各部分的峰值振速和峰值拉应力变化较为一致,峰值均出现在距离爆源0~2m处,并随着与爆源距离的增大而逐渐减小,而且不同截面上各单元之间的峰值振速和峰值拉应力的差值同样随着与爆源距离的增大而减小。

(2)在爆源正上方管线截面(0m)上各单元的峰值振速和峰值拉应力相差最大,在距离爆源最远的管线截面(18m)上,爆破地震波的衰减导致峰值振速和峰值拉应力差异较小。随着传播距离的继续增大,峰值振速和峰值拉应力必然均逐渐趋于0。

5.4.2 直墙拱形管线的振速和应力响应特征

1)横向振动响应

爆源上方管线截面上(0m)不同单元的峰值振速及峰值拉应力分布情况如图5-28所示。

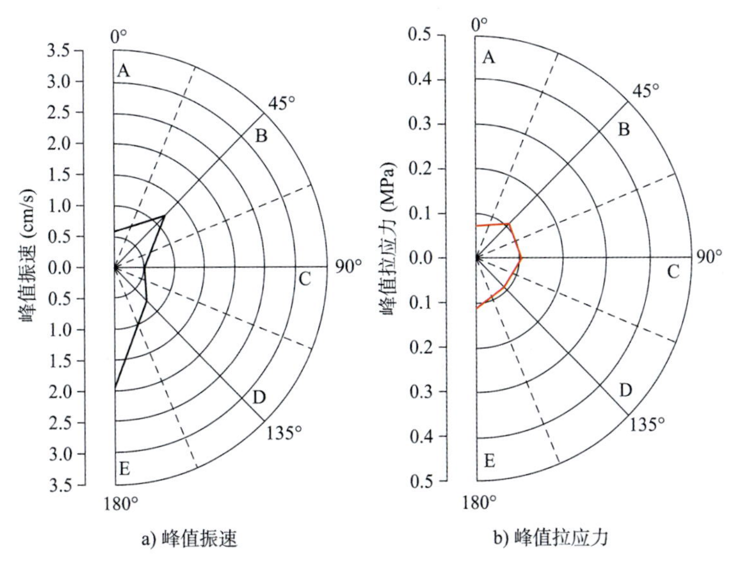

图5-28 爆源上方直墙拱形管线截面不同单元的峰值振速及峰值拉应力

从图 5-28 可以看出：

(1)直墙拱形管线各部分的峰值振速和峰值拉应力并不相同。在峰值振速方面，管线底部中心单元 E 处的峰值振速最大，其次为拱部-边墙连接处单元 B，边墙单元 C 处的峰值振速最小。

(2)在峰值拉应力方面，直墙拱形管线各部分峰值拉应力的差值相对较小，按从大到小排序依次为单元 E、单元 B、单元 C、单元 D 和单元 A。单元 E 的峰值拉应力仅是单元 A 峰值拉应力的 1.5 倍。

2)纵向振动响应

直墙拱形管线各单元峰值振速和峰值拉应力纵向的变化规律如图 5-29 所示。

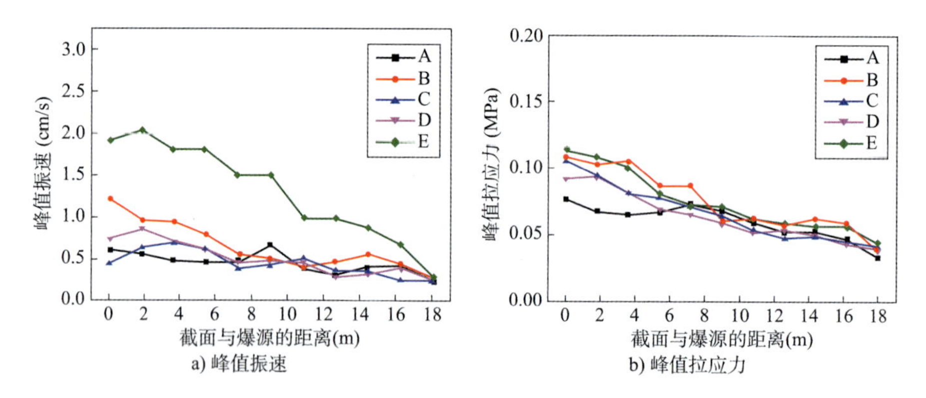

图 5-29　直墙拱形管线纵向峰值振速和峰值拉应力变化情况

从图 5-29 可以得出：

直墙拱形管线各部分的峰值振速和峰值拉应力纵向的变化情况，以及不同截面上各单元之间峰值振速和峰值拉应力的差值，与圆形管线的变化情况大致相同，均是位于隧道跨度范围内(0～2m)的截面最大，并随着与爆源距离的增大而逐渐减小。

5.4.3　方形管线的振速和应力响应特征

1)横向振动响应

爆源上方管线截面上(0m)不同单元的峰值振速及峰值拉应力分布情况如图 5-30 所示。

由图 5-30 可以看出：

(1)在爆源正上方的管线截面上，管线底部的峰值振速最大，顶部次之，边墙的峰值振速最小。其中：单元 E 处的峰值振速远大于其他单元，约为 2.951cm/s；而单元 C 处的峰值振速最小，约为 0.725cm/s，是 E 处的 1/4 左右。

(2)方形截面管线各部分的峰值拉应力相对较小，均未超过 0.2MPa，而且管线各部分单元峰值拉应力大小与峰值振速大小并无关系，最大峰值拉应力并非出现在峰值振速最大的地方，管线边墙单元 C 处的峰值拉应力最大，其次为单元 D，最小峰值拉应力出现在管线顶部单元 A 处，仅为 0.056MPa，约为最大峰值拉应力的 1/2。

2)纵向振动响应

方形管线各单元峰值振速和峰值拉应力纵向的变化情况如图 5-31 所示。从图 5-31

可以看出：

（1）管线各部分的峰值振速和峰值拉应力纵向的变化一致，峰值均出现在隧道跨度范围内（0～2m）的截面中，并随着与爆源距离的增大而逐渐减小。

（2）不同截面上各单元之间峰值振速和峰值拉应力的差值同样随着截面与爆源距离的增大而减小，在爆源正上方的地下管线截面（0m）上各单元间峰值振速和峰值拉应力相差最大，在18m处的管线截面上则相差较小。

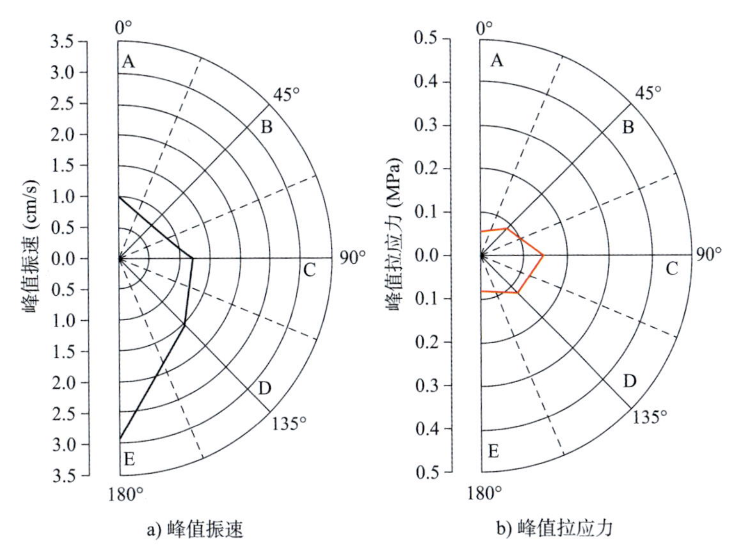

图5-30 爆源上方方形管线截面不同单元的峰值振速及峰值拉应力

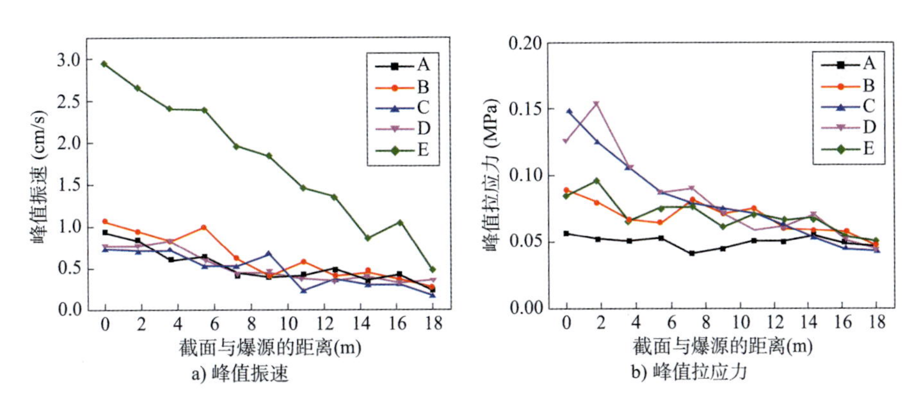

图5-31 方形管线纵向峰值振速和峰值拉应力

5.4.4 不同截面形状管线振动响应特征对比

将上述三种不同截面形状地下管线的振速和应力响应值绘制在同一幅图中，如图5-32所示。对比分析不同截面形状地下管线的振动响应异同点，并分析其影响机理。

综上所述，通过对隧道爆破下圆形、方形以及直墙拱形三种不同截面形状管线的振动响应进行对比分析，可以得到以下结论：

（1）横向振动响应方面，爆破作用下圆形、方形、直墙拱形管线的最大峰值振速均出现在距离爆源最近的管线底部单元 E 处,而最大峰值拉应力部位却不相同,圆形、方形管线最大峰值拉应力为中部或边墙中心单元 C 处,而直墙拱形管线的最大峰值拉应力出现在底部单元 E 处,次高峰值拉应力出现在拱脚单元 B 处,并与最大峰值拉应力较为接近。上述部位为该条件下不同截面形状管线的易失效部位。可以得出管线峰值振速最大的部位与峰值拉应力最大的部位并不一致。

(2)纵向振动响应方面,在隧道爆破作用下,处于隧道跨度范围内的管线截面受爆破振动影响最为明显。圆形、方形以及直墙拱形各部分的峰值振速和峰值拉应力纵向的变化情况大致相同,峰值均出现在隧道跨度范围内(0 ~ 2m),并随着与爆源距离的增大而逐渐减小。各单元之间的峰值振速和峰值拉应力的差值同样随着与爆源距离的增大而减小,在爆源正上方管线截面(0m)上各单元的峰值振速和峰值拉应力相差最大,在距离爆源最远的管线截面(18m)上相差较小。

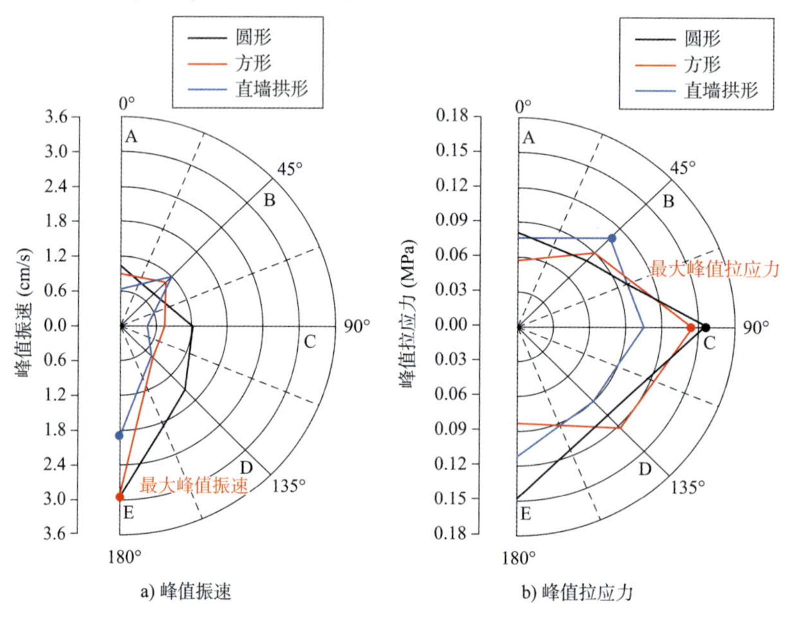

图 5-32　三种不同截面形状地下管线的振速和应力响应对比

5.4.5　管线与土层振动响应的相互关系

以圆形管线为例,研究管线与周围土层的振动响应相互关系。隧道爆源正上方的管线截面(0m)峰值振速和峰值拉应力最大,故选取该截面上管线与土层接触面顶部、中部和底部五个位置共计 10 个单元来分析管道与土层的振动响应差异情况,取点位置如图 5-33 所示,其中:A、B、C、D、E 为管线单元,A′、B′、C′、D′、E′为相应的土层单元。

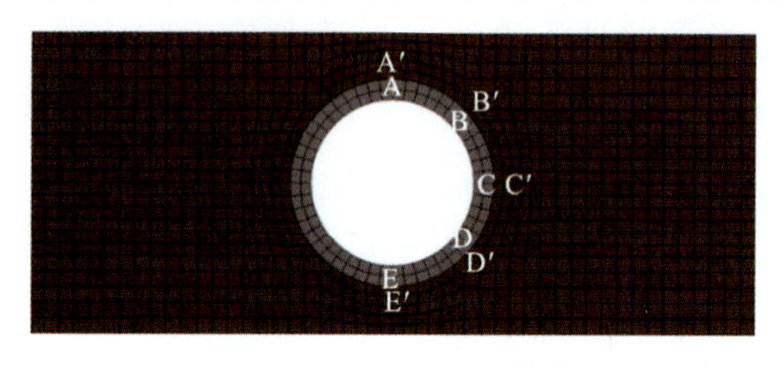

图 5-33　单元选取示意图

管线与土层接触面上各单元横向振动速度时程曲线如图 5-34 所示,可以得出以下结论:

(1)土层截面各单元峰值振速大小的排序与管线单元一致,最大峰值振速同样为底部单元 E′,中部单元 C′次之,顶部单元 A′的峰值振速最小。

(2)通过对两者进行对比发现,接触面上管线各单元的振速强度明显大于相应的土层单元的振动强度,而且管线单元响应频率要高于土层单元的响应频率。对土层与管线各部分间的峰值振速差值进行分析,差值大致呈现出自管线底部至顶部逐渐减小的趋势,单元 B(B′)处相差最小,约为 15.6%,单元 A(A′)处相差 19.2%,单元 C(C′)处相差 26.9%,单元 D(D′)差值为 29.7%,单元 E(E′)相差最大,土层的峰值振速比管线的峰值振速少 50.4%。

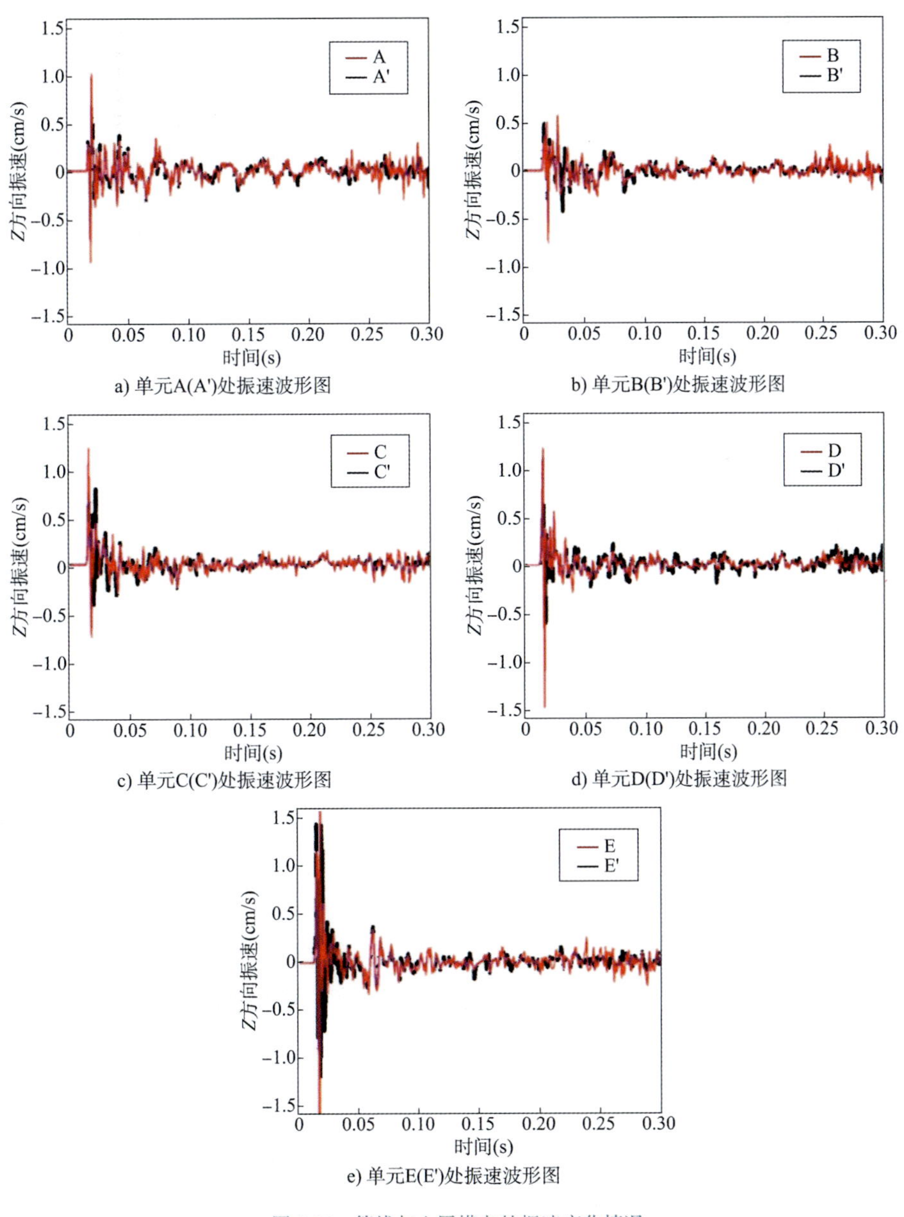

a) 单元A(A')处振速波形图

b) 单元B(B')处振速波形图

c) 单元C(C')处振速波形图

d) 单元D(D')处振速波形图

e) 单元E(E')处振速波形图

图 5-34　管线与土层横向的振速变化情况

管线与土层接触面上各部分峰值振速和峰值拉应力沿管线纵向的变化情况如图 5-35 所示，可以得出以下结论：

土层各单元的峰值振速和峰值拉应力同样随着与爆源距离的增大而减小，而且土层峰值振速与管线峰值振速之间的差值明显小于峰值拉应力之间的差值，其中：土层单元 E′处的峰值振速与相对应的管线单元相差较大，而单元 A′、B′、C′、D′除在爆源正上方截面(0m)处相差较大以外，其余截面相差较小且互有高低；土层各单元的峰值拉应力与对应管线相比差距明显，而且两者间的差值沿管线纵向逐渐减小。

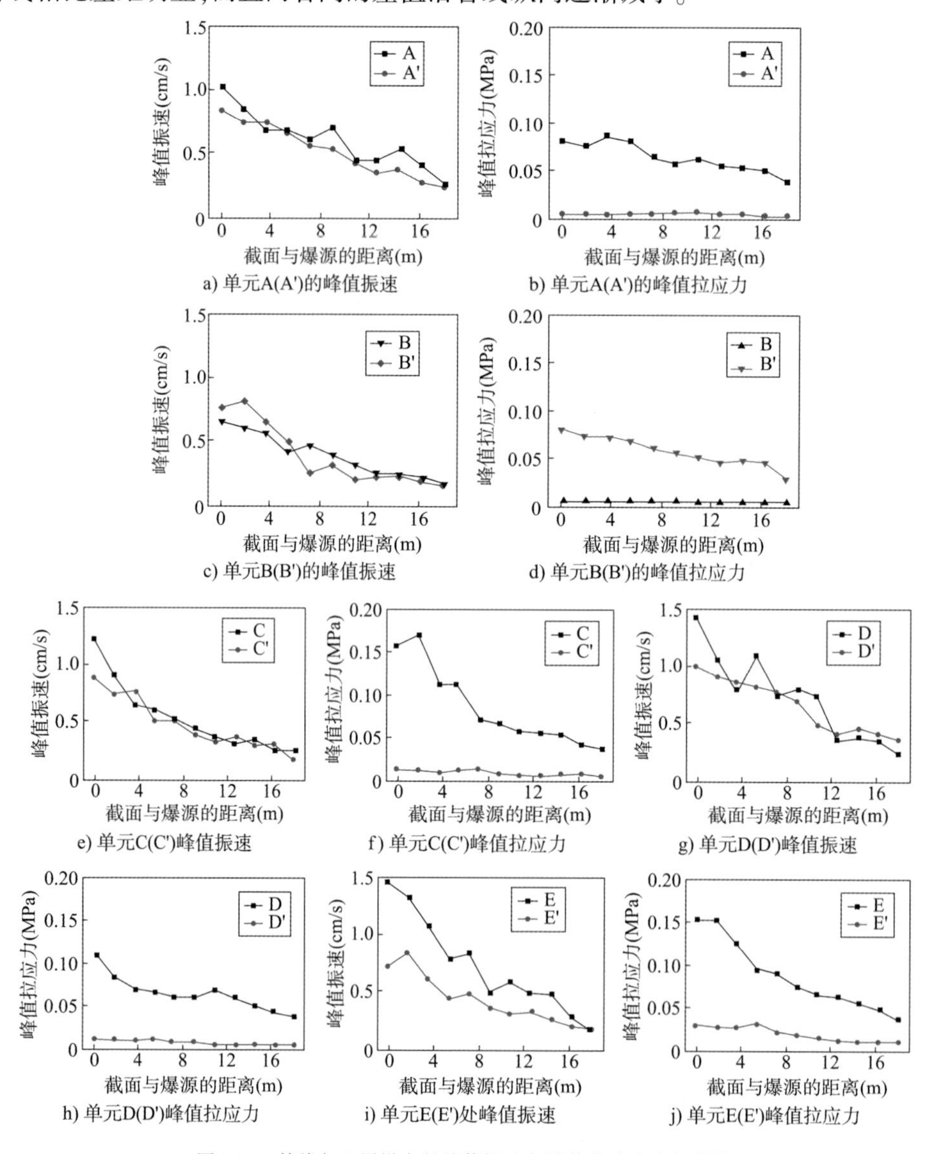

图 5-35　管线与土层纵向的峰值振速与峰值拉应力变化情况

5.5　管线爆破振动响应影响因素分析和安全参数计算

隧道爆破作用下管线振动响应受到诸多因素影响，使得爆破振动下管线响应特征和安全评价十分复杂。考虑到对很多因素已有较多研究成果,而对管线与隧道净距、掏槽孔起爆药量、地层性质三个重要因素研究还较少,故重点考虑上述三个因素对隧道爆破下管线振动响应的影响。

结合深圳市东部过境高速公路连接线隧道工程下穿二期、三期供水管线,选取隧道爆源正上方管线峰值振速和峰值拉应力最大的截面(0m)作为研究对象,分析管线与隧道间的净距、掏槽孔起爆药量及管线周围地层性质等因素对圆形、方形、直墙拱形管线的振动响应影响。

5.5.1 管线与隧道净距影响

研究隧道与管线净距分别为16.79m、14.79m、12.79m和10.79m(表5-9)时,三种不同截面形状管线的振速和应力响应规律。

不同净距模拟工况表　　表5-9

工况序号	截面形状	药量(kg)	净距(m)	岩层	土层
1	圆形	1.8	16.79	Ⅳ级围岩	含卵石砂层
4			14.79		
5			12.79		
6			10.79		
2	方形	1.8	16.79	Ⅳ级围岩	含卵石砂层
7			14.79		
8			12.79		
9			10.79		
3	直墙拱形	1.8	16.79	Ⅳ级围岩	含卵石砂层
10			14.79		
11			12.79		
12			10.79		

1)圆形管线

图5-36展示了圆形管线在不同净距下的峰值振速和峰值拉应力变化情况,由图5-36可以看出:

(1)圆形管线各部位的峰值振速和峰值拉应力都随着净距的减小而不断增大。

(2)净距的减小不会改变最大峰值振速和最大峰值拉应力出现的位置,在峰值振速方面,单元E处的峰值振速总是最大的,而最小峰值振速的部位为单元B和单元A中的某一个。在峰值拉应力方面,最大峰值拉应力均出现在单元C处,单元A、单元B中的某一个的峰值拉应力最小。

(3)随着净距的改变,各部分单元的增量却不一致。总体来说,圆形管线上半部分的峰值振速和峰值拉应力的增量要小于其他部分,说明净距对圆形管线上半部分的影响要小于下半部分。

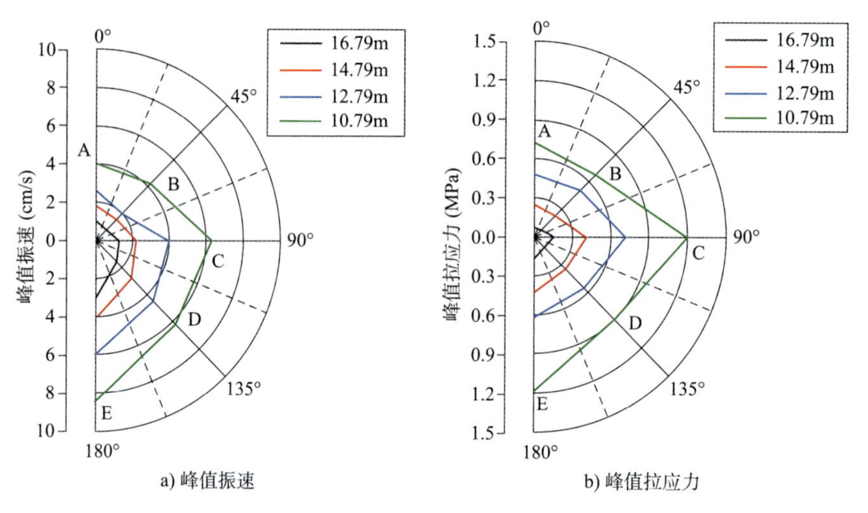

图 5-36　圆形截面管线在不同净距下的峰值振速和峰值拉应力

2)直墙拱形管线

图 5-37 为直墙拱形截面管线在不同净距下的各部位峰值振速和峰值拉应力的变化情况。

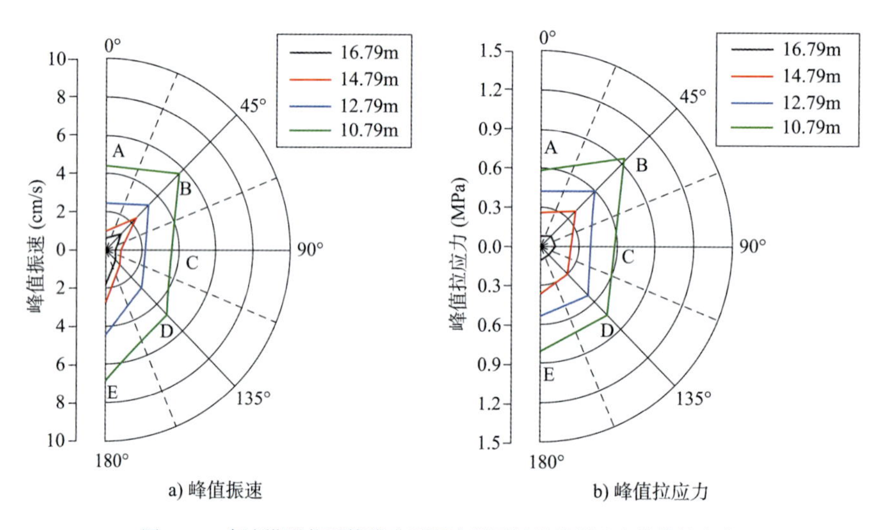

图 5-37　直墙拱形截面管线在不同净距下的峰值振速和峰值拉应力

从图 5-37 可以看出:

(1)随着净距的减小,直墙拱形管线各部位的峰值振速和峰值拉应力都不断增大。

(2)在峰值振速方面,最大峰值振速总是出现在单元 E 处,最小峰值振速总是出现在单元 C 处。净距减小没有改变直墙拱形管线峰值振速最大值和最小值出现的位置。

(3)和圆形、方形管线不同,净距的减小改变了直墙拱形管线峰值拉应力最大值和最小值的出现位置。最大峰值拉应力位置由单元 E 处逐渐变为单元 B 处,最小峰值拉应力位置则由单元 A 处变为单元 C 处。

(4)随着净距的改变,拱部-边墙连接处和底板中心的峰值振速和峰值拉应力的增量最大,说明该位置受管线与隧道间净距的影响最大。

3)方形管线

图5-38为方形管线在不同净距下的峰值振速和峰值拉应力变化情况,由图5-38可以看出:

(1)随着净距的减小,方形管线各部位的峰值振速和峰值拉应力都不断增大。

(2)净距的减小同样没有改变方形管线最大峰值振速和最大峰值拉应力出现的位置,但改变了最小峰值振速的位置。在峰值振速方面,单元E处的峰值振速总是最大的,最小峰值振速由单元D处变为单元A处。在峰值拉应力方面,最大峰值拉应力总是出现在单元C处,而最小峰值拉应力总是出现在单元A处。

(3)随着净距的改变,各部分单元的增量却不一致,总体来说,方形管线下半部分的峰值振速增量要大于其他部分,中间部分的峰值拉应力增量最大。

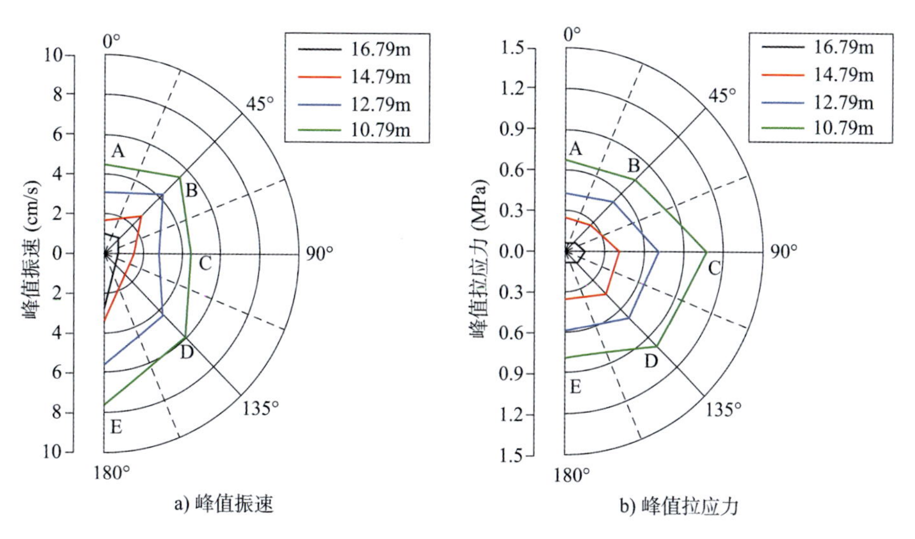

图5-38 方形截面管线在不同净距下的峰值振速和峰值拉应力

4)三种不同截面形状管线比较

图5-39统计了圆形、方形、直墙拱形管线在不同净距下的最大峰值振速和最大峰值拉应力,可以看出:

(1)除去净距为16.79m时,圆形管线的峰值振速和峰值拉应力总体来说是最大的,方形管线次之,直墙拱形管线最小。

(2)随着管线与隧道之间的净距由16.79m减小到10.79m,直墙拱形管线的峰值振速和峰值拉应力的增量与圆形、方形相差较大。

(3)随着管线与隧道净距由16.79m减小到10.79m,圆形管线的峰值振速由2.936cm/s增加到8.357cm/s,增长了185%;峰值拉应力也由0.157MPa增加到1.203MPa,增长了666%。直墙拱形管线的峰值振速由1.918cm/s增加到6.812cm/s,增长了255%;峰值拉应力也由0.113MPa增加到0.924MPa,增长了718%。方形管线的峰值振速由2.951cm/s增加到7.721cm/s,增长了162%;峰值拉应力也由0.148MPa增加到1.065MPa,增长了620%。

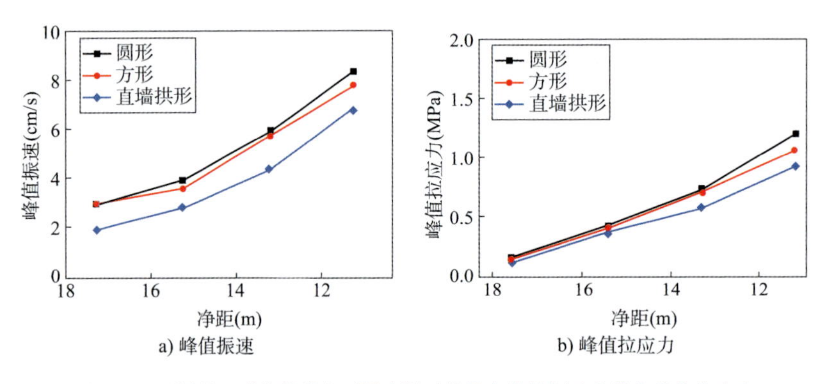

图 5-39　不同截面形状管线在不同净距下的最大峰值振速和最大峰值拉应力

5.5.2　掏槽孔起爆药量影响

选取爆源正上方的管线截面(0m)峰值振速和峰值拉应力,分析掏槽孔起爆药量对圆形、方形、直墙拱形管线的影响,具体工况参见表 5-10。

不同药量模拟工况表　　表 5-10

工况序号	截面形状	药量(kg)	净距(m)	岩层	土层
1	圆形	1.8	16.79	Ⅳ级围岩	含卵石砂层
13		3.6			
14		5.4			
15		7.2			
2	方形	1.8	16.79	Ⅳ级围岩	含卵石砂层
16		3.6			
17		5.4			
18		7.2			
3	直墙拱形	1.8	16.79	Ⅳ级围岩	含卵石砂层
19		3.6			
20		5.4			
21		7.2			

1)圆形管线

图 5-40 展示了圆形管线在不同掏槽孔起爆药量下的峰值振速和峰值拉应力变化情况,由图 5-40 可以看出:

(1)圆形管线各部位的峰值振速和峰值拉应力都随着药量的增大不断增大。

(2)药量的增大没有改变圆形管线最大峰值振速和最大峰值拉应力出现的位置。在峰值振速方面,单元 E 处的峰值振速总是最大的,而最小峰值振速出现的部位则由单元 B 变为单元 A。在峰值拉应力方面,最大峰值拉应力总是出现在单元 C 处,单元 B 处的峰值拉应力总体最小。

(3)随着药量的改变,各部分单元的增量却不一致,总体来说,圆形管线上半部分的峰值振速和峰值拉应力的增量要小于其他部分,说明药量的增大对圆形管线上半部分的影响较小。

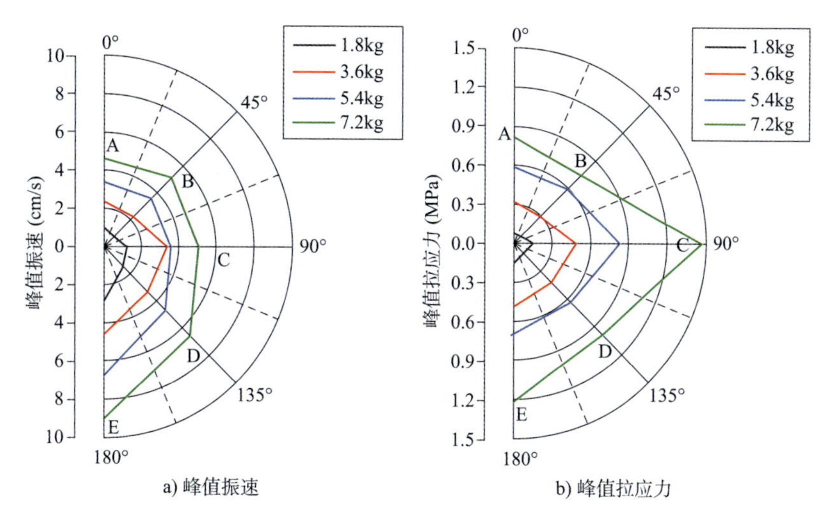

a) 峰值振速　　b) 峰值拉应力

图5-40　圆形截面管线在不同药量下的峰值振速和峰值拉应力

2)直墙拱形管线

图5-41为直墙拱形管线在不同药量下各部位峰值振速和峰值拉应力的变化情况,由图5-41可以看出:

(1)直墙拱形管线各部位的峰值振速和峰值拉应力都随着药量的增大不断增大。

(2)峰值振速方面,最大峰值振速总是出现在单元E处,最小峰值振速总是出现在单元C处。药量增大没有改变直墙拱形管线峰值振速最大值和最小值出现的位置。

(3)药量增大对直墙拱形管线峰值拉应力的影响大致与净距的影响相同,其峰值拉应力最大值和最小值部位发生改变。在峰值拉应力方面,最大峰值拉应力由单元E处变为单元B处,最小峰值拉应力位置则由单元A处变为单元C处。

(4)随着药量的改变,拱部-边墙连接处和底板中心的峰值振速和峰值拉应力的增量较大,说明该位置受药量的影响最大。

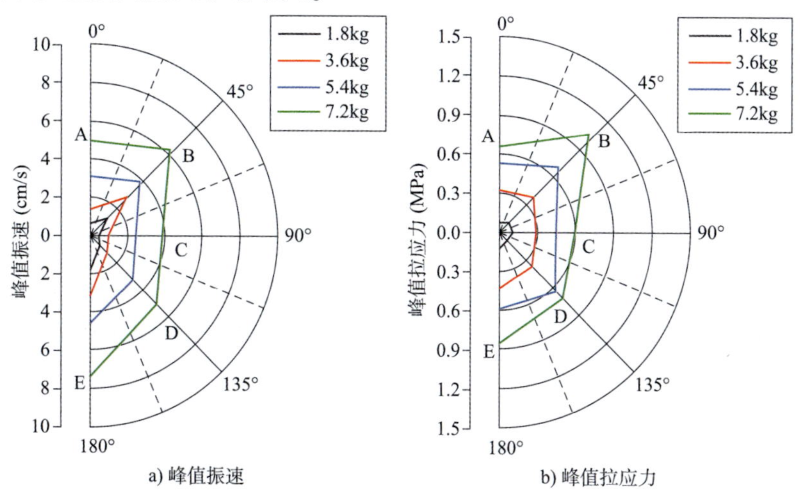

a) 峰值振速　　b) 峰值拉应力

图5-41　直墙拱形截面管线在不同药量下的峰值振速和峰值拉应力

3)方形管线

图5-42为方形管线在不同药量下的峰值振速和峰值拉应力变化情况,由图5-42可以看出:

(1)方形管线各部位的峰值振速和峰值拉应力都随着药量的增大不断增大。

(2)在峰值振速方面,单元E处的峰值振速总是最大的,单元A处的峰值振速总体上是最小的。

(3)与净距的减小带来的影响不同,药量的增大改变了方形管线最大峰值拉应力出现的位置。在峰值拉应力方面,最大峰值拉应力由单元C处变为单元D处,而最小峰值拉应力总是出现在单元A处。

(4)随着药量的改变,各部分单元的增量并不一致,总体来说,方形管线下半部分的峰值振速增量要大于其他部分,说明该位置受药量增大的影响最大。

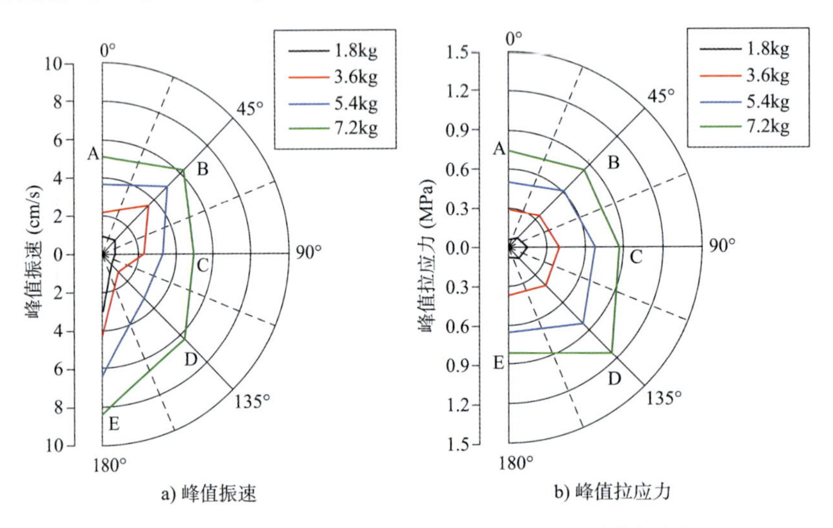

图5-42 方形截面管线在不同药量下的峰值振速和峰值拉应力

4)不同截面形状管线比较

图5-43统计了圆形、方形、直墙拱形管线在不同药量下的最大峰值振速和最大峰值拉应力,由图5-43可以看出:

(1)同管线与隧道间净距的影响一致,除药量为2kg外,圆形管线的峰值振速和峰值拉应力总体来说是最大的,方形管线次之,直墙拱形管线最小。

(2)随着掏槽孔起爆药量由1.8kg增加至7.2kg,圆形管线的峰值振速由2.936cm/s增加到9.064cm/s,增长了209%;峰值拉应力也由0.157MPa增加到1.481MPa,增长了843%。方形管线的峰值振速由2.951cm/s增加到8.347cm/s,增加了183%;峰值拉应力也由0.148MPa增加到1.154MPa,增长了680%。直墙拱形管线的峰值振速由1.918cm/s增加到7.347cm/s,增长了283%;峰值拉应力也由0.113MPa增加到1.027MPa,增长了809%。

5.5.3 管线周围地层性质影响

地下管线埋设于地层中,爆破作用下周围地层性质会影响管线的振动响应。选取爆源正上方的管线截面(0m)峰值振速和峰值拉应力,分析爆破作用下周围不同地层性质影响下的圆形、方形、直墙拱形管线的振动响应,具体工况参见表5-11。其中,土层一为二号管线周围含卵石砂层,土层二为回填黏土,土层三为夯实砂土,土层二和土层三的材料参数均取自文献[68],详见表5-12。

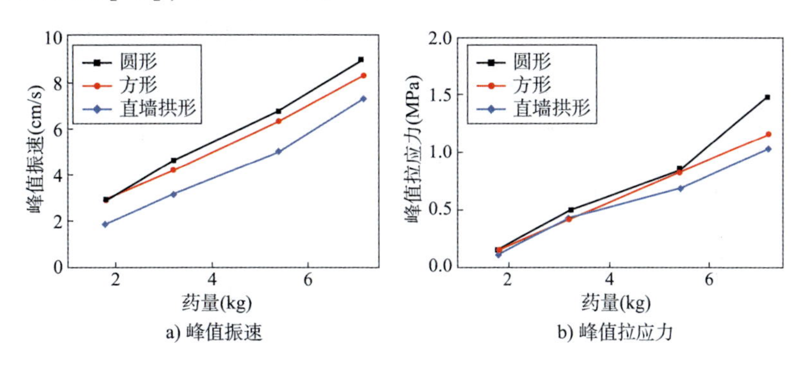

图5-43 不同截面形状管线在不同药量下的峰值振速和峰值拉应力

管线周围岩土介质模拟工况表 表5-11

工况序号	截面形状	药量(kg)	净距(m)	岩层	土层
1	圆形	1.8	16.79	Ⅳ级围岩	土层一:含卵石砂层
22					土层二:回填黏土
23					土层三:夯实砂土
2	方形	1.8	16.79	Ⅳ级围岩	土层一:含卵石砂层
24					土层二:回填黏土
25					土层三:夯实砂土
3	直墙拱形	1.8	16.79	Ⅳ级围岩	土层一:含卵石砂层
26					土层二:回填黏土
27					土层三:夯实砂土

土层材料参数 表5-12

土层类别	密度(kg/m^3)	G_s	K(MPa)	G(MPa)	c(MPa)	φ(°)	W(%)
土层一	2200	2.70	360	240	6.2×10^{-3}	1.1	13
土层二	1960	2.71	193.3	20	2.3×10^{-2}	0.4	23
土层三	1865	2.70	117	70.2	3.4×10^{-2}	0.7	5

1)圆形管线

图5-44展示了圆形管线在不同土层中的峰值振速和峰值拉应力变化情况,由图5-44可以看出:圆形管线各部分受到土层类别的影响程度不同,中、下部分的峰值振速和峰值拉应力相差较大,而上半部分受影响较小。但土层类别并没有改变圆形管线中最大峰值振速和最大峰值拉应力出现的位置,最大峰值振速总是出现在单元E处,最大峰值拉应力总是出现在单元C处。而且,圆形管线在土层一中的峰值振速和峰值拉应力最大;除了A点,在土层二中引起的峰值振速和拉应力总是大于土层三。

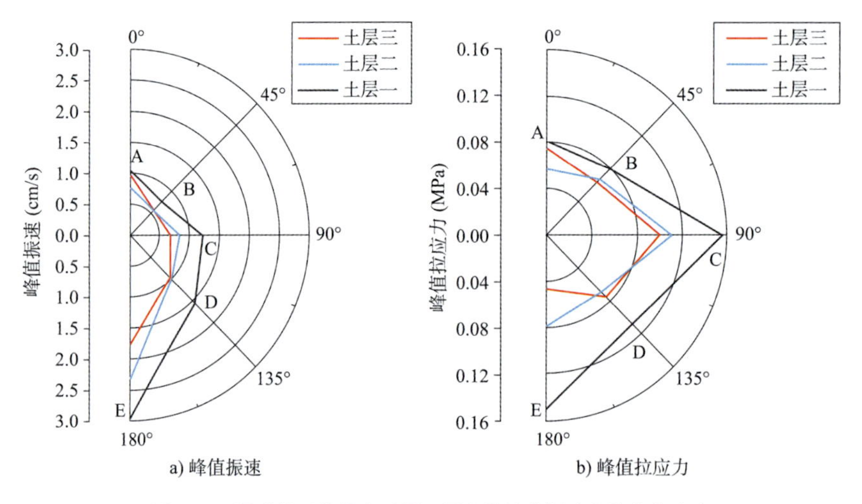

图 5-44　圆形截面管线在不同土层中的峰值振速和峰值拉应力

2）直墙拱形管线

图 5-45 为直墙拱形管线在不同土层中的峰值振速和峰值拉应力变化情况，由图 5-45 可以看出：直墙拱形管线受土体类别的影响明显小于圆形、方形管线，特别是峰值拉应力，各部位差值均小于 0.03MPa。土层类别没有改变直墙拱形管线中最大峰值振速和最大峰值拉应力出现的位置，单元 E 处的峰值振速最大，土层一、土层二中单元 E 处的峰值拉应力最大，土层三中单元 B 处的峰值拉应力最大。直墙拱形管线同样在土层一中的峰值振速和峰值拉应力最大，土层二和土层三中的峰值振速和峰值拉应力大小没有明显的规律。

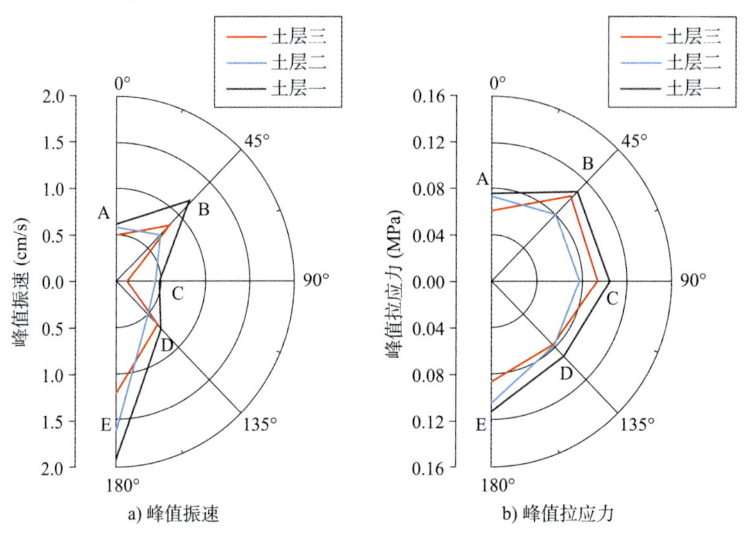

图 5-45　直墙拱形截面管线在不同土层中的峰值振速和峰值拉应力

3）方形管线

图 5-46 为方形管线在不同土层中的峰值振速和峰值拉应力变化情况，由图 5-46 可以看出：

方形管线各部分同样受到土层类别的影响程度不同，在峰值振速方面，管线下半部分受到的影响明显大于其他部分。在峰值拉应力方面，管线中部受土层类别影响相差较大。土层类别也没有改变方形管线中最大峰值振速和最大峰值拉应力出现的位置,单元E处的峰值振速最大,单元C处的峰值拉应力最大。除了单元C,方形管线在土层一中的峰值振速和峰值拉应力总体是最大的;土层二中的峰值振速总是大于土层三;而峰值拉应力除了单元B,土层二总是大于土层三。

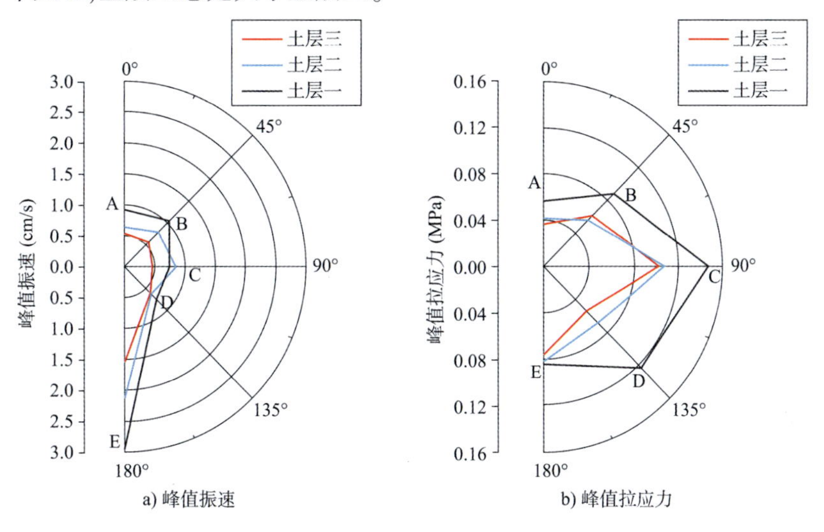

图5-46 方形截面管线在不同土层中的峰值振速和峰值拉应力

4)不同截面形状管线比较

图5-47统计了圆形、方形、直墙拱形管线在不同类别土层中的最大峰值振速和最大峰值拉应力,由图5-47可以看出:

(1)同管线与隧道净距、掏槽孔起爆药量的影响一致,峰值振速除了土层一,峰值拉应力除了土层三,圆形管线的峰值振速和峰值拉应力总是最大的,方形管线次之,直墙拱形管线最小,这主要是由于管线截面形状及截面面积不同所引起的。

(2)三种截面形状管线的峰值振速和峰值拉应力都在土层一中最大;其次为在土层二中,圆形、方形、直墙拱形管线的峰值振速分别减小了22%、27%和14%,峰值拉应力分别减小了28%、26%和6%;峰值振速和峰值拉应力在土层三中最小,圆形、方形、直墙拱形管线的峰值振速相比于土层一分别减小了41%、48%和36%,峰值拉应力分别减小了35%、30%和11%。

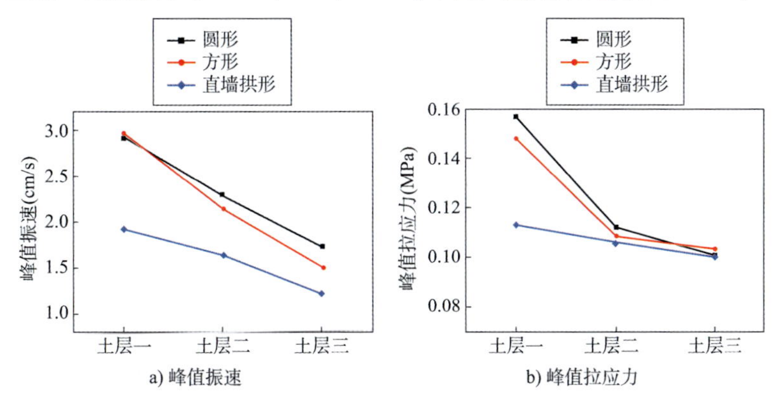

图5-47 不同截面形状管线在不同土层中的峰值振速和峰值拉应力

5.5.4 基于振动响应分析的安全距离和安全药量

对于不同截面形状的管线,由于其振速特性和拉应力特性存在较大区别,故其安全距离、安全药量需要单独计算,不能采用相同的控制参数。不同截面形状管线的安全距离、安全药量可以安全振速或者最大拉应力为标准,根据图5-48、图5-49计算得出。

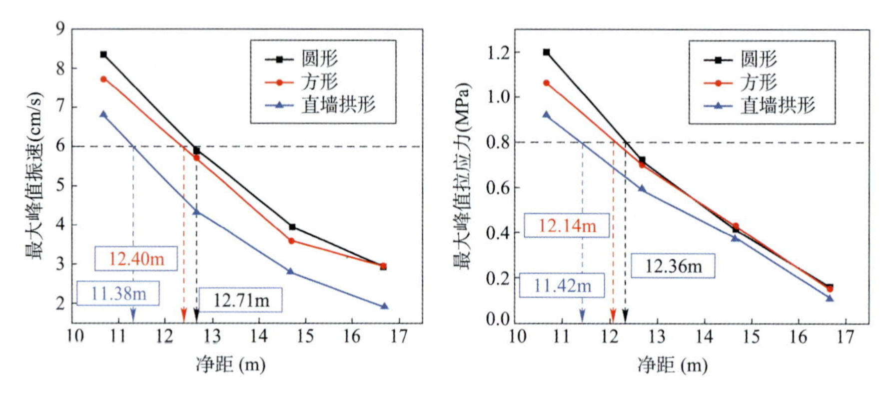

图5-48 安全距离计算图示

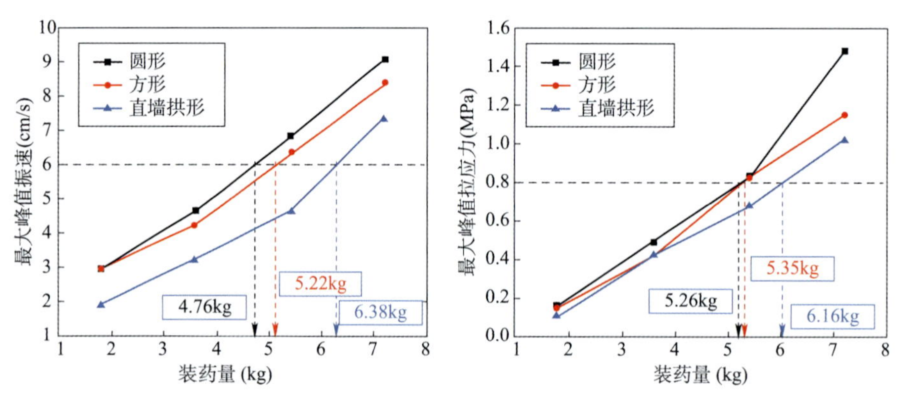

图5-49 安全药量计算图示

从图5-48可以看出,当管线控制峰值振速为6.0cm/s,已知药量是1.8kg时,圆形、方形、直墙拱形的安全距离分别是12.71m、12.40m、11.38m;当管线控制峰值拉应力为0.8MPa时,圆形、方形、直墙拱形的安全距离分别是12.36m、12.14m、11.42m。

从图5-49可以看出,当管线控制峰值振速为6.0cm/s,已知爆心距为16.79m时,圆形、方形、直墙拱形的安全药量分别是4.76kg、5.22kg、6.38kg;当管线控制峰值拉应力为0.8MPa时,圆形、方形、直墙拱形的安全药量分别是5.26kg、5.35kg、6.16kg。

5.6 隧道爆破振动下地下管线失效机理和安全评价方法及应用

5.6.1 失效准则和失效位置

不同截面形状地下管线在近距离爆破作用下出现的最大峰值振速(PPV)值和最大峰值拉应力(PTS)值位置并不重合,因此易损伤位置的确定比较困难。然而准确的安全评价方法需要首先确定失效位置,并基于失效位置进行精准评价。以管线在近距离爆炸作用下截面某关键位置的 PTS 值首先超过混凝土最大抗拉强度定义为管线的失效准则。因此,有必要统计各管线在多种危险工况条件下最大 PTS 值出现的位置,如图 5-50 所示。

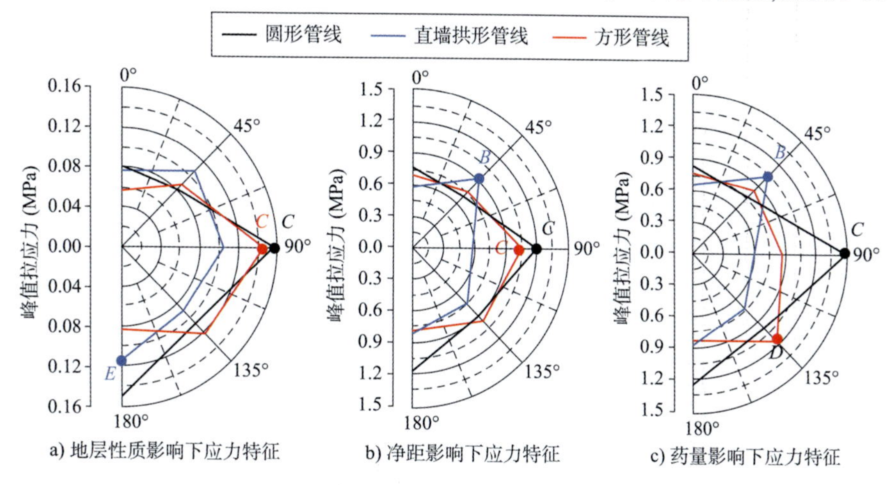

图 5-50　不同因素影响下的最大峰值拉应力位置

经过计算,3 种危险工况下的管线振动响应变得更加剧烈,对其计算结果分析发现:

(1)当 3 种管线与爆源的距离减少至 10.79m 时,圆形、方形管线的易损位置处于截面侧壁中部的 C 点,而直墙拱形管线的易损位置则处于拱脚位置的 B 点。

(2)当起爆药量增加至 7.2kg 时,方形管线的易损位置由 C 点变为截面底部 D 点。

(3)当管线周围土体硬度和整体性提高时,圆形和方形管线的易损位置仍处于侧壁中部 C 点,而直墙拱形管线的易损位置变为底部 E 点,但这种改变土层硬度的工况中产生的管线振动响应远不如减小爆源距和增加起爆药量的响应剧烈。

根据隧道爆破振动作用下的管线损伤的最大拉应力失效准则,根据最大拉应力和次大拉应力,分别确定出不同截面形状管线的第一失效位置和第二失效位置,如图 5-51 所示。

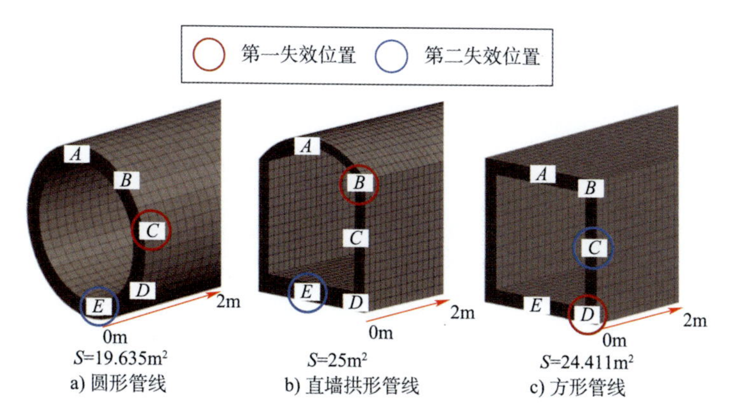

图 5-51　不同截面形状管线的损伤分布特征

5.6.2　管线爆破失效机理分析

管线和周围土层的相对刚度参数对于管线和土层相互作用具有重要影响。管线与周围土层的相对刚度因子 α_s 可由式(5-14)和式(5-15)确定。

$$\alpha_s = \frac{E_p}{E_s}\left(\frac{\delta}{r_0}\right)^3 \tag{5-14}$$

$$r_0 = \frac{r_{out} - \delta}{2} \tag{5-15}$$

式中，r_0 为通过等效截面面积法获得的等效半径；E_p 为管线弹性模量；δ 为管线壁厚；r_{out}为管线外径；E_s 为土层的变形模量，根据地质勘查报告，取值为 20MPa。

当管线与土体的相对刚度因子小于 1.0 时，可认为管线为低刚度软质管；若相对刚度因子超过或等于 1.0，则可认为管线为刚性管。在相同爆破荷载作用下，软质管线将产生较高的环向应变；而对于刚性管线，爆破振动时管道与周围土体的相对滑移程度更强烈，应变传递系数小于 1.0，从而降低了管线应力水平。经过计算，本研究的 3 种管线的相对刚度因子均远大于 1.0，表明其对于周围土层具有较高的刚度，因此管线周围的土体对其振动响应的约束作用很弱。

由于地表覆土层厚度较小，管线周围土体施加的侧向压力明显小于竖向压力。从数值模拟结果中提取管线截面上各单元位移值，绘制 3 种管线的变形曲线，如图 5-52 所示。由于管线刚度较大，土层传递给管线的应力均较小，无法绘制变形曲线，此处仅绘制减小爆源距和增加起爆药量两种危险工况下的管线变形情况。

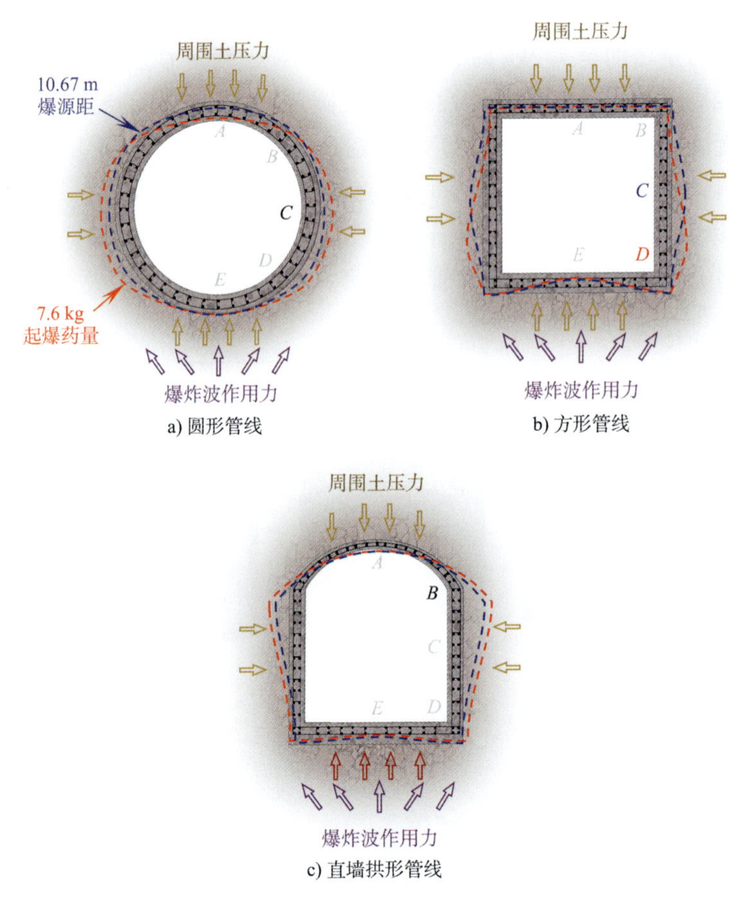

图 5-52　不同形状管线的变形曲线

圆形管线受到上覆土体的压力和来自下方的爆炸波的冲击力，爆炸波产生的竖向力明显大于侧向力，管线呈现扁平状变形，管线侧墙中部 C 点外表面混凝土因变形较大而受拉开裂破坏，因此圆形管线的失效位置可认为是 C 点，其次是底部 E 点。

对于直墙拱形管线，由于其截面结构具有独特的受力特点，上方拱结构在竖向土压力作用下将发生向下弯曲变形并转化成向两侧的水平推力，使得截面拱脚 B 点相对于其他位置的变形更大，应力更为集中，结合图 5-50 的计算结果，可认为直墙拱形管线的拱脚 B 点为最先发生破坏的失效点，其次是底部的 E 点。

方形管线同样受到竖向土压力的作用，竖向土压力通过边墙的传递集中在截面肩部 D 点处。当起爆药量增加时，底板受到动荷载向上的冲击作用并呈现上凸变形，此时 D 点的弯矩相对集中。另外，由于两种竖向力汇合，管线侧壁发生侧向屈曲变形，使得底部 D 点扭转变形更为剧烈。结合图 5-50 的计算结果，管线的底部 D 点的拉应力最大，因此可以认为方形管道 D 点更容易失效，其次是侧壁中点 C。

5.6.3 振速-应力耦合安全评价方法

根据管线失效点的分析结果，确定 C、B、D 点分别为圆形、直墙拱形、方形管线的优先失效位置。对 3 种管线轴向分布的 PPV 值和 PTS 值进行回归统计分析，其线性关系拟合结果如图 5-53 所示。两个变量之间的函数关系可近似表现出线性相关关系，见式(5-16)，这与大量研究结果吻合。

$$\sigma_t = Av + B \tag{5-16}$$

式中，σ_t 为最大峰值拉应力；v 为最大峰值振速；A、B 分别表示线性函数的斜率和截距。

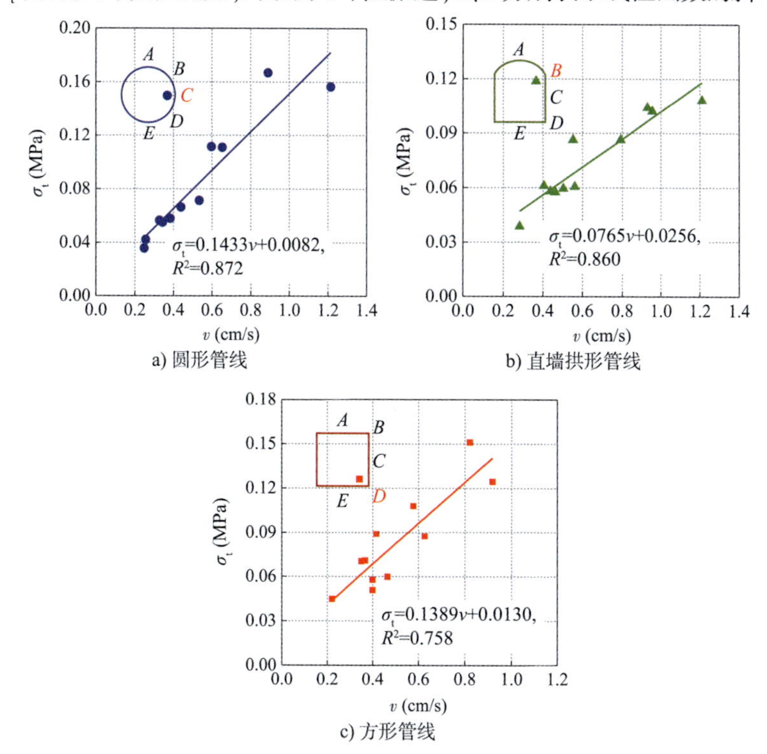

图 5-53　三种管线在近接爆炸作用下 PTS 值与 PPV 值的统计关系

经过对图5-53拟合情况的观察分析发现,采用简单的线性关系描述PTS值和PPV值之间的关系并不准确。无论何种管线类型,大部分数据点都集中在0.2～0.7cm/s的振速范围内。当管线与爆源距离较近而导致振动速度较大时,数据点数量较少并逐渐偏离拟合线而越来越分散,显著降低了拟合度,导致在距离爆源较近区域的回归拟合效果误差逐渐变大,这是因为研究中忽略了一个重要影响因素,即爆炸波的传播路径参数。

5.6.4 应力-振速-路径距离耦合安全评价方法

爆炸波在围岩和土层中的传播受多种因素的影响,即使将地层设置为均质材料,由于爆炸冲击波反射、折射和绕射现象的存在,也很难准确描述波的传播路径。为了简化计算,将爆炸波的绕射距离直接取值为最短距离,如图5-54所示。在充分考虑波的传播路径的影响后,利用量纲分析重新建立了PTS值与PPV值之间的对应关系,即:

$$R_D = R_1 + R_2 + R_3 \tag{5-17}$$

式中,R_D为爆破振动波总传播路径长度;R_1为爆破振动波在岩层中的传播距离;R_2为爆破振动波在土层中经过折射后的传播距离;R_3为爆破振动波在管线界面上的绕射距离。

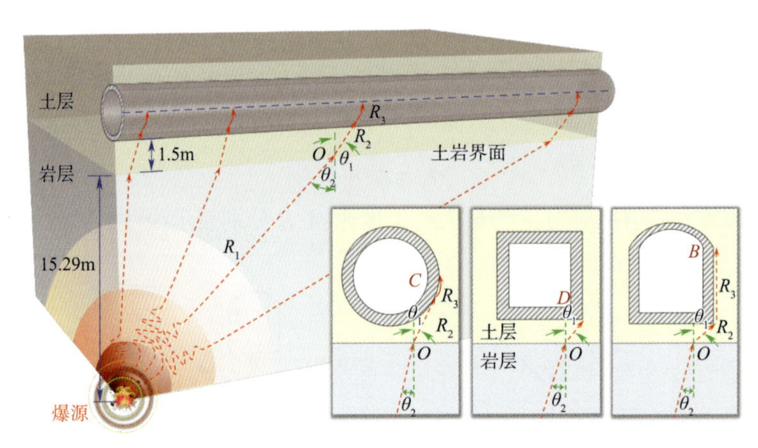

图5-54 管线截面形状不同导致的爆炸波不同绕射路径情况

基于现有研究成果,爆破振动波在岩土体中的传播过程受到多种因素的影响,如可作为因变量的质点振速v、频率f和应力σ;可作为自变量的管线外径r_{out}、管线内压P(或内外压强之差)、管线壁厚δ;一部分可归类为与材料性质有关的参数,即土层压缩模量E_s、管线弹性模量E_p、围岩弹性模量E_r、围岩密度ρ_r、土层密度ρ_s、管线密度ρ_p等;另外一些常见的基本因素也被认为与爆破振动波的传播过程相关,如纵波波速c、爆源距离R、炮孔中的单次起爆药量Q等。其中部分因素的量纲参数如表5-13所示。

影响因素量纲表　　表5-13

基本量纲	v	f	σ	r_{out}	P	δ	E_s	E_p	E_r	ρ_s	ρ_p	ρ_r	c	R	Q
M	0	0	1	0	1	0	1	1	1	1	1	1	0	0	1
L	1	0	-1	1	-1	1	-1	-1	-1	-3	-3	-3	1	1	0
T	-1	-1	-2	0	-2	0	-2	-2	-2	0	0	0	-1	0	0

表中，M、L、T 分别为表征质量、长度和时间的量纲基本量。σ 为因变量，其与各个自变量的关系可表示为：

$$\sigma = f_{\sigma}(v, f, r_{\text{out}}, \delta, E_{\text{p}}, E_{\text{s}}, E_{\text{r}}, \rho_{\text{r}}, \rho_{\text{p}}, \rho_{\text{s}}, c, P, Q, R) \tag{5-18}$$

表 5-13 中的数据可以看作一个量纲矩阵，并指定物理量 c、R 和 Q 为基本自变量。式(5-18)可以表示为：

$$\sigma = f_{\sigma}(\pi_1, \pi_2, \pi_3, \pi_4, \pi_5, \pi_6, \pi_7, \pi_8, \pi_9, \pi_{10}, \pi_{11}) \tag{5-19}$$

其代表的具体内容可描述为：

$$\frac{\sigma}{(QR^{-3}c^2)} = f\left(\frac{v}{c}, \frac{f}{R^{-1}c}, \frac{r_{\text{out}}}{R}, \frac{\delta}{R}, \frac{E_{\text{p}}}{QR^{-3}c^2}, \frac{E_{\text{s}}}{QR^{-3}c^2}, \frac{E_{\text{r}}}{QR^{-3}c^2}, \frac{\rho_{\text{r}}}{QR^{-3}}, \frac{\rho_{\text{p}}}{QR^{-3}}, \frac{\rho_{\text{s}}}{QR^{-3}}, \frac{P}{QR^{-3}c^2}\right) \tag{5-20}$$

萨道夫斯基(Sadovski)经验公式是爆破领域中用于预测起爆药量和振速关系的经典应用公式，但是该表达式没有考虑结构振动响应的应力响应与振速的关系。为简化研究，此处只考虑 π_1 和 π_7 之间的相互关系。其中 ρ 和 c 均为常数，式(5-21)可以推演出振速、起爆药量和爆源距离的关系为：

$$\ln v = \alpha_1 + \ln(Q^{\frac{1}{3}\beta_1}) + \ln(R^{-\beta_1}) \tag{5-21}$$

式中，α_1 为未知系数；β_1 为与爆炸波传播介质性质相关的衰减系数。使 $\ln k_1 = \alpha_1$，则式(5-21)可转化为经典的 Sadovski 经验公式。

$$v = k_1\left(\frac{Q^{1/3}}{R}\right)^{\beta_1} \tag{5-22}$$

上述推演过程验证了应用该方法探究其他物理量之间相互关系的可行性。因此，在明确管线所处围岩性质、管线材料属性、埋深等参数情况下，理论上可以分析方程中各物理量之间的相互关系。然而，在给定的实际工程环境中，研究可由人工干预的物理参量之间的关系并应用于实际施工更具有实用价值和工程意义。此处，可以人工干预的物理量有管线内压 P，因为管线运营管理部门可以随时按需调整管线输送压力。另外还有起爆药量 Q，在爆破施工设计时，可按照不同的施工效率或者开挖进尺进行适当的人为调整。而与围岩地质情况、管线材质有关的参数已被工程环境提前设定，因此，分析这些难以进行人工干预的参数对爆破响应的影响显得不太有必要。去除诸多不可控的影响因素，可将式(5-20)简化为：

$$\frac{\sigma}{QR^{-3}c^2} = \Phi_{\frac{\sigma}{QR^{-3}c^2}}\left(\frac{v}{c}, \frac{f}{R^{-1}c}, \frac{\rho_{\text{r}}}{QR^{-3}}, \frac{\rho_{\text{p}}}{QR^{-3}}, \frac{\rho_{\text{s}}}{QR^{-3}}, \frac{P}{QR^{-3}c^2}, \frac{\mu}{L}\right) \tag{5-23}$$

式(5-23)统一了周围岩土体的性质，忽略了管线材料性质、内压(内外压差)等因素的影响。此外，反映共振频率影响的频率参数可由爆破振速参数间接表现。因此，式(5-23)进一步简化为：

$$\frac{\sigma}{QR^{-3}c^2} = \Pi_{\frac{\sigma}{QR^{-3}c^2}}\left(\frac{v}{c}, \frac{\rho}{QR^{-3}}\right) \tag{5-24}$$

假设 ρ 和 c 为常数，将公式右侧的两个因子合并成一个新的无量纲数 π_{12}：

$$\pi_{12} = v^{\beta_2}\left(\frac{1}{QR^{-3}}\right)^{\beta_3} \tag{5-25}$$

将 π_{12} 代入式(5-24)并通过取对数方法将其转化为更容易处理的多项式形式：

$$\ln\sigma - \ln Q + 3\ln R = \alpha_2 + \beta_2 \ln v - \beta_3 \ln Q + 3\beta_3 \ln R \tag{5-26}$$

式中，α_2 为未知系数；β_2 和 β_3 为能够反映爆破振动波衰减速率关系的常数。使 $\ln k_2 = \alpha_2$，则：

$$\sigma = k_2 Q^{1-\beta_3} R^{3(\beta_3 - 1)} v^{\beta_2} \tag{5-27}$$

一般爆破方案中起爆药量已经被提前确定，为进一步简化计算，将其作为常数处理。另外，使 $\xi_1 = 3(\beta_3 - 1)$，$\xi_2 = \beta_2$，则式(5-27)可简化为：

$$\sigma_t = k_3 R_D^{\xi_1} v^{\xi_2} \tag{5-28}$$

根据确定的 3 种不同截面大直径管线的失效位置，改进的应力-振速-路径距离耦合方程回归结果如图 5-55 所示。

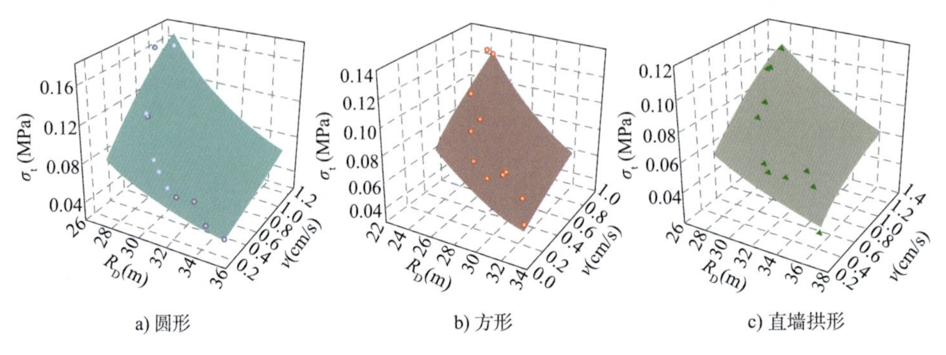

a) 圆形　　b) 方形　　c) 直墙拱形

图 5-55　应力-振速-路径距离耦合方程回归结果

圆形管线耦合预测公式为：

$$\sigma_{t圆} = 9790 \cdot R_D^{-3.361} v^{0.466}, R^2 = 0.932 \tag{5-29}$$

方形管线耦合预测公式为：

$$\sigma_{t方} = 954.3 \cdot R_D^{-2.769} v^{0.320}, R^2 = 0.905 \tag{5-30}$$

直墙拱形耦合预测公式为：

$$\sigma_{t拱} = 60.914 \cdot R_D^{-1.899} v^{0.338}, R^2 = 0.941 \tag{5-31}$$

将能够反映拟合精度的标准差参数 R^2 与传统的振速-应力拟合结果对比，发现圆形、方形和直墙拱形管线的拟合精度分别增加了 6.88%、19.39% 和 9.42%，其中方形管线的拟合精度提升最为明显，这说明对于复杂截面的结构，更应考虑爆破振动波绕射路径的影响。爆破作用下结构应力、振速和爆心距参数之间的关系采用指数乘积形式更为精确，同时该指数关系也符合爆炸波在介质中的指数衰减规律。

5.6.5　安全评价方法应用及建议

目前对于爆破振动响应的监测还是以振速监测为主，根据 3 种管线失效位置振动速度与应力拟合结果，由管线混凝土材质的极限抗拉强度可以计算出管线失效之前能承受的最大 PPV 值。根据现场爆破监测数据拟合得到的振动速度经验式，结合 $Q = f(V)$ 和改进拟合方程[式(5-28)]可以实现对管线在不同应力极限下所能承受最大起爆药量的预测。

按照前述，经过实地调研设定的管线安全系数为 4.0，管线在不同材质情况下的 PPV

允许值如表5-14所示。基于表5-14中的结果,确定该圆形管线的最大允许起爆药量为6.066kg。因此,若不采用爆破减振施工方法,仍采用传统起爆药量7.2kg,势必会对管线造成严重损害。方形管线的最大允许起爆药量为1.984kg。而实际工况中的直墙拱形管线与爆源之间的距离最小,同时经过计算,直墙拱形管线的最大允许起爆药量仅为0.547kg,现场施工人员应适当降低单次起爆药量。

该研究提出的新的安全评价方法也可为类似工程中不同强度等级混凝土材质的管状结构物提供爆破冲击下的安全预测,部分施工推荐值已列于表5-14中。

不同材料强度下管状结构受爆破作用的炸药量限值　　表5-14

管线类型	材料类型	σ_t(MPa)	σ_{ct}(MPa)	SD($m \cdot kg^{1/2}$)	v_{max}(cm/s)	Q_{max}(kg)
圆形16.79m	C20	1.54	0.385	9.605	4.722	3.056
	C25	1.78	0.445	7.971	6.443	4.436
	C30	2.01	0.503	6.817	8.363	6.066
	C35	2.20	0.550	6.069	10.151	7.654
	C40	2.39	0.598	5.455	12.126	9.474
方形17.1m	C20	1.54	0.385	20.355	1.350	0.732
	C25	1.78	0.445	15.519	2.122	1.259
	C30	2.01	0.503	12.360	3.102	1.984
	C35	2.20	0.550	10.436	4.112	2.783
	C40	2.39	0.598	8.936	5.326	3.796
直墙拱形13.6m	C20	1.54	0.385	29.493	0.728	0.213
	C25	1.78	0.445	22.808	1.117	0.356
	C30	2.01	0.503	18.383	1.600	0.547
	C35	2.20	0.550	15.660	2.090	0.754
	C40	2.39	0.598	13.519	2.671	1.012

本研究提出了一种新的近距离爆破作用下埋地大直径管线等类似结构的安全预测和损伤评价方法,该方法能够更准确地定义爆破响应中的振速、应力与爆破波传播距离之间的相互关系,因此可应用于控制爆破施工设计,通过给予最大起爆药量推荐值以保证在结构物安全的前提下获得较高的施工效率。本研究结论主要基于最大峰值拉应力指标来判断结构的损伤失效状态,因此研究结果更适用于混凝土、砌体和砂浆等脆性材料属性结构的安全评价,而对于延性较好的材质(如钢材和高分子材料等)修筑的结构进行安全评估,还需要考虑应变指标等其他因素对安全评价结果的影响。

此外,本研究中为简化研究分析过程,将管线内压或者管线内外压差参数进行了常数化处理,并未着重研究该参数变化所带来的影响。已有研究成果表明,较高的内压会降低管线承受爆炸冲击的能力,而适当提高内压有利于爆破下管线的安全。更具体地说,研究结论对于无压(或恒压)脆性材料修筑的管状地下结构更具有参考价值。

第6章

支护结构爆破动力响应和破坏机理及安全评价方法

钻爆法因其灵活高效、适应性广等特点已被应用于越来越多的隧道工程。但爆破施工过程中产生的冲击波、振动和飞石等有害效应会不可避免地对安全生产造成不利影响,尤其对隧道初期支护结构的影响更大。隧道采用CD法、CRD法或双侧壁导坑法等分部开挖法施工时,中隔壁支护结构与初期支护封闭成环,共同起到支撑围岩、控制变形的作用。由于中隔壁支护结构直接与待爆破岩石密贴,爆破过程中产生的冲击波和碎石直接作用在中隔壁上,极易造成中隔壁破坏,甚至坍塌,酿成工程事故。因此,研究中隔壁支护结构在隧道爆破荷载作用下的动力响应、破坏机理及安全评价方法,对确保中隔壁安全及隧道安全施工具有重要的意义。

目前,国内外学者针对隧道爆破下既有衬砌、锚杆、喷射混凝土等振动响应及安全评价方法研究较多,但是针对隧道分部开挖法中隔壁支护结构的动力响应、损伤机理、爆破监测及安全评价方法研究还比较匮乏,有必要展开深入研究。依托国内双向八车道大跨高速公路隧道工程,通过进行隧道爆破荷载作用下中隔壁支护结构的动力响应现场试验和数值模拟工作,提出隧道爆破下支护结构的强度破坏模式和基于相对位移比的破坏程度量化分级评价方法,提出支护结构爆破动应力预测方法,研发相应的爆破预测及安全评价方法,以期为隧道爆破下中隔壁支护结构安全控制及爆破施工优化提供理论依据和科学参考。

6.1 支护结构爆破振动监测及特性分析

6.1.1 工程概况

京沪高速公路济南连接线工程位于济南市东南部,采用一级公路标准建设,同时兼具城市快速路功能,路线全长12km,设计速度80km/h,其中浆水泉隧道长3101m,龙鼎隧道长2183m,港沟隧道长1105m,三座隧道共同构成了世界上最大规模的双向八车道山岭高速公路隧道群。项目建成后,山东大学兴隆山校区至京沪高速公路港沟收费站出行时间由90min缩短至30min,将极大地缓解市区交通拥堵并完善城市快速路体系,推动济南进入快速交通新时代。

被誉为“山东第一跨”的港沟隧道(图6-1)采用分离式结构形式,进口洞门形式为削竹式,出口洞门形式为端墙式。左线隧道全长1105m,右线隧道全长1091.4m,左右幅设计线相距11.69~26.5m,开挖宽度超过20m、开挖高度超过13m、开挖断面约220m^2,为特大断面公路隧道。隧道地质情况极为复杂,其中Ⅳ级、Ⅴ级围岩占隧道全长71%,并穿越两条断裂破碎带,其设计难度和施工风险世界罕见。通过综合采用台阶法、CD法、CRD法和双侧壁导坑法,开展隧道动态设计、动态施工,优化开挖工法,克服了大跨度小净距、洞口段跨度大埋深小、洞身段存在两条大型断裂破碎带等施工难题,确保了隧道施工全过程的安全。

图6-1 港沟隧道工程

6.1.2 隧道爆破施工方案及支护结构参数

由于隧道地质情况复杂,其中Ⅳ级、Ⅴ级围岩占隧道全长71%,故采用CD分部开挖法,以爆破方式掘进,CD法如图6-2所示。隧道CD法开挖过程中,先开挖左侧Ⅰ、Ⅱ部分,施作初期支护结构及中隔壁临时支护结构;然后错开掌子面12~40m开挖右侧Ⅲ、Ⅳ部分。研究对象为爆破开挖Ⅲ部时相邻的中隔壁支护结构。隧道中隔壁支护结构高度为8.25m,其几何设计参数及支护参数如图6-3所示。

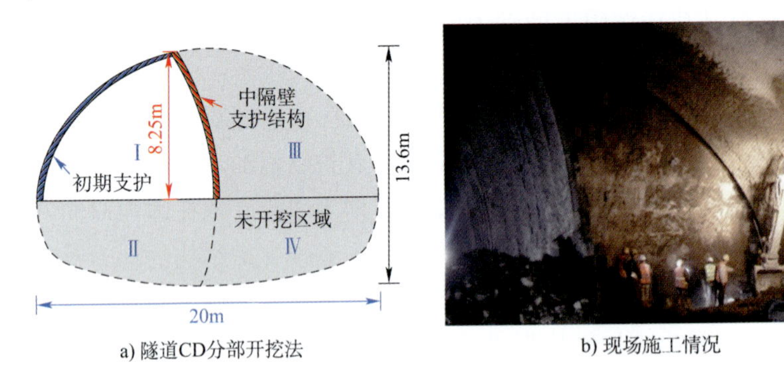

a) 隧道CD分部开挖法　　b) 现场施工情况

图6-2 隧道CD法开挖

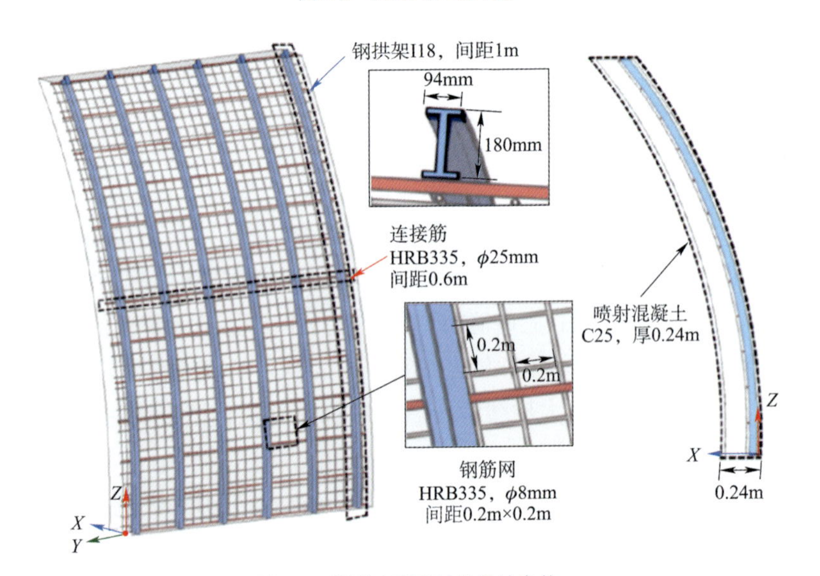

图6-3 隧道中隔壁结构设计参数

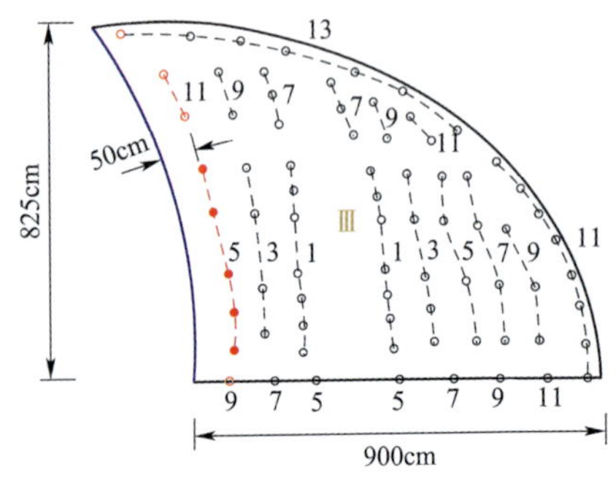

图6-4 台阶Ⅲ部爆破设计图

隧道钻爆施工采用直径为3.2cm的2号岩石乳化炸药和导爆管非电雷管引爆,炮孔直径4cm,循环进尺2.2m,台阶Ⅲ部爆破设计参数如图6-4和表6-1所示。图6-4中数字代表非电雷管不同的起爆段位,被虚线连接的炮孔处于同一段位,起爆时间相同。由于中隔壁支护结构距离最近的炮孔仅约50cm,在临近的炮孔(MS5、MS11两段,图6-4中红色标识,称为目标炮孔)爆炸冲击及掏槽孔和辅助孔的强烈爆破振动的双重作用下，中隔壁支护结构极易损伤破坏。因此，需要对中隔壁支护结构在爆炸冲击和振动的双重荷载作用下进行监测，通过分析监测数据，对中隔壁支护结构的损伤特性、安全评价方法及控制标准进行研究。

Ⅲ部炮孔药量统计表 表6-1

炮眼形式	雷管段位	炮孔(目标炮孔)个数	单孔药量(kg)	同段(目标炮孔)药量(kg)
掏槽孔	MS1	14	2.1/2.4	31.5
辅助孔	MS3	9	2.1	18.9
	MS5	11(5)	1.8	19.8(9.0)
	MS7	12	1.8	21.6
	MS9	9	1.8	16.2
	MS11	5(2)	1.8	9(3.6)
周边孔	MS11	8	1.5	12
	MS13	7	1.5	10.5
总计	—	75	—	139.5

6.1.3 支护结构爆破振动监测方案

本次爆破振动监测根据爆破施工方案，在中隔壁支护结构背爆侧同时布置7个监测点，距离由9m到35m不等，可以直接获取一次爆破下中隔壁在不同距离处的振动响应情况。具体为在Ⅲ部爆破开始前，在中隔壁支护结构背爆侧布置 X、Y、Z 三向速度传感器，采用NUBOX-8016智能爆破测振仪进行爆破振动监测，监测方案如图6-5所示。爆破振动测试的工作原理为：安装好的速度传感器接收爆源产生的振动信号，由测振仪进行预处理和存储，随后传输至计算机用于后续研究分析。安装传感器时，为获取准确的爆破振动响应信号，在台阶开挖线以上1.5m处用石膏粉、水拌和而成的黏合剂将其牢牢固定于中隔壁钢拱架上，具体安装位置见图6-6。

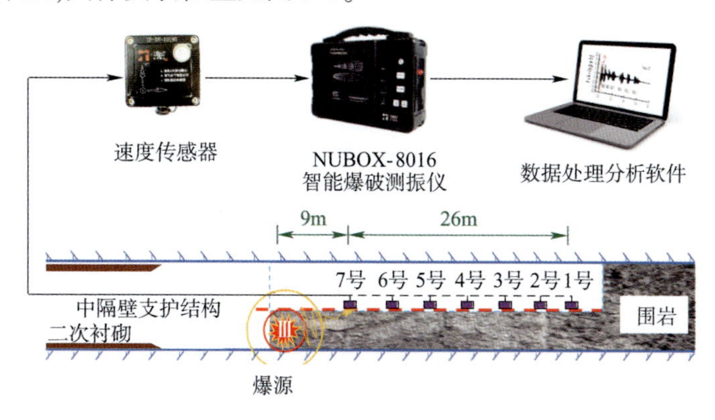

图6-5 爆破测振系统组成及监测原理

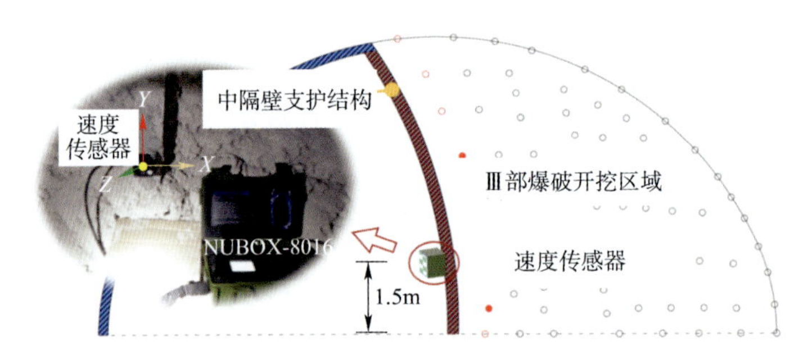

图 6-6　爆破监测传感器安装

6.1.4　支护结构爆破振动特性分析

提取现场监测 7 组爆破地震波振速及频谱数据，并分离出由 MS5 炮孔引起的爆破振动的部分数据，见表 6-2。

实测爆破地震波数据　　表 6-2

监测点	与掌子面的水平距离(m)	监测方向	掏槽孔		MS5 炮孔	
			最大振速(cm/s)	主振频率(Hz)	最大振速(cm/s)	主振频率(Hz)
1 号	35	X	3.976	110.089	1.486	109.119
		Y	2.209	58.871	-1.335	56.783
		Z	1.507	78.176	0.643	72.321
2 号	32	X	6.823	129.123	2.587	127.901
		Y	4.434	60.144	2.019	57.813
		Z	3.012	71.021	-1.427	65.663
3 号	28	X	-9.819	81.177	3.844	78.125
		Y	-5.950	81.177	-2.017	70.361
		Z	8.428	81.177	2.156	76.982
4 号	23	X	13.899	98.071	4.969	88.768
		Y	11.335	49.732	4.887	47.896
		Z	-8.981	63.214	-2.912	60.001
5 号	18	X	-17.237	255.127	6.282	245.998
		Y	11.495	81.362	3.742	80.975
		Z	-12.596	61.646	-5.089	59.081
6 号	14	X	29.732	104.115	-13.581	100.909
		Y	-10.981	97.132	8.274	97.113
		Z	-12.665	68.786	-10.138	66.987
7 号	9	X	-34.927	57.983	-16.330	54.912
		Y	-15.537	59.204	-5.831	58.017
		Z	14.401	91.973	-10.800	88.832

从表6-2可以看出：

(1)对于不同方向振速来说，根据爆破地震波的传播规律和传感器放置方向(图6-6)，由于传感器X方向指向爆源，X方向接收到的爆破地震波能量最大，故X方向振速最大，Y、Z方向振速大小则没有明显规律。

(2)对于不同类型炮孔来说，由于掏槽孔只有掌子面一个临空面(图6-6)，围岩夹制作用较大，且监测点位于隧道爆破远区，故实测到的爆破地震波掏槽孔引起的振速是最大的。

(3)由于距离中隔壁支护结构最近的MS5段的5个炮孔爆破后会直接对中隔壁产生爆炸冲击作用，而这种爆炸冲击作用相比爆破振动会对中隔壁支护结构直接造成冲击破坏，因此，针对中隔壁支护结构损伤特性，需要重点研究距离中隔壁支护结构最近的MS5段的5个炮孔的爆炸冲击作用。

(4)对于爆破振动监测来说，需要重点研究MS5段的5个炮孔引起的爆破峰值振速。而实测的MS5段爆破地震波，由靠近中隔壁的5个炮孔及掏槽区下侧、右侧的部分炮孔组成，无法单独分离靠近中隔壁的5个炮孔引起的振速。因此为简化分析，近似将MS5整段炮孔的振速及频谱数据作为目标炮孔(MS5中距中隔壁支护结构最近的5个炮孔)数据。

绘制各监测点整个爆破时间段及分离的MS5最大方向的振动速度波形如图6-7所示。由于MS5三个方向的主振频率有95.2%处于50Hz以上的高频，实际中隔壁支护结构自振频率一般较小，故认为不会产生共振现象。

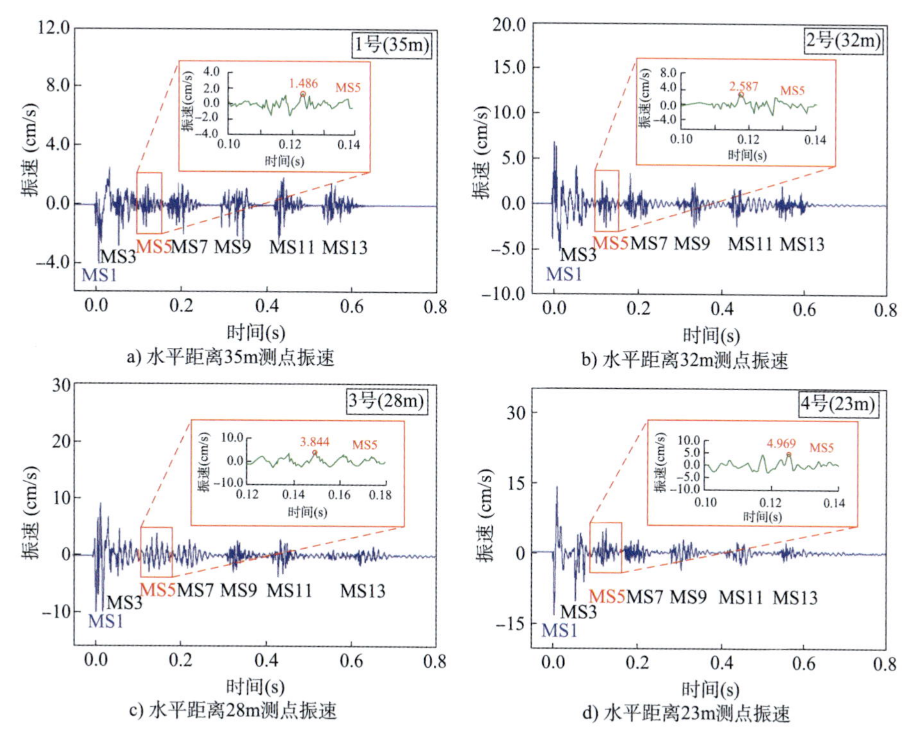

a) 水平距离35m测点振速

b) 水平距离32m测点振速

c) 水平距离28m测点振速

d) 水平距离23m测点振速

图 6-7

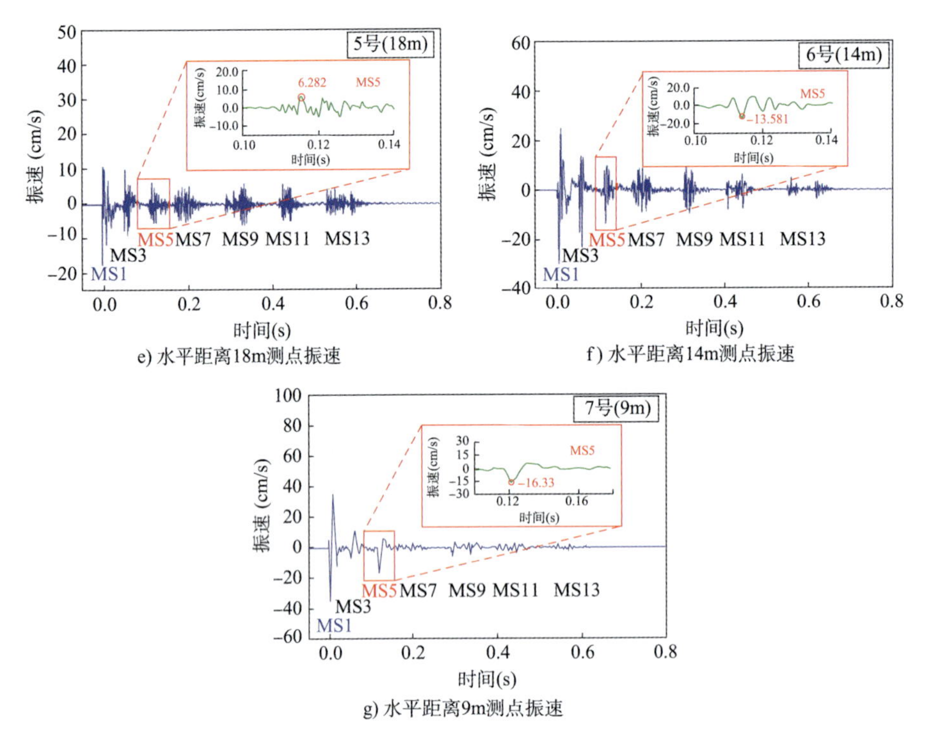

图6-7 各监测点振速及MS5段波形图

根据监测结果提取MS5炮孔7组最大爆破振速及装药参数如表6-3所示。

MS5炮孔爆破设计参数及监测数据　　表6-3

测试编号	距离 R (m)	MS5	
		Q_5(kg)	v_X(cm/s)
1号	35	19.8	1.486
2号	32	19.8	2.587
3号	28	19.8	3.844
4号	23	19.8	4.969
5号	18	19.8	6.282
6号	14	19.8	13.581
7号	9	19.8	16.33

拟合得到MS5炮孔在最大振速方向的萨道夫斯基经验公式：

$$v_{\mathrm{MS5}} = 159.653\left(\frac{\sqrt[3]{Q_5}}{R}\right)^{1.683} \tag{6-1}$$

式中，v_{MS5}为MS5的PPV(cm/s)；Q_5为每循环进尺的MS5最大装药量(kg)；R为爆心距(m)。

对照表6-4进行验证，拟合结果在合理范围以内，说明监测数据能够反映真实情况。当前，我国《爆破安全规程》(GB 6722—2014)中没有给出中隔壁支护结构的爆破振动安全控制标准,一般根据现场实际情况,结合工程爆破经验确定。在保证中隔壁支护结构不坍塌、不发生大的安全事故的前提下,建议将中隔壁支护结构爆破峰值振速控制在20cm/s以下。

爆区不同岩性 k、α 值　　表6-4

岩性	k	α
坚硬岩	50~150	1.3~1.5
中硬岩	150~250	1.5~1.8
软岩	250~350	1.8~2.0

注:k、α 分别表示与爆破点至保护对象之间的地形、地质条件有关的系数和衰减指数。

根据爆破峰值振速安全标准20cm/s,利用式(6-1)和实际监测数据可以推测出,当监测距离小于9m时,中隔壁支护结构将发生爆破损伤。但是,在现场实际调研过程中发现,隧道爆破主要引起进尺范围内的中隔壁支护结构发生严重的破坏,故仅根据爆破远区峰值振速来评价中隔壁支护结构安全性是不合理的。因此,还需要结合隧道爆破近区中隔壁炮孔的爆炸冲击作用下中隔壁支护结构的爆破损伤情况进行研究,建立中隔壁支护结构位于不同爆破区域条件下的爆破安全评价方法和相应的安全控制标准。

6.2 隧道爆破冲击下支护结构破坏形态及影响因素

6.2.1 支护结构破坏形态及分类

现场总共进行了5次隧道Ⅲ部爆破荷载作用下中隔壁支护结构的动力响应及破坏试验,发现中隔壁支护结构的破坏主要发生在隧道进尺(2~3m)范围内,且在不同药量下呈现不同形式和不同程度的破坏,大致可以分成四种类型,详述如下:

(1)中隔壁支护结构背爆侧混凝土出现裂缝,其中钢拱架附近出现竖向贯通裂缝,顶部和底部出现45°斜向裂缝,中心则出现X形扩展裂缝,如图6-8所示。

a)竖向贯通式裂缝

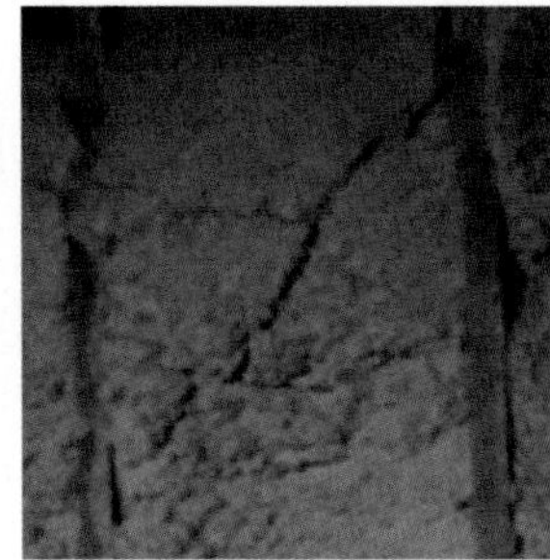

b)45°斜向裂缝

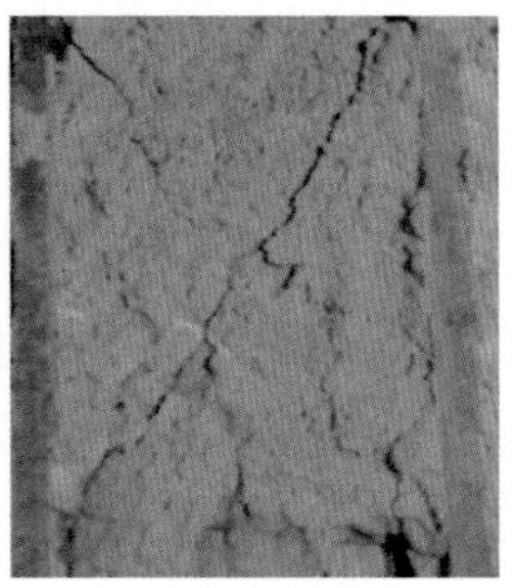

c)X形扩展裂缝

图6-8　隧道爆破荷载作用下中隔壁支护结构开裂形态图

(2)中隔壁支护结构背爆侧混凝土出现裂缝,中心区域混凝土被震塌,形成贯穿式孔洞,但钢筋网及纵向连接钢筋基本完好,未发生破坏,如图6-9a)所示。

(3)中隔壁支护结构背爆侧混凝土出现大量裂缝,中心区域混凝土被震塌,形成贯穿式孔洞,同时钢筋网及纵向连接钢筋也被震坏,发生断裂,如图6-9b)所示。

(4)中隔壁支护结构背爆侧混凝土大量剥落,形成大型贯穿式孔洞,钢筋网及纵向连接钢筋被震坏并发生断裂，钢支撑失去侧向喷射混凝土及钢筋网连接钢筋的支撑作用，钢拱架发生扭曲变形，此时中隔壁支护结构承载力下降十分明显，如图 6-9c）所示。

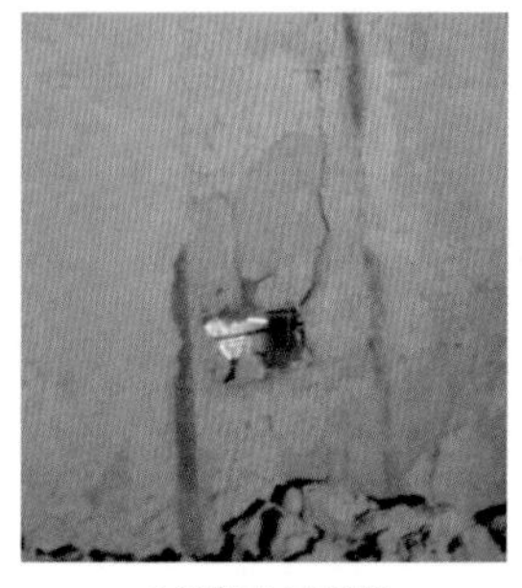
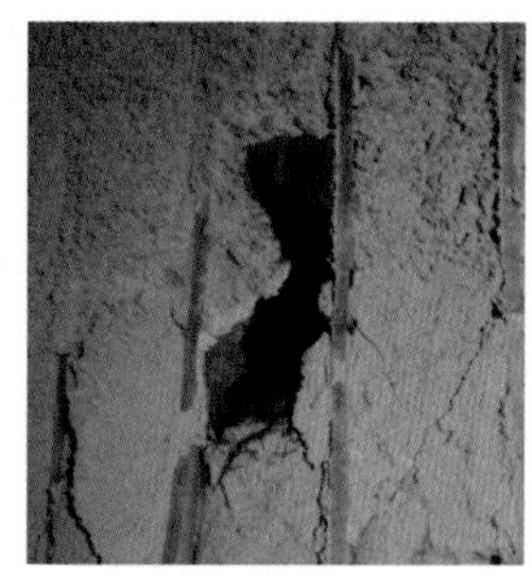

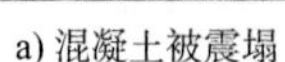
a) 混凝土被震塌　　b) 混凝土贯穿，钢筋网破坏　　c) 钢拱架扭曲变形

图 6-9　隧道爆破荷载作用下中隔壁支护结构破坏形态图

6.2.2　支护结构破坏发展阶段

通过现场调研总结，根据与爆源的距离，爆破开挖对中隔壁支护结构破坏损伤情况可分为四个发展阶段：

第一个阶段：竖向拉裂阶段。与爆源点的距离缩小至 10m（0.5D，其中 D 为最大开挖宽度 20m），中隔壁开始发生局部开裂，在中隔壁与爆破掌子面交界处形成以一条纵向受拉裂缝为主干并开始发散的裂缝簇。

第二个阶段：X 形剪切开裂阶段。与爆源点距离进一步缩小至 6m（0.3D）时，爆破对中隔壁支护结构的损伤开始大范围涌现，其迎爆面出现混凝土挤裂现象，背爆面沿钢拱架出现纵向裂缝，中心区域产生类似于剪切作用的 X 形剪切裂缝。中隔壁支护结构中间出现的各类裂隙逐渐相互连接，混凝土块体有脱落的趋势。

第三个阶段：混凝土震塌阶段。与爆源点的距离缩小至 4m（0.2D）时，中隔壁支护结构边缘线处大规模出现剪切破坏的裂缝带，混凝土被大量裂缝分割，开始出现塌坑。

第四个阶段：钢筋破坏、钢拱架扭曲变形阶段。与爆源点邻近处水平距离约 2m（0.1D）时，中隔壁支护结构受爆破冲击损坏严重，离掌子面较近中隔壁支护结构的下部及中心块石被震裂飞出，有大量新鲜的贯穿空洞，钢拱架出现扭曲变形，局部连接钢筋网及钢拱架的拉结筋受拉屈服，钢筋网脱离拉结筋及钢拱架约束，网片鼓出崩裂，中隔壁支护结构累积受损严重。

现场拍摄的典型破坏形态如图 6-10 所示，图 6-10a）、b）、c）、d）及对应的图 6-10e）、f）、g）、h）为不同爆心距区间典型区域破坏前后对比照片，绿色裂纹代表前次爆破产生的裂纹，橘色裂纹为当次爆破产生及扩展的新鲜裂纹。

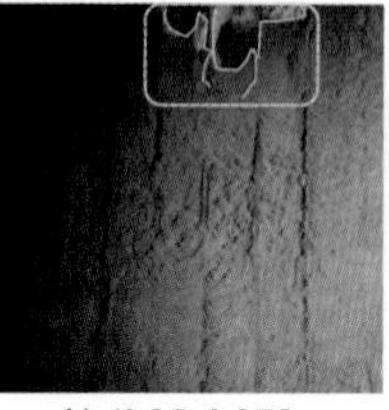
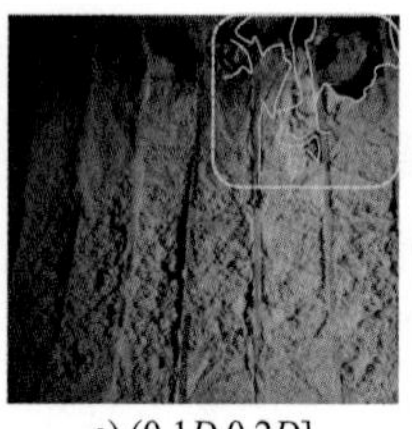
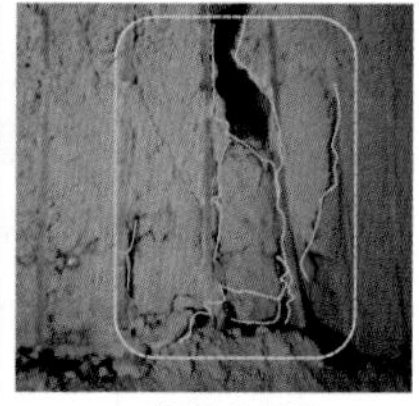
a) (0.3D,0.5D]　　b) (0.2D,0.3D]　　c) (0.1D,0.2D]　　d) (0,0.1D]

图　6-10

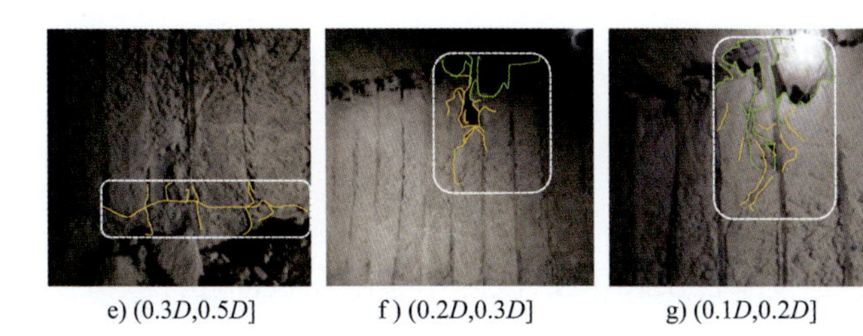
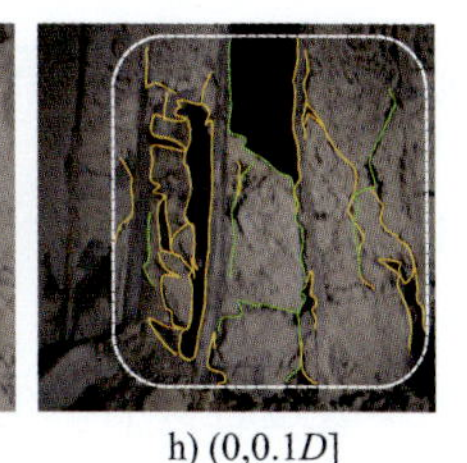

e) (0.3D,0.5D]　f) (0.2D,0.3D]　g) (0.1D,0.2D]　h) (0,0.1D]

图6-10　中隔壁支护结构爆破前后破坏对比情况

6.2.3　支护结构破坏原因及影响因素

隧道爆破作用下中隔壁支护结构破坏的主要原因可分为两部分,首先来分析设计施工方面的因素,具体如下:

(1)中隔壁支护结构自身设计不合理或施工质量存在一定缺陷。由于缺少统一的临时支护结构设计与施工标准,现场施工时钢拱架底部缺少锁脚锚杆或锚杆锚固不牢,导致拱脚在爆破下向外发生侧移,网片状的钢筋网之间、钢拱架之间也因未有效连接而经常被爆破作用力拉断。

(2)靠近中隔壁支护结构的炮孔存在施工误差。由于炮孔深度较大,若钻进角度控制不好,极易导致炮孔底部距离中隔壁太近,在爆破作用下更容易引起中隔壁支护结构的局部破坏。

除设计施工方面因素外,由于对中隔壁等支护结构受爆破开挖影响的机理研究还不充分,业内施工人员依旧认为掏槽爆破才是中隔壁支护结构破坏的主因。在没有明确的安全控制标准条件下,施工人员依然盲目采用掏槽孔峰值振速指标进行控制,而忽略了靠近中隔壁炮孔爆破的直接冲击作用,这是造成实际施工中隔壁等支护结构破坏的主要原因。具体有以下几种情况:

(1)距中隔壁支护结构最近段炮孔的药量设计过大。药量过大,爆破冲击压强过大,超过中隔壁支护结构抗拉强度而使中隔壁支护结构损坏。严格控制距中隔壁支护结构最近段炮孔的最大起爆药量将有效改善损伤问题。

(2)在相同的药量条件下,当靠近中隔壁支护结构的炮孔距离过小时,爆炸冲击能量较大,将对中隔壁支护结构产生较大损伤。

(3)距中隔壁支护结构最近排炮孔同时起爆,未采用单孔微差间隔爆破,导致同一次爆破药量较大。现场设计炮孔起爆段位时,往往将最近一排中的多个炮孔设计为同一时间段位起爆(本工程中为MS5段5个炮孔同时起爆),其共同爆破产生的冲击影响不可忽视。从临空面角度考虑,若将最近排炮孔分散到不同段位,这样先起爆的段位炮孔爆破后将为剩余炮孔创造临空面,理论上可大幅度减小同段炮孔起爆产生的爆破冲击力。

综上所述,隧道爆破下近接中隔壁支护结构的损伤主要受到临近炮孔的装药量、爆距、起爆时间因素的影响,可以采用数值模拟方法考虑不同的爆破参数进行研究。

6.3 隧道爆破冲击下支护结构动力响应及破坏机理

6.3.1 数值模型建立

1)数值模拟方案

由于爆破过程具有瞬时性、复杂性及破坏性,故采用有限元软件进行数值模拟研究,并与现场试验结果进行对比分析,完善研究成果。

由于靠近中隔壁炮孔起爆对中隔壁支护结构造成的影响最大,本研究中将问题简化,只研究靠近中隔壁的5段(5个炮孔)、11段(2个炮孔)、13段(1个炮孔),总计8个炮孔(图6-11中橙黄色圆圈),简化为一段同时起爆,并考虑不同药量、不同距离条件下爆破的影响。因此,本章只建立中隔壁支护结构在该段位炮孔起爆下的数值模型,由空气、炸药、岩体和中隔壁四部分组成,如图6-11所示。其中,中隔壁支护结构采用分离式建模,混凝土采用SOLID164单元,钢拱架、拉结筋和钢筋网采用BEAM161单元,假设各部分间具有良好的黏结,采用共节点方法使其在荷载作用下共同受力。炸药爆破过程采用流固耦合算法模拟,炸药和空气划分为多物质ALE网格,岩体和中隔壁划分为拉格朗日网格,并通过CONSTRAINED_LAGRANGE_IN_SOLID关键字实现耦合。岩体四周设置无反射边界模拟无限区域,中隔壁支护结构上、下两边则设置固定约束。模型单元总数为858956个,计算时间设置为50ms,将起爆点设置在炮孔底部,模拟反向起爆。

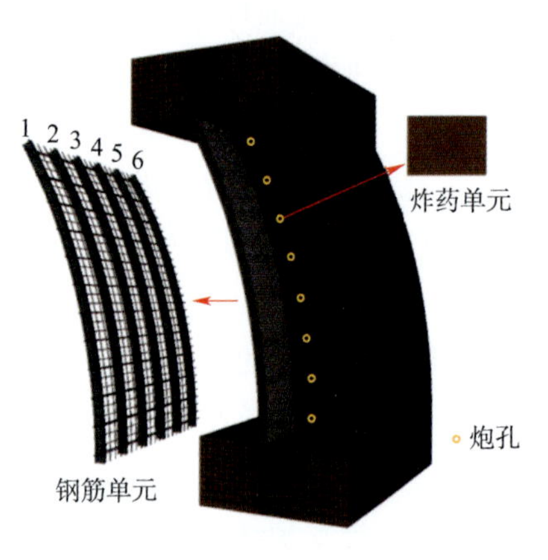

图6-11 数值模型及单元划分

考虑不同爆距、不同单段装药量等参数变化,共进行15个工况的模拟。其中,通过改变单个炮孔的药卷个数为6个、7个、8个、9个、10个(每个药卷装药量为0.15kg)来模拟不同单段装药量(共8个炮孔,合计7.2kg、8.4kg、9.6kg、10.8kg、12.0kg),改变炸药中心至中隔壁支护结构的距离模拟不同爆距(30cm、40cm、50cm)。

2)材料及参数选取

数值模型中包括炸药、空气、岩体、混凝土、钢筋五种材料,分别进行描述。

(1)炸药材料参数。

炸药采用MAT_HIGH_EXPLOSIVE_BURN材料模型,使用EOS_JWL状态方程计算爆轰压力$P_{压}$:

$$P_{压}=A\left(1-\frac{\omega}{R_1V}\right)e^{-VR_1}+B\left(1-\frac{\omega}{R_2V}\right)e^{-VR_2}+\frac{\omega E_0}{V} \tag{6-2}$$

式中,$P_{压}$为爆轰压力;E_0为炸药爆轰产物的初始内能;V为爆轰产物的相对体积;A、B、R_1、R_2、ω为状态方程参数。2号岩石乳化炸药材料参数如表6-5所示。

炸药材料参数　　表6-5

参数	密度（kg/m^3）	爆速（m/s）	爆压（GPa）	A（GPa）	B（GPa）	R_1	R_2	ω	E_0（GPa）
取值	930	4000	7.4	214.4	0.182	4.2	0.8	0.15	4.192

(2)空气材料参数。

空气采用 MAT_NULL 材料模型和线性多项式状态方程 EOS_LINEAR_POLYNOMIAL 进行描述,其压力计算公式为:

$$P_{压} = C_0 + C_1\mu + C_2\mu^2 + C_3\mu^3 + (C_4 + C_5\mu + C_6\mu^2)E_0 \tag{6-3}$$

$$\mu = \frac{\rho_1}{\rho_0} - 1 \tag{6-4}$$

式中,$P_{压}$ 为爆轰压力;μ 为比体积;ρ_0 为初始密度;C_0、C_1、C_2、C_3、C_4、C_5、C_6 为状态方程参数;ρ_1/ρ_0 为当前密度与初始密度之比;E_0 为材料的初始内能;V_0 为初始体积。空气材料参数如表6-6所示。

空气材料参数　　表6-6

参数	ρ_0（kg/m^3）	C_0	C_1	C_2	C_3	C_4	C_5	C_6	E_0（Pa）
数值	1.29	0	0	0	0	0.4	0.4	0	2.5×10^5

(3)钢材、石灰岩和混凝土材料参数。

钢材采用 MAT_PLASTIC_KINEMATIC 塑性流动模型,该模型适合模拟各向同性非线性硬化材料,并且按 COWPER_SYMONDS 方式考虑应变率效应对屈服强度的影响。

石灰岩采用 HJC 材料模型,该模型能够很好地描述岩石等脆性材料在大应变、高静水压力和高应变率下非线性变形特性和损伤断裂特性。

混凝土则采用 RHT 模型模拟爆炸冲击过程中的动态力学行为,该模型引入弹性极限面、失效面和残余强度面三个极限面,描述了混凝土的初始屈服强度、失效强度及残余强度的变化规律。

钢材、石灰岩和混凝土材料参数如表6-7所示。

钢材、石灰岩和混凝土材料参数　　表6-7

材料	密度（kg/m^3）	弹性模量（GPa）	动态抗拉强度（MPa）	动态抗压强度（MPa）	失效应变
钢材	7800	200	335	335	0.2
石灰岩	2300	25.3	4	60	—
混凝土	2300	31.5	4	25	0.006

采用侵蚀算法,模拟爆破碎石抛掷与爆破漏斗产生和混凝土的开裂破坏现象,岩体选择石灰岩的动态抗拉强度和动态抗压强度作为失效判据,中隔壁支护结构中混凝土选

择最大主应变作为破坏准则。

6.3.2 岩体爆破过程分析

以爆距0.4m、单段装药量9.6kg为例，对岩体的爆破过程以及中隔壁的动力响应进行分析，如图6-12所示，可以得出以下结论：

(1)柱状炸药在岩体中起爆后，爆炸产生的冲击波和高压气体直接作用在各炮孔壁，其强度远远超过岩体的动态抗压强度，使炮孔扩大出现空腔，周围岩体被压碎，形成破碎区；随后，冲击波衰减为压缩应力波，其强度大大降低，已不能压碎岩石，却使破碎区外层岩体受到径向压缩作用产生径向位移，从而产生切向拉伸应力，而岩体的动态抗拉强度远小于动态抗压强度，致使岩体形成径向裂隙区，如图6-12a)所示。

(2)由于各应力波相互叠加，在炮孔连心线方向形成应力集中，在$t=2.0$ms时，各破碎区之间形成了图6-12b)所示的相互贯通裂缝；传播至岩体与中隔壁交界面处的应力波发生反射和折射，发生折射的应力波继续在中隔壁中传播，而发生反射的应力波则形成与入射方向相反的拉伸波，使炮孔左侧岩体受拉。

(3)从$t=10.0$ms开始，岩体产生裂缝并不断扩展，通过图6-12c)可以看出，这些裂缝优先向距自由面最近的方向发展，其他方向则受到抑制。随着裂缝的相互贯通，破碎岩石与岩体分离，在爆破气体膨胀作用下产生抛掷现象时，受到中隔壁支护结构的约束作用，从而对中隔壁造成损伤和破坏。

由图6-12d)可以看到爆破漏斗的产生以及中隔壁支护结构的破坏，该过程与岩石爆破理论描述的结果是一致的。

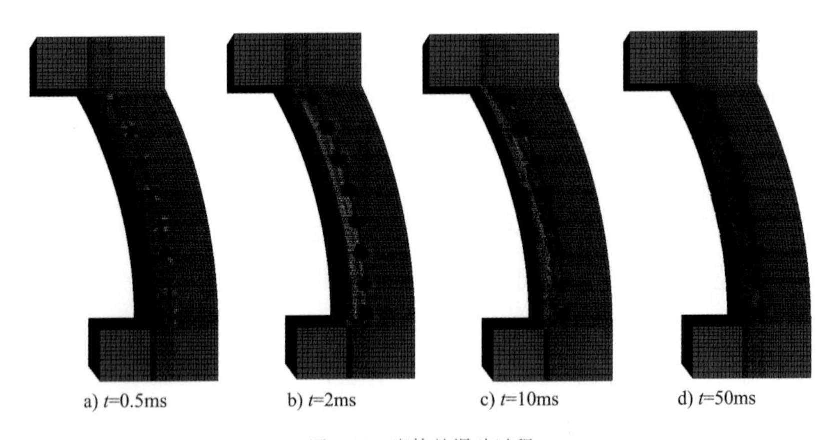

图6-12 岩体的爆破过程

6.3.3 支护结构应力响应特征及破坏机理

以爆距0.5m、单孔装药量1.20kg为例，对中隔壁的应力响应进行分析。中隔壁支护结构迎爆面和背爆面各时刻有效应力分布情况分别如图6-13、图6-14所示。从图6-13、图6-14可以看出：

(1)中隔壁支护结构受应力区域从爆点投影处开始随炸药的起爆不断增大。当应力波传至中隔壁支护结构时，其压力并未造成中隔壁支护结构破坏；当应力波传至中隔壁支护结构与自由面交界处时，由于空气与混凝土的波阻抗不同，应力波发生反射形成拉伸波，使中隔壁支护结构迎爆面受压，背爆面受拉，并处于反复拉压状态。

（2）随着时间的延长，岩石破碎发生抛掷现象，不断冲击中隔壁支护结构，形成一个与爆破进尺范围相对应的矩形受力区域，如图 6-13 所示，且应力集中在区域中心，中隔壁支护结构开始发生破坏。

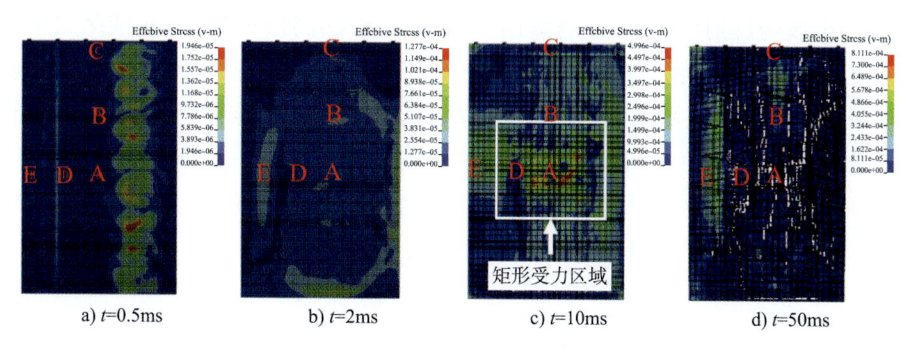

a) t=0.5ms　b) t=2ms　c) t=10ms　d) t=50ms

图 6-13　中隔壁迎爆面各时刻有效应力分布

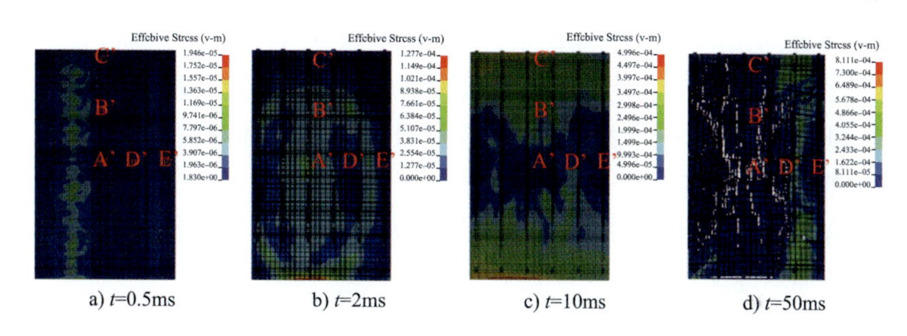

a) t=0.5ms　b) t=2ms　c) t=10ms　d) t=50ms

图 6-14　中隔壁背爆面各时刻有效应力分布

选取中隔壁支护结构迎爆面混凝土单元 A、B、C、D、E 和背爆面混凝土单元 A′、B′、C′、D′、E′，中隔壁支护结构迎爆面和背爆面应力时程曲线如图 6-15、图 6-16 所示。

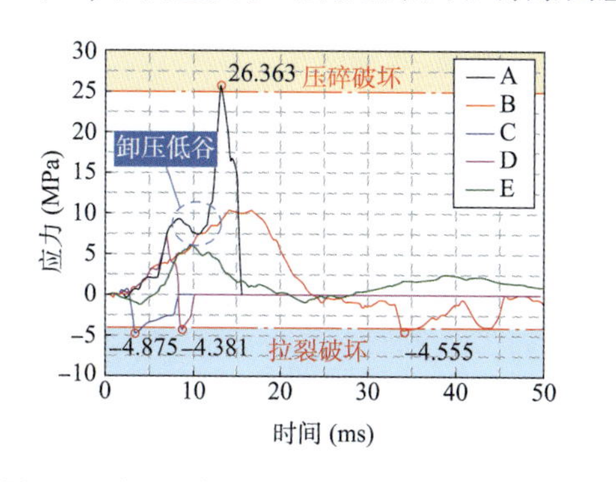

图 6-15　中隔壁支护结构迎爆面单元应力时程曲线

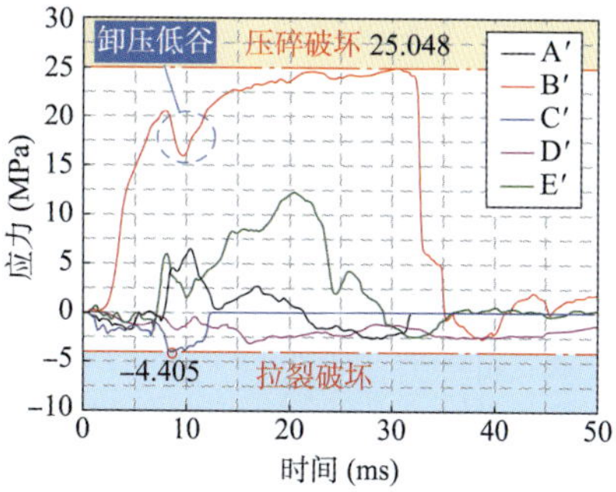

图 6-16　中隔壁支护结构背爆面单元应力时程曲线

从图 6-15 和图 6-16 可以看出：

爆破发生后，冲压荷载首先作用于炮孔壁，应力波的传播速度远大于裂纹发展速度，达到远处约束边界，冲击波反射形成拉伸作用的应力波，达到中隔壁支护结构的抗拉强度，首先在迎爆面边缘单元 C、单元 D 处（见图 6-15）出现拉伸裂缝并失效，背爆面混凝土单元 C′、D′则持续受压。与此同时，受拉伸波作用，背爆面中心区域单元 A′处（见图 6-16）拉力大约为4.5MPa,也超过其抗拉强度而被拉坏。其他区域混凝土单元背爆面单元B′、单元E′受拉,迎爆面单元B、单元E受压,其峰值远小于混凝土的抗拉强度和抗压强度。此时爆轰后的高热、高压产物抵达炮孔壁,部分冲击波被用于改变破碎圈材料性质,并且由于炮孔壁对冲击波的反射、折射造成能量耗散,从图6-15和图6-16可以看到都出现明显的卸压低谷现象。

随后冲击波与反射波相遇,在迎爆面中心区域单元A处(图6-15)形成第二个压力波峰值,达到26.363MPa,超过其抗压强度而被压碎,形成破碎区,压碎后很快丧失承压能力;随即原本靠单元A区域承载的压应力向后方传递,由于背爆面距离爆心稍远,能量耗散,未能较快达到极限压应力,压力逐步累积,维持了较长时间受压状态,直到超过极限抗压强度而被压碎(见图6-16中单元C′),应力也瞬间消失。整体上,中隔壁支护结构的破坏主要呈现为中心弯曲破坏和四周剪切破坏。

6.3.4 支护结构变形响应特征

定义中隔壁支护结构水平位移向右为正,向左为负,中隔壁支护结构各钢拱架中心节点位移如图6-17所示。从图6-17可以看出:

(1)在应力波的作用下,中隔壁整体向左侧运动,且位移随时间不断增加。

(2)在爆炸结束时,1号、2号和6号钢拱架的位移达到峰值,逐渐回落并趋于稳定;而3号、4号和5号钢拱架处于岩体爆破进尺范围,在破碎岩体和惯性的作用下位移不断增大,该区域结构发生破坏。

(3)钢拱架的纵向以炸药底部钢拱架位移最大、变形最严重,随着与炸药中心距离的增大,变形和破坏均逐渐减小。

对位移最大的4号钢拱架不同位置节点的位移进行分析,中心节点位移最大并逐渐向两端减小,中心位移不断增长,而两端位移增长较慢,如图6-18所示。从图6-18可以看出:

在整个爆破过程中,中隔壁支护结构的破坏主要发生在岩石的爆破进尺范围内,且中心区域的钢拱架位移最大,变形最严重,并逐渐向顶端、底端减小。

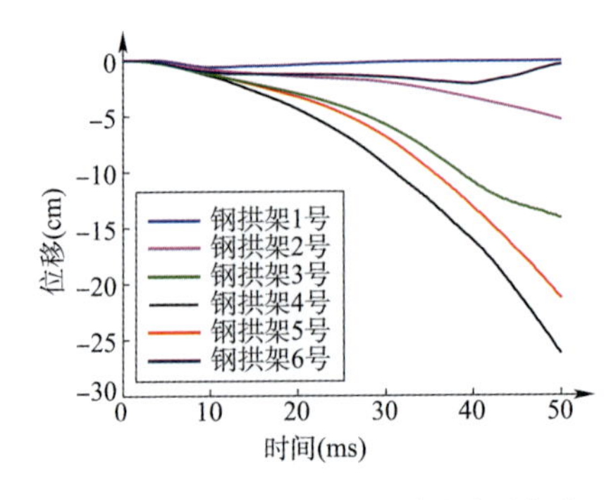

图6-17 中隔壁钢拱架中心节点水平位移时程曲线

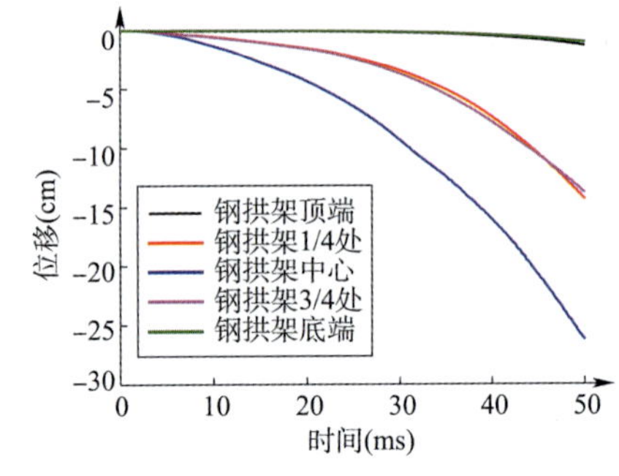

图6-18 4号钢拱架水平位移时程曲线

6.3.5 不同药量下支护结构破坏机理和形态

由于爆距和单孔装药量不同,岩体爆破效果不同,与中隔壁支护结构的相互作用也不同,中隔壁呈现出不同的破坏形态。以爆距0.5m为例,如图6-19~图6-22所示,分析中隔壁支护结构的破坏形态：

（1）当单孔装药量为0.9kg时，中隔壁支护结构未发生损坏。

（2）当单孔装药量为1.05kg时，仅在中隔壁与爆破掌子面交界处出现一条纵向受拉裂缝，结构具有较好的整体性。

（3）当单孔装药量为1.2kg时，中隔壁支护结构中心区域出现爆炸成坑现象，该区域迎爆面中心处混凝土被压碎，背爆面钢拱架处混凝土出现纵向贯穿裂缝，中心区域则出现X形扩展裂缝，中隔壁支护结构的破坏以弯曲破坏为主。

（4）当单孔装药量为1.35kg时，中隔壁整体表现为弯曲剪切耦合破坏，3号、5号钢拱架边界处混凝土出现横向剪切现象，拱顶、拱脚处出现纵向剪切带，混凝土板被分割成许多块体，中心区域混凝土出现孔洞。

（5）当单孔装药量为1.5kg时，中隔壁支护结构的破坏最为严重，中心区域大量混凝土震塌，出现贯穿区域，有混凝土碎块和岩石碎块飞出，2号、3号、4号、5号钢拱架出现扭转变形，中心区域拉结筋屈服失效，中隔壁支护结构失去承载能力。

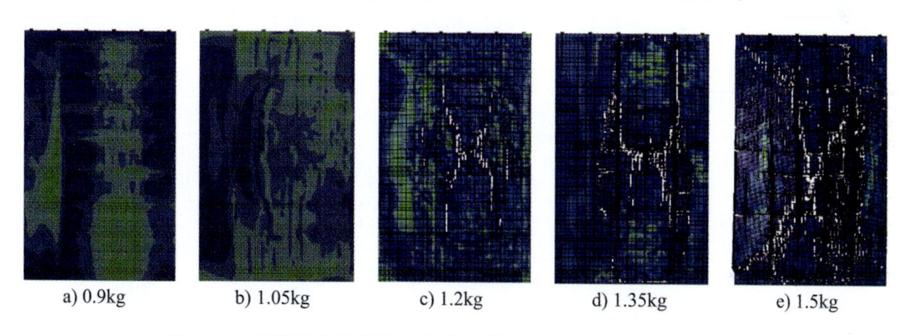

a) 0.9kg b) 1.05kg c) 1.2kg d) 1.35kg e) 1.5kg

图6-19 不同单孔装药量中隔壁迎爆面的破坏形态（爆距50cm）

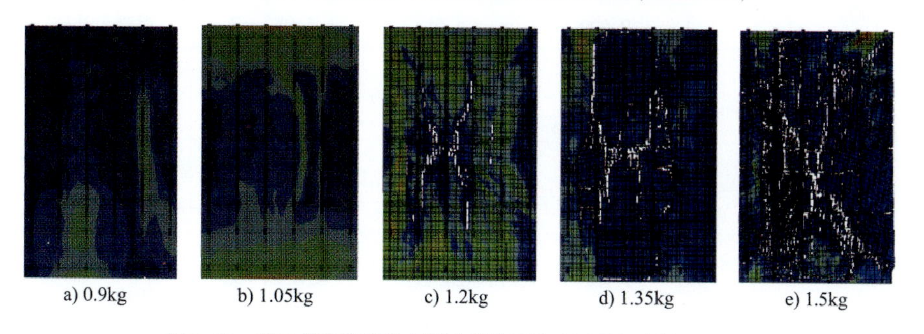

a) 0.9kg b) 1.05kg c) 1.2kg d) 1.35kg e) 1.5kg

图6-20 不同单孔装药量中隔壁背爆面的破坏形态（爆距50cm）

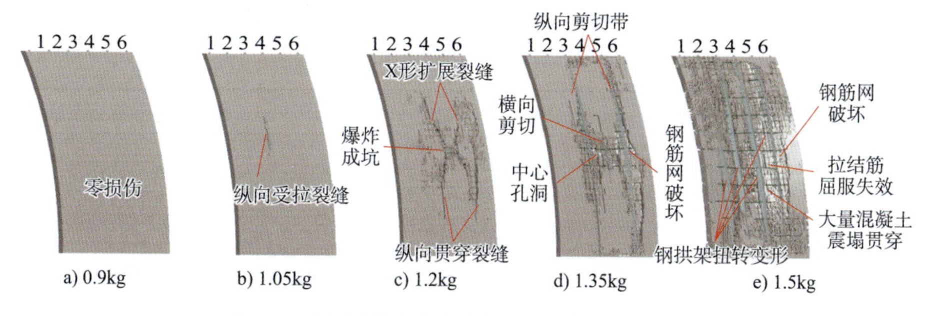

a) 0.9kg b) 1.05kg c) 1.2kg d) 1.35kg e) 1.5kg

图6-21 不同单孔装药量下中隔壁迎爆面的破坏情况

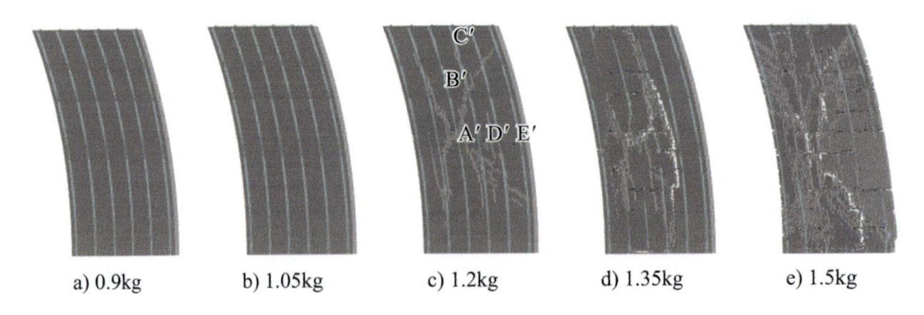

a) 0.9kg　b) 1.05kg　c) 1.2kg　d) 1.35kg　e) 1.5kg

图 6-22　不同单孔装药量下中隔壁背爆面的破坏情况

6.3.6　数值模拟与现场试验对比分析

不同爆破参数下中隔壁支护结构的破坏形态见表 6-8。

不同爆破参数下中隔壁支护结构的破坏形态　表 6-8

炮孔中心与支护结构迎爆侧的垂直距离 N(cm)	单段装药量(kg)	各钢拱架 50ms 时水平位移(cm)						破坏形态
		1 号	2 号	3 号	4 号	5 号	6 号	
30	7.2	0.53	-0.61	-4.31	-12.6	-10.7	-2.20	混凝土开裂
	8.4	0.74	-0.71	-11.6	-21.4	-8.64	-1.28	混凝土开裂,出现孔洞
	9.6	0.70	-2.06	-19.5	-18.6	-13.8	-1.03	混凝土开裂,出现孔洞
	10.8	-0.21	-15.0	-31.0	-34.4	-15.3	-1.46	混凝土大量剥落,钢拱架扭曲变形
	12.0	-0.81	-17.1	-32.8	-38.3	-26.8	-1.44	混凝土大量剥落,钢拱架扭曲变形
40	7.2	-0.015	-0.004	-0.013	-0.024	-0.018	-0.003	未发生破坏
	8.4	0.009	-2.08	-4.68	-7.32	-5.98	-2.68	混凝土开裂
	9.6	-0.11	-5.40	-21.4	-26.3	-14.1	-0.44	混凝土大量剥落,钢拱架扭曲变形
	10.8	-0.29	-7.62	-23.5	-30.2	-16.3	-1.97	混凝土大量剥落,钢拱架扭曲变形
	12.0	-1.23	-12.1	-24.7	-34.5	-24.2	-3.32	混凝土大量剥落,钢拱架扭曲变形
50	7.2	-0.013	-0.002	-0.002	-0.006	-0.004	-0.001	未发生破坏
	8.4	-0.36	-0.32	-0.38	-0.45	-0.53	-0.56	混凝土开裂
	9.6	-1.04	-2.80	-4.89	-6.32	-4.69	-2.76	混凝土开裂
	10.8	-1.48	-4.46	-12.3	-15.3	-6.01	-1.84	混凝土开裂,出现孔洞
	12.0	-2.04	-6.80	-21.9	-19.3	-14.7	-2.76	混凝土大量剥落,钢拱架扭曲变形

通过对比中隔壁支护结构发生破坏的位置和破坏形态,数值模拟结果与现场试验结果基本一致,结合表 6-8,可以得出以下结论:

(1)当爆距不变时,单段装药量的增加导致装药长度的增加,中隔壁支护结构的破坏范围不断扩大,破坏程度不断加深,破坏形态也经历一系列变化,表现为开始出现纵向受拉裂缝到纵向裂缝贯穿,然后出现横向裂缝并逐渐增多,再到中心区域大量混凝土震塌、出现贯穿区域,最后混凝土碎块和岩石碎块飞出、钢拱架扭曲变形失去承载能力。

(2)中隔壁支护结构的破坏模式主要有弯曲破坏、剪切破坏和弯剪耦合破坏三种形式。其中,弯曲破坏主要导致了竖向和横向裂缝的形成;剪切破坏主要引起斜向45°裂缝的形成;弯剪耦合破坏主要引起纵向裂缝、横向裂缝、斜向45°裂缝及X形扩展裂缝的形成,最终导致中心区域大量混凝土震塌和贯穿破坏。

(3)当单段装药量不变时,随着爆距的增加,中隔壁支护结构的破坏范围逐渐增大,相同破坏形态下的破坏程度减小。

(4)为确保中隔壁支护结构不发生破坏,建议隧道爆破施工时爆距控制在40cm以上,单段装药量控制在7.2kg以下。

6.4 隧道爆破冲击下支护结构破坏模式和量化分级评价

通过上述研究,可以得出隧道爆破冲击下中隔壁支护结构主要发生两种破坏:

(1)强度破坏。爆炸冲击作用导致中隔壁上的喷射混凝土产生过高的拉应力或压应力,当其超过喷射混凝土的动态抗拉强度或抗压强度时即产生破坏。混凝土开裂破坏后,中隔壁由局部的破坏逐渐扩展成大面积的破坏,混凝土不断脱落,钢拱架逐渐失去混凝土的保护而丧失承载能力,最终导致坍塌。

(2)变形超限破坏。爆炸冲击作用引起中隔壁产生向迎爆侧的较大变形,导致中隔壁结构的钢拱架逐渐扭曲或挤出变形。随着变形逐渐增大,中隔壁从局部变形发展成整体过大变形。当变形超过极限允许变形值,支护结构则容易坍塌。

6.4.1 基于动应力的支护结构破坏模式

按照强度破坏准则,支护结构可以分成三种破坏模式:

(1)峰值拉裂破坏。当中隔壁喷射混凝土上的拉应力超过其动态抗拉强度时,会发生开裂破坏,逐步发展成竖向裂缝及X形扩展裂缝,其应力变化曲线如图6-23a)所示。

(2)峰值压碎破坏。当中隔壁喷射混凝土上的压应力超过其动态抗压强度时,会发生混凝土压碎,在冲击波作用下压碎的混凝土抛掷形成较大的空洞,其应力变化曲线如图6-23b)所示。

(3)累积压碎破坏。当处于背爆侧时,喷射混凝土上产生较大压应力,随时间的增长动压力逐渐增大,直至超过其动态抗压强度而发生压碎,其应力变化曲线如图6-23c)所示。

获得爆炸荷载作用下混凝土的动态力学性能是强度破坏评价的关键。在爆炸荷载作用近区,混凝土处于大变形、高应变率和高静水压力状态。在自由边界处,压缩应力会反射形成拉伸卸载应力波,混凝土内部受到压缩和拉伸应力波的相互作用。由于混凝土材质离散、变形成分多样且影响因素众多,应力-应变关系会在一定范围内波动。因此,喷射混凝土动态抗拉强度和抗压强度需要根据具体的应力-应变关系来确定，可以参考现有经验计算公式及建议值。

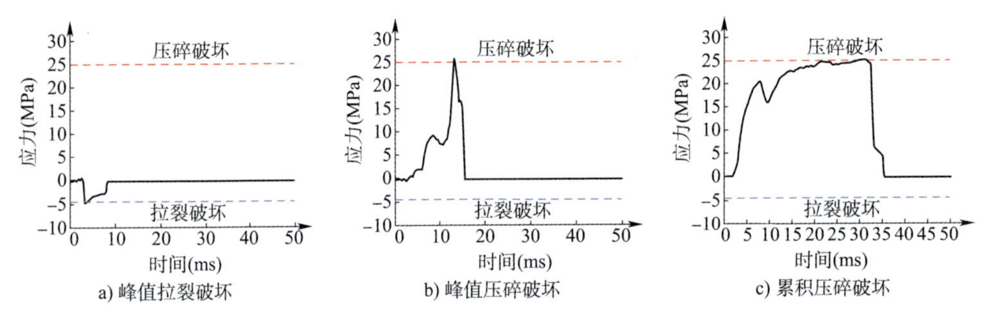

图 6-23　中隔壁支护结构基于强度破坏准则的破坏模式

6.4.2　基于位移比的支护结构破坏量化分级评价

通过研究不同药量条件下钢拱架的变形及破坏程度，建立钢拱架变形与破坏程度之间的关系，据此对支护结构的损伤程度进行量化分级。而且，钢拱架的变形破坏一般发生在强度破坏之后，即爆破冲击下首先造成喷射混凝土的开裂，然后混凝土不断脱落。钢拱架由于混凝土脱落受到的保护逐渐变弱，爆破荷载累积作用下承载能力逐渐降低，导致变形逐渐增大，超过极限允许变形则极易发生倒塌。

支护结构的变形破坏准则是采用钢拱架位移比进行安全评价和损伤程度量化分级。钢拱架位移比是指按照弹性方法计算钢拱架最大水平位移与钢拱架高之比，主要限制中隔壁支护结构在隧道爆破施工下的水平位移，确保中隔壁支护结构应具备的刚度，避免产生过大的位移而影响结构的承载力、稳定性和使用要求，其中钢拱架位移比用 S 来表示：

$$S = \frac{D}{H} \times 100\% \tag{6-5}$$

式中，D 为钢拱架在爆破振动作用下的最大水平位移；H 为钢拱架高度。

现场测试过程可以参考图 6-24 实施，采用位移传感器对钢拱架的位移进行测量，然后计算位移比。

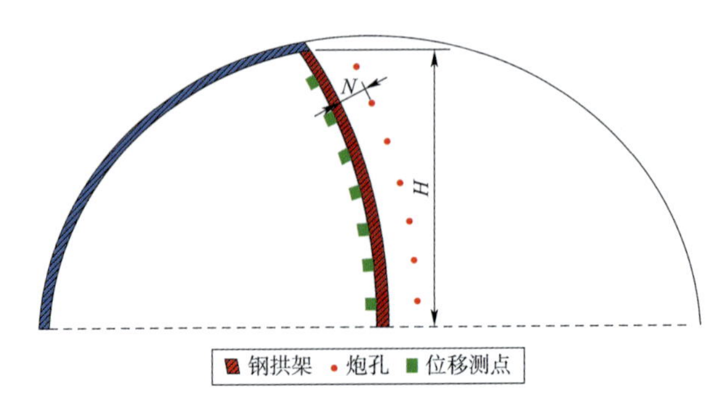

图 6-24　钢拱架水平位移测试的正面图

根据上述方法，提出基于位移比的中隔壁支护结构破坏的评价方法，如图 6-25 所示，分为以下几个损伤级别：

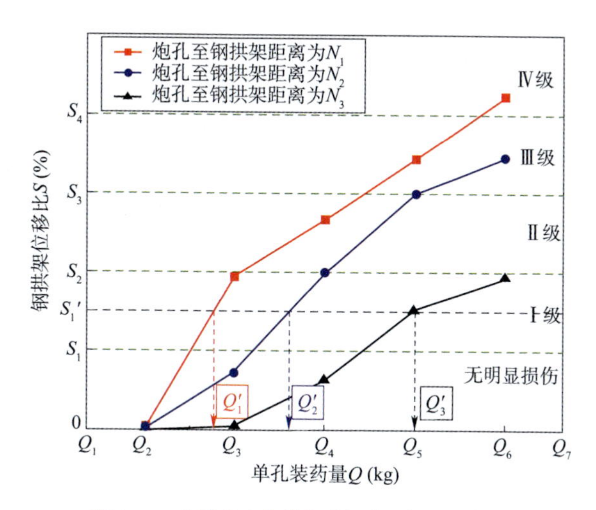

图6-25　中隔壁支护结构破坏分级评价示意图

(1)中隔壁未出现明显损伤,此时 $0<S\leqslant(S_1/H)$,定义为无明显损伤。

(2)中隔壁发生了轻度损伤,即产生了竖向裂缝,此时 $(S_1/H)<S\leqslant(S_2/H)$,定义为Ⅰ级轻度损伤。

(3)中隔壁发生了中度损伤,即产生了X形裂缝,此时 $(S_2/H)<S\leqslant(S_3/H)$,定义为Ⅱ级中度损伤。

(4)中隔壁发生了重度损伤,即产生了贯穿孔损伤,此时 $(S_3/H)<S\leqslant(S_4/H)$,定义为Ⅲ级重度损伤。

(5)中隔壁发生了扭转弯曲变形破坏,此时 $S>(S_4/H)$,定义为Ⅳ级扭转弯曲变形破坏。

其中 S_1、S_2、S_3、S_4 具体值取决于中隔壁支护结构的高度,混凝土、钢拱架、钢筋网材料参数,需要根据数值分析结果确定。

本工程中不同爆破参数下中隔壁支护结构的破坏模式和各钢拱架50ms时位移比如图6-26所示。根据不同条件下钢拱架的位移比(图6-26),结合中隔壁迎爆面的破坏情况(图6-21),分析中隔壁支护结构的爆破损伤情况,并提出量化分级标准。具体阐述如下:

(1)当爆距不变时,单孔装药量的增加导致钢拱架位移的增加,中隔壁支护结构的破坏范围和程度不断增大,由开裂发展为局部弯曲破坏再转变为整体弯曲剪切耦合破坏。根据爆破损伤的发展过程,损伤量化总共分为五级,分别是无明显损伤($S\leqslant0.88\%$)、Ⅰ级轻度损伤($0.88\%<S\leqslant2.50\%$)、Ⅱ级中度损伤($2.50\%<S\leqslant3.50\%$)、Ⅲ级重度损伤($3.50\%<S\leqslant4.25\%$)、Ⅳ级扭转弯曲变形破坏($S>4.25\%$)。

(2)在设定爆心距条件下,随着单孔装药量的增加,中隔壁支护结构破坏敏感度先变小后变大,然后再变小。随着爆心距减小,相对位移变化曲线逐渐趋于发散。

(3)实际隧道爆破施工过程中,可以根据中隔壁支护结构的不同损伤级别对爆破药量进行控制。如果完全按照无明显损伤来进行安全控制,则装药量要求较小,会严重影响爆破进尺和施工进度。因此,可以在保证中隔壁支护结构整体安全性的基础上,适当允许局部发生损伤开裂,即采用Ⅰ级轻度损伤和Ⅱ级中度损伤来控制爆破施工药量,可以有效增加爆破施工进尺。

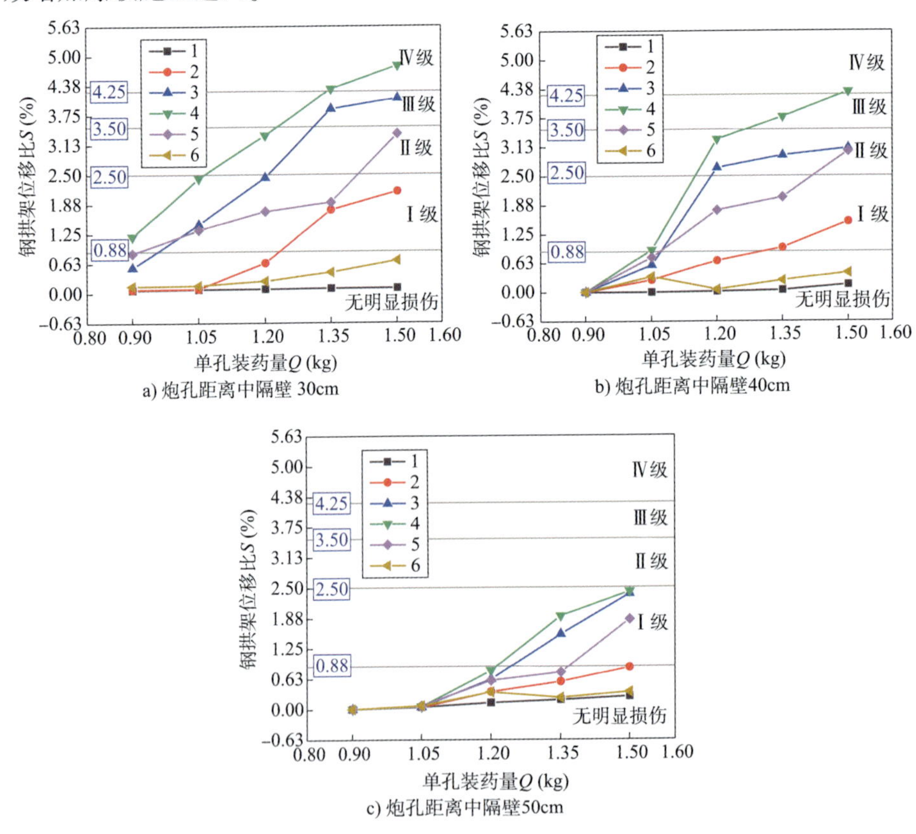

图 6-26 不同条件下钢拱架位移比及爆破损伤量化分级

6.5 支护结构爆破动应力预测和安全评价方法及应用

6.5.1 支护结构爆破动应力预测方法

隧道紧贴爆破作用下中隔壁支护结构损伤破坏的主要原因是近距离炮孔爆破产生的冲击强度超过了结构本身的动态抗拉强度,导致喷射混凝土发生开裂。为此本节结合量纲分析原理,提出一种隧道爆破冲击作用下基于动应力的近接中隔壁支护结构爆破安全评价和预测方法。

冲击强度 P 在岩土体中的传播衰减规律与振速 v、装药量 Q、传播介质、岩土性质、节理裂隙、爆心距 R、爆速 D 等因素有关,其中变量 Q、R、D 是独立变量,其余参量根据白金汉 π 定理进行量纲化处理,见表 6-9。

冲击荷载的传播衰减变化的主要参数变量　　表 6-9

参量	符号	量纲	π 项
装药量	Q	M	
爆心距	R	L	
爆速	D	LT^{-1}	

续上表

参量	符号	量纲	π 项
爆压	P	$MT^{-2}L^{-1}$	$P/(QR^{-3}D^2)$
振动速度	v	LT^{-1}	v/D
振动位移	U	L	U/R
质点加速度	a	LT^{-2}	$a/(R^3D^2)$
频率	f	T^{-1}	$f/(R^{-1}D)$
岩石密度	ρ	ML^{-3}	$\rho/(QR^{-3})$
时间	t	T	$t/(RD^{-1})$

注：L表示长度量纲，M表示质量量纲，T表示时间量纲。

中隔壁结构所受的冲击强度 P 可写为：

$$P=\Phi(Q,U,D,\rho,R,a,f,t,v) \tag{6-6}$$

将各参数对应的 π 项代入式(6-6)得到：

$$\frac{P}{QR^{-3}D^2}=\Phi\left(\frac{U}{R},\frac{\rho}{QR^{-3}},\frac{a}{R^3D^2},\frac{f}{R^{-1}D},\frac{t}{RD^{-1}},\frac{v}{D}\right) \tag{6-7}$$

萨道夫斯基经验公式中并未考虑冲击强度 P，仅考虑了振速受装药量 Q 及爆心距 R 的影响。假设 ρ、D 是常数，根据式(6-7)可得到 v 与 $\left(\frac{1}{QR^{-3}}\right)^{-\frac{1}{3}\beta_0}$ 的关系为：

$$\ln v=a_1+\ln(Q^{\frac{1}{3}\beta_0})+\ln(R^{-\beta_0}) \tag{6-8}$$

式中，a_1 为未知常系数；β_0 为衰减指数，与传播介质性质有关。令 $\ln k_1=a_1$，则有：

$$v=k_1\left(\frac{\sqrt[3]{Q}}{R}\right)^{\beta_0} \tag{6-9}$$

式(6-9)为标准形式萨道夫斯基经验公式，此公式考虑的影响参数较少，某些情况下将产生较大误差。若考虑近距离下冲击强度 P 与装药量 Q 以及爆心距 R 的影响：

同理取出$\frac{\rho}{QR^{-3}}$作为一个新的无量纲数 $\pi_8=(\pi_2)^{1-\frac{1}{3}\beta_1}$，其中，$\beta_1$ 为未知指数。根据式(6-8)可得到$\frac{P}{QR^{-3}}$与$\left(\frac{1}{QR^{-3}}\right)^{1-\frac{1}{3}\beta_1}$的关系为：

$$\ln P=a_2+\beta_1\ln(Q^{\frac{1}{3}})+\beta_1\ln(R^{-1}) \tag{6-10}$$

式中，a_2 为未知常系数；β_1 为衰减指数；$\beta_1\ln(R^{-1})$ 表明冲击强度 P 随爆心距 R 的增加而降低，并且 $a_2+\beta_1\ln(Q^{\frac{1}{3}})$ 反映了装药量 Q 增大将产生更大的冲击强度 P。

令 $\ln k_2=a_2$，则有：

$$P=k_2\left(\frac{\sqrt[3]{Q}}{R}\right)^{\beta_1} \tag{6-11}$$

为方便现场使用及提高精确度，分离出参数爆破振速 v。

$$P = k_3 \left(\frac{\sqrt[3]{Q}}{R} \right)^{\gamma_1} v^{\gamma_2} \tag{6-12}$$

式中，k_3 为未知常系数；γ_1、γ_2 为衰减指数。假如爆破引起结构物振动，式(6-12)能够通过 v^{γ_2} 得以表现，可以直接利用现场传感器检测到的数据参与计算，能够更精确地反映现场近距离爆破下工程结构实际受力情况。将实测振速 v、装药量 Q 及爆心距 R 代入公式得到 P。根据工程结构的动态抗冲击性能预测结构损坏情况。

6.5.2 爆破动应力安全评价方法工程应用

计算该工程不同工况下支护结构在距离 r 处的爆破拉应力值，见表 6-10。

不同工况下支护结构在距离 r 处的爆炸拉应力值　　表 6-10

n	q(kg)	Q(kg)	r(m)	P(MPa)
5	0.9	4.5	0.5	3.544
5	1.05	5.25	0.5	4.213
5	1.2	6	0.5	4.911
5	1.35	6.75	0.5	5.607
5	1.5	7.5	0.5	6.319

$$P = 0.061 \left(\frac{\sqrt[3]{Q}}{r} \right)^{3.4} \tag{6-13}$$

在实际应用中，中隔壁支护结构在混凝土出现轻度裂缝条件下并不影响其正常使用，直到当钢拱架受到爆破冲击发生弯曲，中隔壁才会失去承载能力。根据设计的最大拉应力值 $P = 4\text{MPa}$，将 $r = 0.5\text{m}$ 代入式(6-13)，计算可得临界装药量 $Q = 5.00\text{kg}$，即单孔设计装药量 q 不能超过 1.00kg，而实际设计装药量为 1.8kg，故会对中隔壁支护结构造成损坏。上述应用验证了该方法的正确性。

6.5.3 支护结构振速监测和安全评价方法

由于爆破应力难以直接监测，提出一种在爆破中远区支护结构上布置速度传感器的方法进行爆破振速监测，然后通过比较实测振速值与临界安全振速值，评价爆破近区支护结构是否安全。其基本原理是爆破作用下支护结构中远区振速和近区应力均与药量相关。

已知支护结构的动态抗拉强度 σ_{td}，代入式(6-11)可以计算得到最大安全药量 Q_{max}：

$$Q_{max} = \left(\frac{\sigma_{td}}{k_2} \right)^{\frac{3}{\beta_1}} R^3 \tag{6-14}$$

根据式(6-9)可以计算得到临界安全振速 v_{max}：

$$v_{max} = k_1 \left(\frac{\sqrt[3]{Q_{max}}}{R} \right)^{\beta_0} \tag{6-15}$$

隧道爆破作用下中隔壁支护结构的振速监测布置如图 6-27 所示。

本工程中为保证中隔壁支护结构安全，采取以下措施：

(1)根据式(6-13)计算得出建议单孔安全药量不超过 1.00kg，即单段药量不超过 5.00kg。

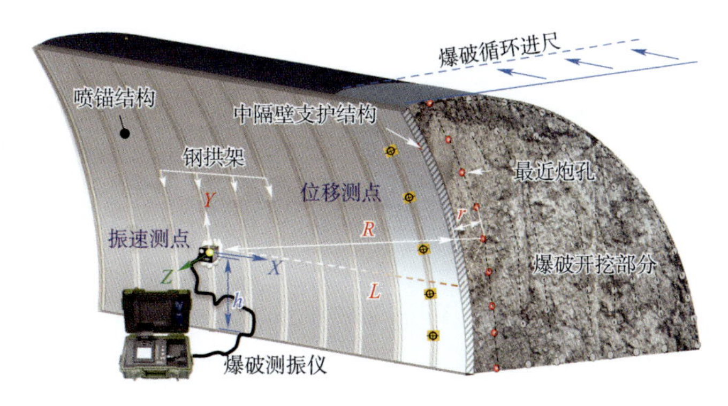

图6-27 支护结构振速监测布置方法

(2)根据式(6-1)计算得出当前药量不同距离下的中隔壁支护结构爆破安全临界振速,见表6-11。

不同距离下的中隔壁支护结构爆破安全临界振速 表6-11

序号	k	α	爆心距(m)	单段药量(kg)	安全临界振速(cm/s)
1	159.653	1.683	10	5	8.171
2	159.653	1.683	15	5	4.130
3	159.653	1.683	20	5	2.545
4	159.653	1.683	25	5	1.748
5	159.653	1.683	30	5	1.286

(3)在计算距离处进行爆破振动监测,若实测振速超过爆破安全临界振速,则中隔壁支护结构极有可能受损。

(4)根据中隔壁支护结构安全评价结果,对爆破施工参数进行动态优化,直至满足爆破施工安全要求。

参考文献

[1] 国家安全生产监督管理总局. 爆破安全规程:GB 6722—2014[S]. 北京:中国标准出版社,2015.

[2] 国家铁路局. 铁路工程爆破振动安全技术规程:TB 10313—2019[S]. 北京:中国铁道出版社有限公司,2019.

[3] DIN-Normenausschuss Bauwesen. Vibration in buildings—Part 3: effects on structures: DIN 4150-3—1999[S]. Berlin: Beuth Verlag GmbH,1999.

[4] 国家能源局. 油气管道地质灾害风险管理技术规范:SY/T 6828—2017[S]. 北京:石油工业出版社,2017.

[5] 中华人民共和国水利部. 水利水电工程锚喷支护技术规范:SL 377—2007[S]. 北京:中国标准出版社,2008.

[6] 中国葛洲坝集团公司三峡工程施工指挥部. 水电水利工程爆破施工技术规范:DL/T 5135—2001[S]. 天津:天津大学出版社,2002.

[7] 易伟建,吴高烈,徐丽. 基于结构高阶局部模态的损伤诊断研究[J]. 动力学与控制学报,2006,4(4):363-369.

[8] 杨佑发,崔波. 框架结构爆破地震的损伤评估[J]. 振动与冲击,2009,28(10):191-194.

[9] MOHSEN P, BABAK A, ALIREZA F. Numerical simulation of dynamic response of water in buried pipeline under explosion[J]. Journal of civil engineering, 2017, 21(7): 2798-2806.

[10] 张震,周传波,路世伟,等. 爆破振动作用下邻近埋地混凝土管道动力响应特性[J]. 哈尔滨工业大学学报,2017,49(9):79-84.

[11] 赵珂,蒋楠,贾永胜,等. 爆破地震波作用下法兰接口燃气管道动力失效机制[J]. 爆炸与冲击,2021,41(9):100-115.

[12] 赵珂,蒋楠,周传波,等. 爆破地震荷载作用下埋地燃气管道动力响应尺寸效应研究[J]. 振动与冲击,2022,41(2):64-73.

[13] 朱斌,蒋楠,周传波,等. 粉质黏土层直埋铸铁管道爆破地震效应[J]. 浙江大学学报(工学版),2021,55(3):500-510.

[14] ZHAO K, JIANG N, ZHOU C B, et al. Dynamic behavior and failure of buried gas pipeline considering the pipe connection form subjected to blasting seismic waves[J]. Thin-walled structures,2022,170:108495.

[15] CAO H Z, JIANG N, ZHOU C B, et al. Dynamic response and safety assessment of inner-wall corroded concrete pipeline in service subjected to blasting vibration[J]. Structural concrete, 2022,24(1):451-467.

[16] WU T Y, JIANG N, ZHOU C B, et al. Experimental and numerical investigations on damage

assessment of high-density polyethylene pipe subjected to blast loads[J]. Engineering failure analysis,2022,131:105856.

[17] 吕国鹏,蒋楠,周传波,等. 地表爆炸作用下钢筋混凝土管道裂缝扩展机制[J]. 浙江大学学报(工学版),2022,56(9):1704-1713.

[18] FRANCINI R B,BALTZ W N. Blasting and construction vibrations near existing pipelines: what are appropriate levels[C]// Proceedings of the 2008 7th International Pipeline Conference,2008:519-531.

[19] 张黎明,赵明生,池恩安,等. 爆破振动对地下管道影响试验及风险预测[J]. 振动与冲击,2017,36(16):241-247.

[20] 张玉琦,蒋楠,贾永胜,等. 爆破地震荷载作用下高密度聚乙烯波纹管动力响应试验研究[J]. 爆炸与冲击,2020,40(9):122-132.

[21] XIA Y Q,JIANG N,ZHOU C B,et al. Safety assessment of upper water pipeline under the blasting vibration induced by subway tunnel excavation[J]. Engineering failure analysis,2019,104:626-642.

[22] 傅洪贤,赵勇,谢晋水,等. 隧道爆破近区爆破振动测试研究[J]. 岩石力学与工程学报,2011,30(2):335-340.

[23] 朱斌,周传波,蒋楠. 隧道爆破开挖作用下砂浆锚杆动力响应特征及安全控制研究[J]. 振动工程学报,2023,36(1):235-246.

[24] MA G W,HAO H,LU Y. Homogenization of masonry using numerical simulations[J]. Journal of engineering mechanics,2001,127(5):421-431.

[25] WEI X Y,HAO H. Numerical derivation of homogenized dynamic masonry material properties with strain rate effects[J]. International journal of impact engineering,2009,36(3):522-536.

[26] WU C Q,HAO H. Derivation of 3D masonry properties using numerical homogenization technique[J]. International journal for numerical methods in engineering,2006,66(11):1717-1737.

[27] 魏海霞,陈士海,张安康. 基于动力有限元方法的典型砌体结构爆破振动安全标准的探讨[J]. 振动与冲击,2011,30(5):49-53.

[28] 刘富君,朱玉华,马晓辉. 内构造柱加固砌体墙抗震性能有限元分析[J]. 结构工程师,2011,27(3):62-66.

[29] 谭晓晶,吴斌,辛文杰,等. 林甸县农村砌体房屋抗震性能调查与分析[J]. 建筑科学与工程学报,2012,29(2):36-42.

[30] 魏文晖,宋文景,陈立. 村镇住宅动力特性测试与抗震性能研究[J]. 武汉理工大学学报,2010,32(3):42-45,49.

[31] 中华人民共和国住房和城乡建设部. 砌体结构设计规范:GB 50003—2011[S]. 北京:中国计划出版社,2012.

[32] 中华人民共和国住房和城乡建设部. 混凝土结构设计规范:GB 50010—2010[S]. 北

京:中国建筑工业出版社,2011.
[33] 禹丹江. 土木工程结构模态参数识别——理论、实现与应用[D]. 福州:福州大学,2005.
[34] VAN OVERSCHEE P,DE MOOR B. Subspace identification for linear systems:theory, implementation,applications[M]. Dordrecht:Kluwer Academic Publishers,1996.
[35] 肖祥,任伟新. 实时工作模态参数数据驱动随机子空间识别[J]. 振动与冲击,2009, 28(8):148-153.
[36] 赵骏. 基于环境振动的结构模态参数识别方法及其软件实现[D]. 大连:大连理工大学,2008.
[37] 海伦,拉门兹,萨斯. 模态分析理论与试验[M]. 白化同,郭继忠,译. 北京:北京理工大学出版社,2001.
[38] 徐丽,易伟建,吴高烈. 混凝土框架模型结构参数的识别[J]. 地震工程与工程振动, 2006,26(4):121-126.
[39] QI G Z,GUO X,QI X Z,et al. Local measurement for structural health monitoring[J]. Earthquake engineering and engineering vibration,2005,4(1):165-172.
[40] 克拉夫 R,彭津 J. 结构动力学[M]. 2 版. 王光远,等,译. 北京:高等教育出版社,2006.
[41] 王仲华. 飞行器折叠尾翼的弹性动力学有限元数值分析[D]. 西安:西北工业大学,2004.
[42] 穆宝磊. 侵蚀环境与荷载耦合作用下 SPC-RC 混合桩的抗震性能研究[D]. 西安:长安大学,2013.
[43] 中华人民共和国住房和城乡建设部. 建筑抗震设计规范:GB 50011—2010[S]. 北京:中国建筑工业出版社,2010.
[44] HAO H,MA G W,LU Y. Damage assessment of masonry infilled RC frames subjected to blasting induced ground excitations[J]. Engineering structures,2002,24(6):799-809.
[45] MUSSA M H,MUTALIB A A,HAMID R,et al. Assessment of damage to an underground box tunnel by a surface explosion[J]. Tunnelling & underground space technology, 2017,66:64-76.
[46] HALLQUIST J. LS-DYNA keyword user's manual R8.0[M]. California:Livermore Software Technology Corporation,2015.
[47] 江见鲸,陆新征,叶列平. 混凝土结构有限元分析[M]. 北京:清华大学出版社,2005.
[48] 田力,范其华. 多层框架结构在其地下室内部爆炸冲击下的连续倒塌机理研究[J]. 建筑科学与工程学报,2016,33(1):46-53.
[49] 马险峰,隋涛,尚金华,等. 双圆盾构隧道在内部爆炸荷载下的响应分析[J]. 同济大学学报(自然科学版),2011,39(7):983-988.
[50] 刘优平,龚敏,黄刚海. 深孔爆破装药结构优选数值分析方法及其应用[J]. 岩土力学,2012,33(6):1883-1888.
[51] YI C P,SJÖBERG J,JOHANSSON D,et al. A numerical study of the impact of short delays on rock fragmentation[J]. International journal of rock mechanics & mining

sciences,2017,100(1):250-254.

[52] LIU K,LI Q Y,WU C Q,et al. A study of cut blasting for one-step raise excavation based on numerical simulation and field blast tests[J]. International journal of rock mechanics & mining sciences,2018,109:91-104.

[53] 李志鹏,吴顺川,严琼,等. 隧道瓦斯爆炸数值分析与爆源类型确定研究[J]. 振动与冲击,2018,37(14):94-101.

[54] 姚强,杨兴国,陈兴泽,等. 大型地下厂房开挖爆破振动动力响应数值模拟[J]. 振动与冲击,2014,33(6):66-70,76.

[55] WANG J X,YIN Y,ESMAIELI K. Numerical simulations of rock blasting damage based on laboratory scale experiments[J]. Journal of geophysics and engineering,2018:15(6):2399-2417.

[56] 方秦,孔祥振,吴昊,等. 岩石 Holmquist-Johnson-Cook 模型参数的确定方法[J]. 工程力学,2014,31(3):197-204.

[57] 范光华. 初始应力下岩石爆破过程模拟研究[D]. 沈阳:东北大学,2014.

[58] YANG Y B,XIE X Y,WANG R L. Numerical simulation of dynamic response of operating metro tunnel induced by ground explosion[J]. Journal of rock mechanics and geotechnical engineering,2010,2(4):373-384.

[59] WANG Y G,LIAO C C,WANG J H. Numerical investigation of pore pressure effect on blast-induced pipeline-seabed interaction[J]. Applied ocean research,2018,77:61-68.

[60] JAYASINGHE L B,THAMBIRATNAM D P,PERERA N,et al. Computer simulation of underground blast response of pile in saturated soil[J]. Computers & structures,2013,120(2):86-95.

[61] 张秀华,段忠东,张春巍. 爆炸荷载作用下钢筋混凝土梁的动力响应和破坏过程分析[J]. 东北林业大学学报,2009,37(4):50-53.

[62] MALVAR L J,CRAWFORD J E. Dynamic increase factor for steel reinforcing bars[C]//Proceedings of 28th DDESB,1998:1-17.

[63] 赵武超,钱江,张文娜. 冲击荷载下钢筋混凝土梁的性能及损伤评估[J]. 爆炸与冲击,2019,39(1):111-122.

[64] 李天华,赵均海,魏雪英,等. 爆炸荷载下钢筋混凝土板的动力响应及参数分析[J]. 建筑结构,2012,42(S1):786-790.

[65] 王峥峥,张杨生. 基于 ALE 算法的隧道开挖爆破振动特性数值分析[J]. 大连理工大学学报,2017,57(3):279-284.

[66] BORRVALL T. The RHT concrete model in LS-DYNA[C]//Proceedings of European LS-DYNA Conference,2011.

[67] GHOLIPOUR G,ZHANG C W,MOUSAVI A A. Effects of axial load on nonlinear response of RC columns subjected to lateral impact load:ship-pier collision[J]. Engineering failure analysis,2018,91:397-418.

[68] KONESHWARAN S. Blast response and sensitivity analysis of segmental tunnel[D]. Brisbane:Queensland University of Technology,2014.

[69] 师燕超,李忠献. 爆炸荷载作用下钢筋混凝土柱的动力响应与破坏模式[J]. 建筑结构学报,2008,29(4):112-117.

[70] HOLMQUIST T J,JOHNSON G R,COOK W H. A computational constitutive model for concrete subjected to large strains,high strain rates and high pressures[C]// Proceedings of 14th International Symposium on Ballistics,1993.

[71] 熊益波. LS-DYNA 中简单输入混凝土模型适用性分析[C]//全国冲击动力学学术会议论文集,2013.

[72] WU Y C,CRAWFORD J E,MAGALLANES J M. Performance of LS-DYNA concrete constitutive models[C]//Proceedings of 12th International LS-DYNA Users Conference,2012.

[73] SHERKAR P,WHITTAKER A S,AREF A J. Modeling the effects of detonations of high explosives to inform blast-resistant design[D]. Buffalo:University at Buffalo SUNY,2010.

[74] SHIM H S. Response of piles in saturated soil under blast loading[D]. Boulder:University of Colorado Boulder,1996.

[75] DE A. Numerical simulation of surface explosions over dry,cohesionless soil[J]. Computers & geotechnics,2012,43(3):72-79.

[76] XIA Y Q,JIANG N,ZHOU C B,et al. Theoretical solution of the vibration response of the buried flexible HDPE pipe under impact load induced by rock blasting[J]. Soil dynamics and earthquake engineering,2021,146:106743.

[77] JIANG N,ZHU B,HE X,et al. Safety assessment of buried pressurized gas pipelines subject to blasting vibrations induced by metro foundation pit excavation[J]. Tunnelling and underground space technology,2020,102:103448.

[78] WANG X,LI J C,ZHAO X B,et al. Propagation characteristics and prediction of blast-induced vibration on closely spaced rock tunnels[J]. Tunnelling and underground space technology,2022,123:104416.

[79] HAJIAZIZI M,KAKAEI R. Numerical simulation of GFRP blanket effect on reducing the deformation of x65 buried pipelines exposed to subsurface explosion[J]. International journal of pressure vessels and piping,2018,166:9-23.

[80] 张秀华,张春巍,段忠东. 爆炸荷载作用下钢框架柱冲击响应与破坏模式的数值模拟[J]. 沈阳建筑大学学报(自然科学版),2009,25(4):656-662.

[81] 白金泽. LS-DYNA3D 理论基础与实例分析[M]. 北京:科学出版社,2005.

[82] 夏祥,李海波,李俊如,等. 岩体爆生裂纹的数值模拟[J]. 岩土力学,2006,27(11):1987-1991.

[83] 孙其然,李芮宇,赵亚运,等. HJC 模型模拟钢筋混凝土侵彻实验的参数研究[J]. 工程力学,2016,33(8):248-256.